《廣州大典》未收書提要

朱俊芳 著

齊魯書社
・濟南・

圖書在版編目（CIP）數據

《廣州大典》未收書提要 / 朱俊芳著. -- 濟南 : 齊魯書社, 2024. 11. -- ISBN 978-7-5333-5057-4

Ⅰ. Z812.265.1

中國國家版本館CIP數據核字第2024L776S8號

策劃編輯　劉　强
責任編輯　王亞茹
裝幀設計　亓旭欣

《廣州大典》未收書提要

GUANGZHOU DADIAN WEISHOU SHU TIYAO

朱俊芳　著

主管單位	山東出版傳媒股份有限公司
出版發行	齊魯書社
社　　址	濟南市市中區舜耕路517號
郵　　編	250003
網　　址	www.qlss.cn
電子郵箱	qilupress@126.com
營銷中心	（0531）82098521　82098519　82098517
印　　刷	山東華立印務有限公司
開　　本	880mm × 1230mm　1/32
印　　張	12.5
插　　頁	2
字　　數	290千
版　　次	2024年11月第1版
印　　次	2024年11月第1次印刷
標準書號	ISBN 978-7-5333-5057-4
定　　價	68.00圓

前　言

2015年，歷時十年編纂的《廣州大典》正式出版，該叢書是對廣州古代文獻典籍的系統搜集與整理，也是對廣州歷史文化的保護與傳播。2017年，廣州大典編纂委員會編《廣州大典總目》出版，爲檢索和利用《廣州大典》、瞭解和掌握《廣州大典》收録基本情況提供了極大的便利。同年，筆者所編纂的《廣府著作要録》基本完稿，它是一部以廣府著者鈎稽廣州存世文獻的書目，與《廣州大典總目》在性質上有類似之處。在對二者進行比對的過程中，筆者陸續發現相當數量符合收録範圍而未被《廣州大典》收録的廣州文獻，涵蓋各部類。

爲了深度挖掘和揭示廣州地方文獻，進而爲系統整理和傳承廣州文獻典籍、弘揚廣州歷史文化助力，自2017年起，筆者以廣州古代典籍爲研究對象，持續開展了《廣州大典》應收未收書的收集、整理與研究工作。這項工作的實施大體分爲四個階段：

第一階段，搜集文獻，形成目録。采用文獻調查法、分析法、對比法，藉助各類檢索工具，補充《廣州大典》所未收文獻近千種，對其進一步鑒別、整理、序化，形成《廣州大典》未收書初補目録。

第二階段，目驗文獻，記録信息。或親自前往圖書館查閲古籍原本或影印本，或通過網絡獲取數字資源，對所見文獻逐一記録其内外封、書名葉、牌記、題識、序跋、目次、凡例、卷端、附録，以及行款版式等内容。

第三階段，參互考訂，增補删改。以古籍藏地官方著録爲重要參考，根據目驗所見，據實著録，力求準確。凡書名、著者原則上依卷端爲準，若卷端無載，則據書名葉或版心；全面梳理原文，依據文本透露的信息，修訂或完善書名、版本時間、出版地等項。

第四階段，總結歸納，撰寫提要。根據文獻的序跋、目次、凡例，歸納提煉出内容提要；查考、核實該文獻其他版本，著録各版本及藏地；藉助史志、文集、工具書等，撰寫包括籍貫、生卒年、科考時間、經歷事迹、主要著作在内的著者小傳。經過總結歸納、提煉加工，形成一條包含著者生平、内容大要、版本概况的書目提要。

數年來，集腋成裘，漸成規模，遂將經手寓目者四百八十種，先行整理成書，名爲《〈廣州大典〉未收書提要》。尚有若干種待目驗核實、整理撰寫，以爲後續。

《〈廣州大典〉未收書提要》在結構上包括前言、編例、目録、正文、索引、參考文獻、後記七部分。全書收録經部三十三種，史部一百五十一種，子部一百二十一種，集部一百七十一種，叢部四種，總計四百八十種一千四百餘卷。采用五部分類法，部下分類，類下隸屬，力圖準確定位每種文獻類别；詳列各文獻的版本情况、行款版式，標示藏書機構全稱，以直觀呈現版本源流、收藏流布等情形。

本書在内容上有四個較爲明顯的特點：一是對廣州著者及其著述有相當數量的增補。收録廣州機構著者十二家，廣州本土有姓名或名號著者約二百六十位，籍貫上涵蓋南海、番禺、順德、東莞、從化、龍門、增城、新會、香山、三水、新寧、花縣等地，以南海、番禺、順德爲最；朝代上生活於晋代者一人，宋代者二人，元代者一人，明代者二十九人，其餘皆爲清代或清末民初者。其中明順德梁億、明東莞盧上銘、清新會伍銓萃、清南海吴祖昌、清番禺許應騤、清三水陸文明、清新寧余廷舜、清增城湛祖貴、清花縣朱珩、清香山陳子清等一百三十九位人物著者，以及廣東警察學堂、廣東隨營將弁學堂、《羊城日報》、西樵調元善社、粵東佛山商務分會五家機構著者，《廣州大典》均未曾著録過。

二是增補了一批稀見文獻及稀見版本。如《遵道録》十卷，明嘉靖二年刻本；《湛子約言》十卷，明嘉靖間張纓等刻本；《番禺稿》，清初鈔本；《矩洲文集》四卷《續》一卷，明嘉靖二十六年序刻本；《樾墩集》七卷，明嘉靖末至萬曆初刻本；《粵吟稿》一卷，明刻丁戊山人詩集本；《慶曆稿》不分卷，清康熙四十四年刻本；《臨雲集》十卷，明天啓四年序刻本；《廣東軍務記》一卷，鈔本；《六游羅浮日記》，清嘉慶二十一年稿本；《李文田日記》不分卷，清光緒十五年稿本；《南游日記》一卷，緑格清稿本；《駐防廣州小志》五卷，清道光二十二年稿本；等等。特别是元代羅蒙正所撰《希吕集》一卷，爲清康熙五十九年長洲顧氏秀野草堂刻元詩選本，雖非單行本，却彌足珍貴，填補了《廣州大典》别集類無“元别集”的空缺。

三是通過版本比較，增入若干《廣州大典》未收足本。如明湛若水所撰《甘泉先生文集外編》十二卷、清慶保所輯《廣州駐防事宜》二卷、清何絳所著《不去廬集》十四卷、清潘正亨所撰《萬松山房詩鈔》五卷首一卷等。

四是類聚了較多的專題性文獻。其中較有特色的有清末課藝時文、翻譯小説和本土作家創作的各類小説。

本書不足之處在於對民間文獻、私藏文獻調查、搜集不足。筆者曾前往廣州知名古玩城尋訪廣州文獻，發現難度相當大，一方面文獻分散於不同的商鋪，而商鋪没有目録；另一方面這類文獻處於交易流通環節，極難目見，偶爾在古玩城舉辦的展覽中獲見若干種，也衹能隔着玻璃展櫃看到特定的一二頁，無法一睹全貌。

2018 年，筆者以“《廣州大典總目》補遺”爲名，申報廣東省圖書館科研課題，獲得立項，課題編號爲 GDTK1804。2021 年，以目録型書稿結項。此後，筆者一邊對書稿進行打磨修改，一邊不斷搜輯增補，兩年間又有不少適收文獻陸續隱而再現。適逢廣州市哲學社會科學發展“十四五”規劃 2023 年度課題發布相關參考選題，遂以“《廣州大典》未收書收集與整理”爲題，申請立項并獲批，課題編號爲 2023GZDD19。2025 年 5 月爲該課題研究結束時間，届時，結項成果《〈廣州大典〉應收未收書目録》和《〈廣州大典〉未收書提要》不僅能爲廣州大典研究中心啓動補編（或稱作續編）工作提供直接的文獻目録依據，還將助力專家學者系統把握地方學術發展脉絡與演變狀況。

受限於學識水平，書中疏漏與錯誤在所難免，懇請各位專家學者不吝指正。

編　例

一、本書爲大型地方文獻叢書《廣州大典》所未收書之内容提要。

二、若干《廣州大典》未收之足本，或内容有較多增補的版本，或叢書因所選版本不同而遺漏之子目，也在增補之列。

三、收録範圍上與《廣州大典》一致，收録清宣統三年以前（部分延續到民國）廣州（包括清代中期廣州府所轄南海、番禺、順德、東莞、從化、龍門、增城、新會、香山、三水、新寧、新安、清遠、花縣，以及香港、澳門、佛岡、赤溪）人士著述、關於廣州歷史文化的著述及廣州版叢書。

四、部類劃分上以《廣州大典》爲參考，以《中國古籍善本書目》爲準則，將文獻分爲經、史、子、集、叢五部，部下分類，類下隸屬。根據實際情形，對類屬略有增改，地理類下增“地圖”之屬；政書類邦計之屬中“賦役”改稱“財政”，并增“教育”“實業”二子屬，政書類下“法令”改爲“刑法”；小説類下不設屬，以筆記小説、歷史小説、社會小説、政治小説、科學小説、任俠小説、言情小説爲序；子部增“新學類”，“基督教”附於釋道類後；總集類、别集類下均增設“科卷”“課藝時文”二屬。

五、每條提要條頭包括序號、書名、卷數、著者姓名、籍貫、所處朝代及著述方式等項。

六、書名原則上據卷端題。會試、鄉試等科卷題名一般包括年號、年數、干支、科考者姓名、科卷類型。

七、著者若爲廣府人，則在姓名前加籍貫并標下劃綫。

八、提要正文内容包括著者小傳、内容概要、版本情況三個方面。

九、著者小傳一般包括姓名、生卒年、字號、科考出身、所任官職、主要行實、主要著述。同一著者有多種著述，其生平僅在初見著述中介紹，後見著述中僅注明參見某書，即首見著述書名。著者生平極簡者，僅記所知，并注“生平待考”字樣。著者生平不詳者，則闕如。翻譯類文獻僅爲譯者作傳。若爲機構著者，則簡述其創辦、發展、經過等歷史，或置於内容概要前，概括其始末。

十、内容概要一般包括著述緣起、成書過程、篇章結構、内容大要、學者評價等。

十一、版本情況包括條列所見所知版本及收藏單位，其中所見版本則詳細記録該版本的册數、行款版式、序跋等情況。一般不著録版心情況，有刻工、刊刻機構等特別情況者除外。

十二、版本著録一般包括出版年、出版地、出版者、刻寫方式。

十三、每種版本之後一般列出收藏單位全稱，凡通過古籍網、讀秀等途徑所見書籍，藏書單位未知者，則藏書單位闕如。

十四、册數標注以所見所知爲準。完整無缺者，著録爲“全X册”；僅有缺葉者，册數處作“共X册”，并注明缺葉情況；若有缺册，則著録爲“殘存X册”，説明存册情況；若爲叢書零種，且與他書合爲一册，則標注爲“合X册”。

十五、以繁體字著録，適當保留部分異體字。書名、人名俱依原文著録，若書名葉、卷端、版心用字不同，則取常用字。

十六、同類或同屬文獻大體以著者生年先後爲序，史部傳記類貢舉屬，集部别集類、總集類中“科卷”，以科考年份爲序，同一年份者以著者生年先後爲序。

十七、同種著述不同版本以稿鈔本、刻本、石印本、鉛印本爲序，同時兼顧鈔刻時代。

十八、同種著述有多家收藏單位者，收藏單位屬地順序原則上是先國内後國外，先廣東省内後廣東省外。廣東省外者，按照華北區、東北區、華東區、中南區、西南區、西北區、港澳臺地區、海外國家次序。

十九、書末附參考文獻和書名索引、著者索引。書名索引、著者索引均以拼音升序排列。書名索引、著者索引均由兩組數字組成，前組表示頁碼，後組表示編碼。書名前置中括號内文字不參與排序。著者使用其常用名，其他别名、别號、筆名以互見形式標注。

目　録

經　部

總類

001 讀經求義二卷　（清）番禺張維屏撰

張維屏（1780—1859），字子樹，號南山，又號松心子，晚年自署珠海老漁、唱霞漁者、紅蓼灘邊漁者。道光二年進士，由黄梅知縣歷官南康知府。與黄培芳、譚敬昭并稱“粤東三子”。有著述近二十種。

是書爲作者研習經義參考求證時所記心得。内容并非諸經，僅爲《詩》與《禮》，《詩》《禮》各一卷。《續修四庫全書總目提要》倫明所撰提要云：“《詩》較詳，雖欠精博，而不無新得。”“説《禮》，惟廟一條，最辨。”

初刻於嘉慶二十一年，聽松廬藏板，《詩》三卷，《禮》一卷，凡四卷。《販書偶記》卷三著録。中華書局版《續修四庫全書總目提要》所據亦爲嘉慶本，卷數標作“不分卷”。道光間又刻，《禮》卷數未變，《詩》由三卷改爲一卷，或删削、合并所致。同治《番禺縣志》卷二十五載録二卷本，當爲道光本。《販書偶記續編》卷三著録，稱無卷數，無刻書年月，約道光間刊。

見存版本：清道光間刻本　南開大學圖書館

全二册。半葉九行，行二十字。白口，四周單邊，單魚尾。書前有嘉慶二十一年冬自序、陳壽祺來書。

002 學思稿不分卷 （清）番禺陳澧撰

陳澧（1810—1882），字蘭甫，號東塾，自號江南倦客。道光十二年舉人，任河源縣學訓導。到任兩個月，告歸。請京官銜，得國子監學録。嘗任學海堂學長凡數十年，晚爲菊坡精舍山長。博覽群籍，凡天文地理、音韵樂律、幾何算術、詩文駢體、書法篆刻等，無不研究，學者稱東塾先生。著述宏富，達百餘種。

此書由若干種書稿及散篇文稿組成，主要包括《禮記》、《［説文聲表目録］》、《［説文聲表凡例］》、《［説文聲表］諧聲篇例》、《［説文聲表］》［卷九］局部、《説文聲表目録（内注卷數）》、《説文聲表目録（副本）》、《［説文聲類譜］》［卷十一和卷十二］、《［切韵考外篇］》［卷二］等，以及音韵理論、評論若干篇。按，部分書稿、文稿無明確標題，方括號内書名、卷次乃參考陳澧著述所補。

見存版本：稿本　廣東省立中山圖書館

全十三册。半葉行數不等，字數不等，無格。開本亦不完全統一，寬窄不等。

003 述十三經大義 （清）順德簡朝亮述

簡朝亮（1851—1933），字季紀，號竹居，人稱簡岸先生。早年師事南海朱次琦，研習經史、性理與辭章之學。有《朱九江先生年譜》、《九江先生傳》、《讀書堂集》、《讀書堂續集》、

《論語集注補正述疏》、《孝經集注述疏》、《毛詩説習傳》二卷、《朱子大學章句釋疑》、《禮記子思子言鄭注補正》四卷、《酌加畢氏續資治通鑑論》八卷、《姓族考》等著述二十餘種。

是書大略分爲先師之言和自述之言。先師之言記述其師朱次琦關於經學之論述。自述之言首爲《大圃先塋表》，撰於光緒十四年，次爲《烈婦周氏傳》，又次爲《書孝女翠蟬事》，末有信札三通，分致陳樹鏞、康有爲和梁鼎芬。

見存版本：鈔本　廣東省立中山圖書館

全一册。半葉九行，行二十五字。書前有簡朝亮序。

易類

004 周易愚猜四卷　（清）順德潘湘白輯

潘湘白，字務滋，號懷玉。嘉慶二十四年副貢生。後絶意仕進，醉心於學術，研《易》尤深。有《周易删要》二卷、《周易蠡測》一卷、《周禮擷要》三卷、《周易圖説》一卷、《禹貢圖説》一卷、《禮記擷要》四卷等二十餘種著述。多因未刻而散佚無存。

是書卷一、二爲上經，卷三爲下經，卷四統傳類，有《繫辭》上下傳各十二章，《説卦傳》十一章，《序卦傳》上下篇各分三截，《雜卦傳》繫以十九條釋義，以及《天運王政士行申説》《愚猜枝談》《取象物名》。作者於序中談及其著述原委：《易》"義至深遠，未易窺尋。我朝《折中》《述義》二書既成，而後有以得其指歸也。《折中》，羅衆説而折衷之也；《述義》，搜其義而述之也。然而《折中》至博也，《述義》至精也，要皆爲高明者言之，未嘗爲愚者計。此名《愚猜》，則愚與愚竭其千慮，或亦可漸就靈明，而日月麗天，輝光四映者，亦得與於萬一也”。北京大學圖書館藏本有佚名朱筆句讀，又有大量細密批注，遍布書眉、文中、文末及其他空白之處，以行草寫就，其字數遠超原文字數，對原文分解、闡釋，極爲細緻。

見存版本：清道光二十九年順邑潘氏刻本　北京大學圖書館

全四册。半葉九行，行二十五字。白口，四周雙邊，單魚尾。書前有道光二十九年潘湘白序、《周易愚猜》著者信息、《六十四卦圖》、《六十四卦總説》、《六十四大象訓旨》。

005 朱子本義補闕　（清）順德廖焕光撰

廖焕光（1796—?），字星南，號實齋。諸生。

原卷數不詳，因殘缺之故，首葉即卷四卷端，題“繫辭上傳朱子本義補闕”。卷四有《繫辭》上傳和下傳。由卷四上下二傳推知前三卷當爲上下二經。末附占驗，含道光三十年廖焕光占驗序、占驗凡例七則。占驗序云：“卜筮之道，兼三才之道（按，指天道、地道、人道）也。卜筮之用，有辭有象，淺學者玩其辭，深識者玩其象。孔子曰：初率其辭而揆其方，既有典常，苟非其人，道不虚行。謂初學者當玩其辭，神明默成之人，乃玩象也。予不揣固陋，取生平玩辭占驗及古人玩辭占驗而録之，又取古人玩象占驗而釋之，使學者有所考據，以收卜筮之益。”

見存版本：清末鈔本　廣東省立中山圖書館

殘存一册，總卷數不詳。半葉九行，行二十五字至三十一字不等。

按，因殘缺，書名著録不一。廣東省立中山圖書館官網著録爲《繫辭上傳朱子本義補闕》；《三編清代稿鈔本》第一二八册作《朱子周易本義補闕》。今書名據卷四卷端擬。

006 玩易四道十三卷首一卷圖説一卷 （清）南海黄寅階輯

黄寅階，號俣賡。生平待考。

是書成書於同治五年，凡十五卷。卷一乾、坤兩儀，卷二屯、蒙、需、訟四象，卷三師、比、小畜、履、泰、否、同人、大有八卦，卷四謙至賁八卦，卷五剥至離八卦，卷六下經咸至睽八卦，卷七蹇至升八卦，卷八困至歸妹八卦，卷九豐至小過八卦，卷十既濟、未濟。前五卷解上經，後五卷解下經，合於天數五、地數五。卷十一、十二爲《繫辭》上下傳，卷十三爲《説卦傳》《序卦傳》《雜卦傳》，自卷十一至十三解各傳。卷首叙、虞氏義例、諸儒義例、讀法、辨論、凡例爲一卷，末卷則爲圖説。合成十五卷，既爲河圖之中數，又爲河洛縱横斜直之數。“其名《玩易四道》者，蓋因《繫辭》以言者尚其辭，以動者尚其變，以制器者尚其象，以卜筮者尚其占，故曰四道。”《續修四庫全書總目提要》尚秉和爲之撰提要云：“其所輯之注，漢宋并收，義理與易象兼重，蓋欲冶漢宋爲一爐。然所輯古注，取於虞翻者十之九；所取之象，亦十八九用虞翻法，由卦變得之。其他漢儒精當之解，無一及者。”

見存版本：清同治十二年刻本（寡過未能齋藏板） 中國國家圖書館 中國科學院文獻情報中心 遼寧省圖書館 上海圖書館 山東省圖書館 重慶市萬州區圖書館 陝西省圖書館

全十册。半葉八行，行二十字，小字雙行同。白口，四周雙邊，單魚尾。書前有黄寅階啓，同治五年黄寅階叙，總目，虞氏義例，諸儒義例，讀法、辨論，凡例十二則。

由於其啓云“是編之刻，所以就正於海内君子也。凡有指正，求賜函粵東省城青雲樓書坊”，故陝西省圖書館版本著録爲清同治十二年青雲樓書坊刻本，實與寡過未能齋藏板同，總册數亦爲十册。

007 讀易易知三卷 （清）南海黄寅階撰

黄寅階，參見《玩易四道》。

全書三卷，卷一爲上經，解析自乾、坤至坎、離三十卦；卷二爲下經，解析自咸、恒至既濟、未濟三十四卦；卷三有《繫辭》上傳及下傳，各分十二章，有《説卦傳》十章，有《序卦傳》，分明上經卦序、明下經卦序。其名曰“易知”者，取乾以易知之義。《續修四庫全書總目提要》尚秉和撰提要評價稱：“惟其編次，謂彖曰、象曰、坤卦文言曰等字，皆古本所無，盡行删去，致乾卦雖用舊式，而彖傳與經不分、象傳與彖傳不分。”“至其注釋，頗簡明可喜，惟盡襲張惠言之《虞氏義》，故誤解甚多。”此外，其對經文與傳辭雜亂無分亦頗有微詞，評論之語以貶抑居多。

見存版本：清同治十二年刻本（寡過未能齋藏板） 中國國家圖書館 中國科學院文獻情報中心 上海圖書館 山東省圖書館 湖北省圖書館

全三册。半葉九行，行二十二字，小字雙行同。白口，四周雙邊，單魚尾。書前有同治十一年黄寅階叙、例言五則。是書雖與《玩易四道》合函，二者行格版式却不盡相同。

008 兩湖文高等學堂經學課程·易經　（清）順德馬貞榆撰

馬貞榆，字覺渠，號季立。廩生，光緒十六年主廣雅書院講席。後爲禮學館顧問官。著有《尚書源流》、《尚書課程》二卷、《左傳口義》三卷、《讀左傳法》二卷、《歷代地理志韵編今釋校勘記》、《地理韵篇唐志補闕正誤考異》等。

是書前爲兩湖文高等學堂經學教學課程之目録和概述，闡述經者天下之公理；經名所自始，十三經形成過程；十三經注疏者姓名；各經次第。繼爲全書重點，略分兩部。其一爲《易》，述易學之源流：庖羲畫八卦；神農重爲六十四卦；易名起源；易之三義；《連山》《歸藏》《周易》名義；文王所作卦辭爻辭；孔子作《易傳》；論誰加經字；《説卦》三篇後得；《易》古文今文傳受源流，附《易傳》經圖；費氏經與古文同，附辨費氏未嘗變亂經傳；費氏成先通《京氏易》後通《費氏易》；王弼以老莊言易；程子以義理言易；《朱子周易本義》補程子不言象數之疏；漢《易》亡尚賴《周易集解》可以考其逸象；《易》圖僞而有河洛精蘊又明其實理；要之《易》爲卜筮而作非初學急務之書。文中凡引用《易》之原文，均頂格書，并徵引莊周、孔穎達、顧炎武、鄭玄、閻若璩、朱熹等先賢之論説，間以注釋和案語形式闡發己見。其二爲《周易要旨》，舉易之要義以言之，論及易以生生爲德；易以變易爲用；易以知屬乾、能屬坤；易重兵事；易以日新爲盛德五方面。《易》與《周易要旨》形成互補關係，以助學生理解和掌握。

見存版本：清光緒二十九年朱印刻本　中國國家圖書館

全一册。半葉十行，行二十三字，小字雙行同。下朱口，左右雙邊，單魚尾。書前有目録。後有光緒二十九年馬貞榆識語。

009 讀易觀天二卷 （清）南海關子棻撰

關子棻，字少尉，號白雲山人。生平待考。

是書首言正易，明授受源流，次古圖書，明畫卦取則，次方圓圖。具體而言，卷上有《正易心法》，河圖洛書圖、古河圖洛書圖、先天後天八卦圖、序卦雜卦圖、河洛先後天合一圖、先天六十四卦圓圖、先天六十四卦横圖，伏羲畫卦本原，希夷先生正易消息，希夷先生傳，《希夷先生易龍圖序》，《易龍圖序考》，《易龍圖序跋》。卷下有《古周易》上、下篇，《彖》上、下傳，《象》上、下傳，《繫辭》上、下傳，《文言傳》，《説卦傳》，《序卦傳》，《雜卦傳》，雜卦標旨，乾坤文言。《例言》末云："其所以延古聖之一傳，開生民所未有，尤在《易龍圖序》一篇。《洪範》屬諸地，《龍圖》屬諸天，不侔也。《陰符》屬諸用，《龍圖》屬諸體，不侔也。其相侔者，其唯《三皇内文》乎？孔子有言：其或繼周者，雖百世，可知也。斯則百王不易之道明矣。以是而扶翼世教，豈淺鮮哉！"

見存版本：清宣統二年關氏刻本　中山大學圖書館

全二册。半葉十行，行二十一字，小字雙行同。白口，單魚尾，左右雙邊。書前有梁劉勰《原道》、宋鄭樵《奥論》、宣統二年關子棻序、例言。目録分隸於各卷之前。《廣東文物》卷九《廣東之易學》有載。

書類

010 書經揭要纂六卷　（清）許寶善揭要，（清）香山黄培芳增纂

許寶善（1732—1804），字斅虞，號穆堂，江蘇青浦人。乾隆二十五年進士，累官至福建道監察御史。黄培芳（1778—1859），字子實，號香石，自號粤嶽山人。嘉慶九年副貢生，後肄業太學。歷官乳源、陵水教諭，肇慶府訓導等職。嘗主講羊石書院。有《易宗》九卷、《尚書漢學》十卷、《書訓纂》十二卷、《詩義參》二十卷等著述近六十種。

是書約成於嘉慶十五年。作者仿金履祥著《尚書表注》之體式，以雲間許寶善《書經揭要》爲底本，將增纂、校改、批注之文悉以朱墨筆置於正文格子外上下，以及夾頁中之空處。作者認爲此種體式優勢在於“卷帙簡約，舟車易携，且便後生”。原序後有黄培芳墨筆引用董鼎之論述，强調《書》的政治和學術地位。目録葉末尾有黄培芳墨筆所補“漢儒二十九篇之目”，即《堯典》《臯陶謨》《禹貢》《甘誓》《湯誓》《盤庚》《高宗肜日》《西伯戡黎》《微子》《泰誓》《牧誓》《洪範》《金縢》《大誥》《康誥》《酒誥》《梓材》《召誥》《洛誥》《多士》《無逸》《君奭》《多方》《立政》《顧命》《費誓》《吕刑》《文侯之命》《秦誓》，較《書經揭要》目録，多有不同。

見存版本：清自怡軒刻本　廣東省立中山圖書館

全一册。分上下兩欄，上欄半葉九行，行十一字，均爲小字；下欄半葉九行，行二十一字，小字雙行同。白口，左右雙邊，單魚尾。

詩類

011 陳東塾先生讀詩日録一卷 （清）番禺陳澧撰

陳澧，參見《學思稿》。

是書録陳澧讀《詩經》之筆記。依《風》《雅》《頌》爲序，擇取《風》類《周南》《召南》《邶風》《鄘風》《衛風》《王風》《鄭風》《齊風》《唐風》《秦風》《陳風》《曹風》《豳風》，以及《小雅》《大雅》《周頌》中若干篇，記其中精華詩句若干則，或僅記詩名。詩句後或釋義，或評論，用語簡扼。

見存版本：①清同治元年陳澧手稿袖珍本　中山大學圖書館

全四册。半葉五行或六行，行八至十一字不等。

②清刻朱印本　南京圖書館

全一册。民國間曾刊入上海國粹學報社《古學彙刊》、吴江施肇曾刻《十三經讀本》。

012 詩輯一卷 （清）南海李應鴻撰，（清）南海李宗顥輯録

李應鴻（1831—1894），字翰卿，號翥雲。同治七年進士，歷署建昌、新喻、安康、榆林知縣。另著有《讀史隨筆》一卷、《四書講義》三十四卷、《毓蘭館詩文集》二卷、《政言》四卷、《讀律擬草》二卷、《虚谷子》一卷等。李宗顥（1862—1921），字煮石，號邵齋。喜治金石目録之學，精於書法、繪畫、篆刻。隨父宦游陜西漢唐故都，飽覽碑刻石墨。居京師，游李文田之門，文田墨迹，多出其手。與江陰繆荃孫討究古籍版本，常有獨到見解。有著述近二十種。

是册載録作者對《詩經》部分篇章之注解，以《風》居多。所解者有《周南》十一篇、《召南》十四篇、《邶風》十九篇、《鄘風》十篇、《衛風》十篇、《王風》十篇、《鄭風》二十一篇、《齊風》十一篇、《魏風》七篇、《唐風》十二篇、《秦風》十篇、《陳風》三篇。

見存版本：稿本　廣州圖書館

全一册。朱絲欄，半葉十行，字數不等。有盧子樞題識。

禮類

周禮

013 周禮正文三卷　（清）南海李欀訂，（清）順德伍兆芳音釋

周禮奇字一卷　（清）新會譚昭臣增定

李欀，字柏堂，號南樓。伍兆芳，生平待考。《嶺南文獻綜録》著録伍兆芳爲新會人，當誤。譚昭臣，本書内封題籍貫古岡，即新會。同治《南海縣志》卷十著録其著作有《六書切法》，又疑爲南海人。

《周禮正文》全書三卷，每卷分若干節。所見佛山市圖書館藏本分卷錯亂，卷二其中一節有首尾誤題爲“卷四”者，卷三其中一節尾處誤題“卷五終”，另一節首尾均題爲“卷六”。卷二、三雖有類似舛誤，但其版心卷次未紊。書末有《周禮奇字》一卷，嘉慶六年八月作於佛山。分天官、地官、春官、夏官、秋官、考工記、古體若干類，收録一百八十五個字詞，各爲其釋義。書眉所鎸批語即伍兆芳所撰音釋。

李欈序云，《周禮》無正文，而注疏刪翼，繁衍難讀。子光輔九齡時，令其日抄《周禮》一百八十字，隨抄隨讀，凡三百日而《周禮》背誦如流。此教子弟之法，循序漸進，成效頗佳。遂刊刻鈔本，公之同好。初刻爲乾隆四十七年報經堂本，凡二卷，上海圖書館和湖北省圖書館有藏。因《周禮正文》頗便於幼學誦習，伍兆芳即以此書訓迪子侄。鑒於《周禮》字音生僻，而音義又與書理相關，不可或缺，遂於講學之暇，依據字典，訂其音切。又伍兆芳序中説“時庚申之春，適有書賈李君見之，知所音者悉本諸字典，欣然請壽梨棗焉”，即嘉慶五年春，書商以李欈刻本爲基礎重刻，增入伍兆芳所爲音釋、譚昭臣所增奇字。迨至道光八年又重訂刊印。

見存版本：清道光八年刻本　佛山市圖書館　内蒙古自治區圖書館

全二册。半葉九行，行二十字，小字雙行同。白口，四周雙邊，單魚尾。書前有南海李欈序、順德伍兆芳序。

儀禮

014 儀禮萃精不分卷　（清）南海李宗顥輯

李宗顥，參見《詩輯》。

是書論述禮儀産生、發展之源流；援引戰國、兩漢、唐代、兩宋、元代、明代近三十名家之言闡明禮儀之精藴、義例、讀經方法、諸家醇疵、後代禮儀；以《儀禮》之學當以宫室爲先，作《儀禮粹宫》篇；又以賈公彦、朱熹、鄭康成、敖繼公諸家之説作《士冠禮》《卜筮》《冠筮賓祭不筮賓》《鄉射有戒無宿特牲有宿無戒》等篇。

見存版本：稿本　廣州圖書館

與《連珠匯抄》合訂一册。緑絲欄稿紙。半葉十二行，行二十六至二十七字，小字雙行，字數不等。白口，四周單邊，單緑魚尾。

雜禮

015 聖訓約不分卷　（明）增城湛若水撰

湛若水（1466—1560），字元明，號甘泉，人稱甘泉先生。嘗從陳獻章游學。弘治十八年進士，歷官南京禮、吏、兵三部尚書。有著述四十餘種。

是書又名《甘泉聖訓約》，是以聖訓爲指引所制定的一套行爲規範條約，旨在教化本鄉風俗，使之改惡遷善，歸於王道。其立約凡七項：一曰讀聖訓，二曰燕約賓，三曰尚禮儀，四曰恤患難，五曰立臧否，六曰行保甲，七曰親巡省。輔以鄉約宜歌詩三首，約燕講章六條，聖諭講章，宣諭講章四篇。另有具體規定和指導，包括《聖訓約》姓氏名單、鄉約執事名單、聖訓讀鄉約者、鄉約席品、鄉約合用器皿。《甘泉聖訓約儀注》則以注釋和繪圖形式呈現其操作流程。末附《立義阡帖》《告舉義阡狀》。《聖訓約》雖爲沙堤一鄉所立條約，却具有普適性，湯霨跋稱："是約也，匪直可行之于一鄉，雖行之于天下後世可也。挽回太古之淳風，大哉約乎！化民成俗，無出於此矣。"按，《甘泉全集》《湛甘泉先生文集》均未收録此書。

見存版本：明嘉靖二十三年刻本　臺灣圖書館

全二册。半葉七行，行十二字。白口，四周雙邊，單魚尾。書前有嘉靖二十三年伍克剛序、伍萬春《甘泉聖訓約序》、伍克剛《甘泉沙堤聖訓約録請起鄉約啓》、目録。後有嘉靖二十三年湯霨《讀甘泉聖訓約跋》、門人黄雲淡《甘泉沙堤鄉約末語》、嘉靖二十三年仲夏順德周榮朱《甘泉沙堤鄉約跋》、門人失名《沙堤聖訓約後序》（後殘）。伍克剛序剥蝕嚴重。

016 喪禮酌宜一卷　（清）番禺梁信芳撰

梁信芳（1779—1849），字薌甫。嘉慶十三年舉人。晚年杜門謝客，究心經史，吟咏自怡。另著有《家訓摘要》、《桐花館詩鈔》十卷等。

作者鑒於當時喪禮習俗奢侈，繁文縟節，大失古禮淳樸簡約之風貌，故作是篇，目的在於求古禮之實，省無益之費，去奢浮之弊，倡敦本務實之風。内有喪禮可省者八則，因殘缺，僅見買水、送帛、答祭、齋醮、陰宅、出殯六則。張維屏稱“其言警切，其意周詳”。鮑俊贊其所作八則“皆酌古準今，至當不易。而於答祭一節，尤爲剴切詳明，力追古風。賻而不答，補偏救弊之言，無過乎此”。“余將持此説而泐之社學，以爲度世金針也。”

見存版本：清道光二十六年刻本　廣東省立中山圖書館

全一册。半葉九行，行二十一字。大黑口，四周雙邊，雙魚尾。書前有道光二十五年張維屏序、陳其錕叙、道光二十六年鮑俊序、道光二十五年梁信芳自叙。

按，《販書偶記續編》卷二載其爲“道光丙午刊”，即道光二十六年刊。廣東省立中山圖書館作道光二十五年刻本，蓋依張序時間而定，今據鮑序時間及《販書偶記續編》改。

017 廣州婚儀備覽不分卷　（清）逸志居氏編

逸志居氏，不知何許人，待考。

是書自通庚納采、請期冠笄、親迎歸省，以至會親往來，男女禮儀，無事不周，無體不備，爲當時粤俗婚儀之法程。以三書（文定書、納徵書、迎親書）、六禮（納采、問名、納吉、納徵、請期、御輪）爲主要内容，詳載各類帖式，彙輯全套男女雙方應備之禮儀習俗，可爲研究清代廣州婚俗提供翔實參考資料。

見存版本：清光緒三十二年廣州鈔本　廣東省立中山圖書館

全一册。通常半葉七行，字數不等，小字有雙行者有單行者。書前有光緒三十二年小陽春逸志居氏序、自序、目録。

春秋類

018 春秋三傳菁華十二卷首一卷末一卷　（清）南海胡調德編

胡調德，字道卿，一字稌香。諸生。不與外事，致力於漢儒訓詁之學。編有《江防略》。另著有《龍涌脞編》四卷、《魚苗經》一卷、《尺木齋文集》四卷等。

是書凡十二卷，卷一隱公、桓公，卷二莊公，卷三、四閔公、僖公，卷五文公、宣公，卷六成公，卷七、八襄公，卷九、十昭公，卷十一定公，卷十二哀公，卷首冠以諸國世次圖、諸國氏族圖、諸國都邑圖、諸國屬地總圖、大清一統全圖，卷末附春秋經藝題鵠。以經之年月統傳之年月，體衷於正，郊廟朝社，征伐會盟，擬議題目，準是爲衡。鄧士憲叙云："其經以統傳，傳以闡經，原始要終，不漏不冗，且于人物、地理、譜牒、謚號、今昔部位，提挈綱維，開卷按圖，愜心豁目。”

見存版本：清道光十一年廣東學院前聚賢堂刻本（尺木池館藏板）　廣東省立中山圖書館

全八册。半葉九行，行二十五字，小字雙行同。上下黑口，四周雙邊，雙魚尾。書前有道光十二年鄧士憲叙、道光七年劉彬華序、發凡九則、總目。

四書類

大學

019 聖經注辨三卷　（清）南海羅仲藩撰

羅仲藩，後改名仲衡。嘉慶十五年舉人，任惠來教諭。

是書對古本《大學》作注釋與辨析，故又名《古文大學注辨》。名其爲“聖經”，蓋取“此經聖學”之意。《大學》原爲《禮記》第四十二篇，不分經傳，無錯訛衍闕。後宋新學鳴，攄臆見，恣安排，裂經分傳，標目擬綱，顛倒竄移，紛紛割截。自宋歷明，復迄於今，真經被霾凡七百餘年，基於此因，作者特撰此書以辨正之。全文分三卷，共録古本《大學》六十八篇，每篇均附注釋以辨析之。凡引原文則頂格，考證各版本語句次序、字詞讀音則小字雙行夾注，注釋辨析則低一格。

按，此書無序。同治《南海縣志》卷十載作者自序，其序略云：此經聖學也，帝旨也，光訓也，天地秘也，神鬼欽也。自明制科目，遵朱以至諸夏，三十六千萬丁户，杳不知有孔聖真經也。顧經被霾越七百年，全光亘在，兹特表出，直明辨之。是遵古經，追復先傳，庶中外得聞，悉知道以文傳，文以字順，字以義顯，原本瑞光，焕然億兆中有志士興焉，斯道卜大光矣。

見存版本：清末廣州西湖街酌雅齋刻本　廣東省立中山圖書館

全一册。半葉九行，行二十一字，小字雙行同。白口，四周雙邊，雙魚尾。後有題識。

四書總義

020 四書闡注闡十九卷　（清）浦泰撰，（清）香山黄培芳批校

浦泰（1676—?），本姓謝。字心傳，號惺廛，齋名尚論堂。諸生。黄培芳，參見《書經揭要纂》。

《四書闡注》一書專主闡明朱熹之注，并采集陸稼書講義，諸家大全、説約、體注、辨志等書，以及名文之精要、選家之評語、師友之辯論，内容詳悉，出處分明，頗便後學入門。黄培芳幼年入塾即習讀此書，已能辨識書中瑕疵；其後陸續研習王步青《四書匯參》、任啓運《四書約旨》，又博覽其他諸家講義，對四書理解愈加精深。嘉慶十六年《四書闡注》重刻，黄培芳購置一編，并以之爲底本，重加删訂。不拘守於朱注，凡有所得，或足以互相發明者，或可補之説者，隨手采輯，録於書眉；對於各家講章中説理不協之處，名物、掌故缺略待考訂者，亦隨手補正。批校增補以《大學》《中庸》《論語》爲最。道光十六年編訂完成，較原書“更精贍”，遂定書名爲《四書闡注闡》，且擬妥編刊格式及凡例。由是可知，黄培芳有付之棗梨，以啓迪蒙士之意。

見存版本：清嘉慶十六年刻本　廣東省立中山圖書館

全六册。分上下兩欄。上欄半葉二十四行，行三十二字；下欄半葉九行，行十七字，小字雙行同。白口，四周單邊。書前有康熙五十三年張伯行序、例言八則。卷端書名下方墨書“香石書塾訂本”。鈐“香石讀”朱白相間方印、“香石讀”朱文方印。

021 制義約鈔不分卷　（清）南海何文綺編

何文綺（1780—1855），字扆書，號樸園。嘉慶二十五年進士，授兵部職方司行走。道光二十四年受聘主講粵秀書院。編有《粵秀書院課藝》《何氏家譜》等。另著有《周易從善録補注》二卷、《一經堂家訓》一卷等。

是書由何文綺編次，受業何春恬、侄何如驤參訂。分《大學》《論語》《中庸》《孟子》四部分，其中《論語》《孟子》又各析爲上下二節，收録張江、熊伯龍、方舟、金聲、韓菼、王汝驤、儲在文、黄淳耀、顧元熙等四十一人所撰《大學》文十六篇，《論語》文七十六篇，《中庸》文十三篇，《孟子》文五十五篇，録文凡一百六十篇。總批雜録昔賢評語；其旁綫批則取各家選本，隨手撮抄；間亦參以管見。自序稱此書“曰‘約鈔’者，子朱子之言曰‘言不貴文，貴於當而已，當則文；學不貴博，貴於正而已，正則博’。黄山谷亦言‘讀書務精不務博’”。

知見版本：①清道光二十八年粵秀書院刻本（原板）

全六册。半葉九行，行二十五字，小字雙行同，旁批小字雙行，字數不等。白口，四周雙邊，單魚尾。版心中鎸“原板”。書前有道光二十八年何文綺自序、目録。書名葉亦强調

“此書原板校對無訛，諸君光顧請認聚錦堂圖記，以免有誤”。

②清道光二十八年粵秀書院刻本　廣東省立中山圖書館 湖南圖書館

全四册。行格版式、序、目録均與原板同。

③清光緒五年翰苑樓重刻本　中山大學圖書館

全四册。行格版式、序、目録均與原板同。

④清光緒六年粵秀書院刻本　中山大學圖書館

全四册。行格版式、序、目録均與原板同。

022 重訂四書易簡録十八卷　（清）劉葆采輯，（清）順德黄日高重訂

劉葆采（？—1726），又作劉葆寀，江西金溪人。康熙六十年进士，雍正元年官貴州永從知縣。黄日高，號丹崖。嘉慶十一年歲貢。

是書内有《大學》一卷、《中庸》二卷、《論語》七卷、《孟子》八卷，凡十八卷。按，是書分卷較爲特别，其中《大學》標爲卷一；《中庸》《論語》《孟子》則自卷一始，至卷十七止。黄顯章序云：族兄丹崖先生“以爲道之大原出於天，乾以易知，坤以簡能。所謂易簡者，非貪常嗜瑣，因陋就簡之謂也。條分縷析則無繁之非簡，因淺見深則無難之非易，是故由朱子大注而外，參之游、楊、吕、謝以導其源，參之文集、或問、語録以要其流，參之吕氏集解、李氏條辨以窮其變。而又上溯包何，今窺毛氏，旁及大全諸家，務與金溪原書互相發明，去其太過，文其不及，要皆以易簡爲宗，故題其書曰《重訂易簡録》”。

咸豐《順德縣志》卷十七《藝文略》記載此書，未標記卷數。

見存版本：①清道光二十六年刻本　中山大學圖書館

全八册。分上下兩欄，上欄大字，半葉十二行，行十二字，小字雙行同；下欄小字，半葉十三行。白口，左右雙邊，單魚尾。書前有雍正元年周天祐序、道光二十六年黄顯章序、凡例十則。

②清咸豐二年探源堂張氏刻本　南京圖書館

023 學庸理鏡二卷　（清）順德梁有成撰

梁有成，又作梁友晟，字夔譜，隨父寄居香山縣城。同治三年舉人。嘗主講韓山書院四年。另著有《四書講義》，編有《染研編》《擷英堂課藝》。

是書内有《大學理鏡》《中庸理鏡》各一卷。《大學理鏡》主講《大學》全旨，康誥、湯、邦畿、聽訟、格致、誠意、修身、齊家、治國、平天下章旨，計十一篇。《中庸理鏡》主講《中庸》大旨，天命、仲尼曰、其至、道、大知、回、天下、問强、素隱、費隱、不遠、素位、辟如、鬼神、大孝、無憂、達孝、問政、自誠、盡性、致曲、前知、自成、無息、大哉、愚而、三重、仲尼、至聖、至誠、衣錦章旨，計三十二篇。海墨樓主人叙云：夔譜孝廉夙擅講貫，而舉業尤爲時輩所推。間取此二編，擇前賢粹語，并附己見，使《大學》《中庸》之理義如鏡照像，故名《學庸理鏡》。夔譜故後，其弟子商印於海墨樓，以廣其傳。

見存版本：①清光緒十年羊城海墨樓石印本　中山大學圖書館

全一册。半葉十二行，行四十一字，小字雙行同。白口，四周雙邊，單魚尾。書前有光緒十年八月羊城海墨樓主人叙。

②清光緒十一年上海同文書局石印本（羊城廣百宋齋藏板）

上海圖書館　貴州省圖書館

全一册。半葉十二行，行四十四字，小字雙行同。白口，四周雙邊，單魚尾。書前有光緒十一年同文書局主人序。

小學類

字書

024 四庫全書字體辨正四卷　（清）香山黄培芳重訂

黄培芳，參見《書經揭要纂》。

嘉興陸費墀嘗任《四庫全書》總校官，著有《四庫全書辨正通俗文字》，爲繕寫館書者之重要指南。正者，斯字之本體；通者，古今繁簡不同，凡隸省及前代碑拓可從者；俗者，承襲鄙俚，《後漢·儒林傳》所謂“别字”，今轉音謂之白字，斷不可從者。版行既久，模糊失真，錢塘王朝梧補其未備，重爲刊布。道光五年，黄培芳據潛本細加考正，凡點畫錯訛、誤寫之字俱改正之；結體失考、音義俱乖者均予以標識并加按字小注；别有增録者則附於原刻之後。經翁心存鑒定，由何太青刊刻而成增訂本，書名作《四庫全書字體辨正》。全書凡四卷，卷一、二辨似，卷三正訛，卷四正帖通用，附增録、附頁。翁序云：是書“視陸本、王本詳備精密何啻倍蓰，而不拘守於《説文》《玉篇》之古法，不詭隨於魏晋六朝之帖體規行矩步，一以國朝字典爲宗。間有鋟版時未及檢正者，余復從而糾改之，籤列眉端”。

見存版本：①清道光六年芸香閣刻本　北京師範大學圖書館　烟臺圖書館

全一册。半葉七行，字數不等。白口，左右雙邊，單魚尾。書前有道光六年仲秋翁心存叙、錢塘王朝梧原序、道光五年黄培芳重訂序、目録。後有嘉慶十七年孟秋順德何太青跋。

②清咸豐元年刻本　中國科學院文獻情報中心

025 象形文釋四卷韵目一卷　（清）番禺徐灝撰，（清）王紹墉撰韵目

徐灝（1810—1879），字子遠，一字伯朱，自號靈洲山人。同治間官至慶遠府知府。平生致力於小學。另著有《後漢書朔閏考》、《説文部首考》、《洞淵餘録》二卷、《通介堂文集》、《靈洲山人詩録》六卷、《九數比例》、《算學提綱》、《蠶桑譜》二卷等著述十餘種。王紹墉，錢塘人。生平待考。

全書四卷，卷一録自“日”至“韭”，凡一百三十三字；卷二録自“大”至“民”，凡一百五十二字；卷三録自“鳥”至“蟊”，凡一百零三字；卷四録自“厂”至“宁”，凡一百五十字，皆取《説文解字》中象形文字，條理而分釋之，“使形賦於物，文生於形，如按諸圖，如指諸掌。又爲之疏通證明其説，而指事、諧聲、會意、轉注、假借胥一以貫之，繇是以通其辭而明夫道”。是書初名“象形文解”，後徑改“解”字爲“釋”字，而成今名。書中多有眉批、旁批、脚注、浮簽。書末有錢塘王紹墉所編《韵目》。

見存版本：稿本　中國國家圖書館

全二册。半葉十行，行二十字，小字雙行同。白口，左右雙邊。書前有道光二十六年徐灝序。

026 象形文釋一卷　（清）番禺徐灝撰，（清）番禺陳澧批校

徐灝，參見上书《象形文釋》。陳澧，參見《學思稿》。

是書爲陳澧批本，每頁多有眉批。殘存一册，即第一册，録自“日”至“韭”，凡一百三十三字。此編晚於國家圖書館藏《象形文釋》四卷《韵目》一卷，國圖本序言有多處眉批和修正之處，此本俱已改定，部分字的釋義較國圖本更豐富完善，首字“日”即一例。此本《韵目》與國圖本大體一致，唯聲韵下屬字或與國圖本順序不同，間有增、削、調、改。

陳澧題識云：“澧謂此書所載《説文》字有重文者，皆實因其先後，不必倒易之。拙著《説文聲表》有不得不倒者，以諧聲之字，偏旁或從古籀故也。此書則不必然，蓋倒易先後太多，則許君解説往往有顛倒不順者。《説文聲表》亦有此病，且古文、籀文下又往往當增字”，“不如仍其舊之爲善矣。其以形爲主，尤以古文爲主，衹在序例中著之可矣”，“許君解字義、字音之語，可不必釋，必與字形相涉乃釋之”。

見存版本：稿本　廣東省立中山圖書館

殘存一册。半葉十行，行二十一字，小字雙行同。白口，左右雙邊。書前有道光二十六年徐灝序、《韵目》。外封有徐湯殷題記。

027 華英字典集成　（清）新寧鄺其照編

鄺其照（1843—?），别號蓉階，居廣州。同治間被官派赴美留

學。精通英語。回國後隨邵筱川辦理洋務、通商事宜。光緒十一年被調往廣東，協助辦理洋務。晚年在廣州創辦《廣報》。另著有《五大洲輿地户口物産表》一卷、《臺灣番社考》一卷等。

是書爲商用英漢對照工具書。由三部分構成，其一爲《華英字典集成》，依照二十六個字母的順序，以英文在前、中文在後的格式，收録單詞及詞組約二萬九千個。其二爲《雜字撮要》，收録天文地理、經濟政治、文化藝術、社會生活、軍事、醫學醫藥等一百零八門，約八千個詞條。其三爲《語言文字合璧》，其中《雜話問答》收録約三千五百個詞條，《華英信札》列各類型信函模板六十五款，包括稟、批格式，租銀、押櫃、鞋金、召頂、批頭問答，蒙古、西藏各地地界，信皮款式、箱面款式、屋宇出賃款式、遷鋪街招款式、俗語摘錦，發貨單格式、收賬清單格式、洗衣服單格式、辦館單格式、賠失貨單格式、買辦月結單格式、收單格式、囑支工銀條字款式、投充起造票格式、看報單格式、發貨單格式、雇工合約款式、雇工保單款式，北京至各省城并南京盛京路程里數、水程米數、水程鐵路米數、水程英里數、輪船火車往來各處約需時日，進口貨物税則、出口貨物税則，通商章程善後條約，中外年表。内容豐富，不一而足。

見存版本：清光緒十三年華盛頓重刊本　廣東省立中山圖書館

全一册。書前有版權葉，光緒十三年順德胡福英《增訂華英字典集成序》、光緒十二年番禺許應鏘序。

028 説文地理古今考十卷　（清）香山鄭燿奎撰

鄭燿奎，號星五。副貢生，任臨高教諭。另著有《説文引經同異述》六卷。

《説文解字》玉部、草部、牛部、犛部、口部、走部、言部、革部等部類中含地名詞彙近百條，或以證字形，或以證字音，或以證字義，厥例不一。作者遂依其原有之部居，廣徵博引《尚書·禹貢》《山海經》《爾雅》《廣韵》《周禮》《淮南子》《史記》《漢書·地理志》《後漢書》《本草經》《廣五行記》《名醫别録》《吴淑事類賦》等典籍之相關記載，析其字義，附以考證，“有以《説文》而訂經史者，有以經史而訂《説文》者，互相參訂，庶幾考據確而訓故明”。

見存版本：清光緒二十四年鈔本　中國人民大學圖書館

全五册。半葉九行，滿行二十二字至二十七字不等。緑格，白口，單緑魚尾，四周雙邊。書前有光緒二十四年自序。民國《香山縣志》卷十五《藝文》著録，卷數作五卷。

029 對料集成四卷　（清）南海袁福溥纂輯

袁福溥，字少佺，一作少伶，生活於清末，以授徒爲業。齋名耕耘書屋。

是書專爲訓蒙而作，由袁福溥纂輯，及門弟子順德馬汝雄、南海伍宏業編次。卷一爲天文、時令、地理宫室、人倫、身體、器用，卷二爲布帛服飾、文學、武備、音樂、珍寶、飲食、動物、植物、半虚實，卷三爲顔色、數目、活字、虚字，卷四爲至虚、干支、卦名、方位、國朝地名、國朝姓名、叠字、形容叠字分類、形容蜆殼字分類。作者硯耕多年，凡及門生徒日常問難之語彙皆留心積纍，薈萃而成此編，故名《對料集成》。其自序述著作緣起云：“初學習聯，最難現成，每見問難十餘次，未能得一穩字。自《對類引端》出，而平仄分類可無鈔寫之勞，但其中某類串某類尚未全備。因思詩賦駢文，其工於對仗者，不過二字爲多，爰選古人所習用者，纂輯成編，俱是口頭現成句語，以此訓蒙，使之披閲，自得屬對。”

見存版本：①清光緒十九年刻本　廣東省立中山圖書館

全二册。半葉十二行。白口，四周雙邊，單魚尾。書前有光緒十九年自序、目録。

②清光緒十九年廣州九曜坊麟書閣石印袖珍本　廣東省立中山圖書館　香港大學圖書館

全二册。半葉十四行。白口，四周單邊，單魚尾。書前有光緒十九年自序、目録。

③清宣統三年香港五桂堂書局印本　廣東省立中山圖書館

030 字學良知二卷　（清）南海梁顯庭輯

梁顯庭，號注南。因家貧，甫弱冠即於小欖白仙鄉以授學爲生。另著有應世諸書。

是書專爲便於婦孺識字而作。首爲數目須知，其後爲正文，有日月星象、亭塔建築、人物、神仙、花木、昆蟲鱗甲、日常用品、樂器、衣物、餐食用具、兵車火船等内容。每半葉縱分爲兩列，横分爲三欄：上欄爲字詞，中欄爲相應插圖，下欄爲該字詞之釋義、同音字、相關詞組。書中嫩仔、蛋家妹等詞彙帶有濃郁的廣東特色。

見存版本：清光緒二十九年修篁齋刻本　廣州圖書館

全二册。白口，四周單邊，雙順魚尾。書前有光緒二十九年梁顯庭自序、凡例八則、目録。後有壬辰年佚名題識。

031 認物識字一卷　（清）佚名編

是書爲啓蒙讀物。首爲數目須知，列記數單位與錢幣單位，上欄爲醒目的陰刻單字，下面繫以同音文字，兼及組詞、釋義。次爲天象、建築、人物、動植物、物品，均在上方配有相應圖畫及陰刻單字，下方爲釋義、關聯同音字、詞組。其間雜以典型粵語詞彙，如嫩仔、老番、疍家妹等，地方特色明顯。

書名葉乙面鎸“近日風化大開，《認物識字》一書，物件用作字音，無拘婦女孩童，不待入過學堂，有志教訓家人男女，首先識字，的確大有益處，個個都有詳注，可識數千餘字”，可知編印此書的初衷在於教人識字、普及知識。

見存版本：清光緒二十九年省城外正興街成文堂刻本　廣東省立中山圖書館

全一册。半葉滿行八行，字數不等。白口，四周單邊，雙魚尾。

韵書

032 五經切音一卷切字問答一卷　（清）南海李國龍輯

李國龍，字殿祥，號躍門。國子監生。精音韵之學。與張維屏、黄培芳常相唱和。以詩、酒、琴、棋、書、畫爲六友，因名其集爲《六友堂詩鈔》。

《五經切音》《切字問答》二書互爲表裏，專爲初學者而著。《五經切音》論其有切而無音者，則必求一音以音之；其有音而難識者，則必加一易識之音以音之。訂音一準乎古昔，述而不作。《切字問答》發明九音、九聲兩圖及反切八十一標箭，獨出心裁，足補劉鑑《切韵指南》所未備。附録《談字母拍手例》。《切字問答》雖此前已刻，同里馮國倚爲之序，此又附刻於《五經切音》之後，祇因二書關係密切。

見存版本：清道光二十一年右文堂刻本　廣東省立中山圖書館

全一册。《五經切音》半葉八行，字數不等；《切字問答》半葉八行，行二十三字。白口，四周單邊，單魚尾。《五經切音》書前有自序、道光二十二年張維屏序、李長榮序、例言十六則、目録。後有道光二十二年季冬歐陽光華跋。《切字問答》書前有道光十九年自序、馮國倚序。

033 切韵考殘稿　（清）番禺陳澧撰

陳澧，參見《學思稿》。

是書前後均有缺葉，書名爲藏者所擬。從眉批“限定四等之非”“端三母字改知三母字”“攝之謬”“强改古法以就己法之例”“後來删字母之病”等，可略知其内容概要。文中有朱墨筆句讀，亦有不少增删訂改。眉批有“已抄”“定”“未抄畢”“校”“可抄”等字樣，有增補性文字，也有觀點之表達。

此書書名在《中國古籍善本書目》中作《切韵考》，在《第五批國家珍貴古籍名録圖録》中作《切韵考殘稿》，在《五編清代稿鈔本》中作《切韵考之殘稿》。

此書擬名失當。陳澧著有《切韵考》及《切韵考外篇》，此稿中的文句及大段内容在《切韵考》六卷刻本中并無相似表述，誠如段曉春老師在《中南、西南地區省、市圖書館館藏古籍稿本提要》中所言，其内容“與《外篇》卷三《後論》相符。惟此是初稿，與刻本相較，文字頗有精粗之别”。細考其内容，如第十葉“《廣韵》切語有一韵一類者，有一韵二類三類四類者，以相近之韵合計之，有多至十三四類者。等韵家則限定四等，有開口閤口者，則限定開閤各四等”，此段文字與稿本《外篇》卷三《雜論》（按，刻本改稱《後論》）除了用詞稍異，内容完全相同。又如第三十一葉“端透定泥有一等四等，無二等三等，知徹澄娘有二等三等，無一等四等，此因切語下字同類中，有端透定泥與知徹澄娘無并見者，故可以相補也”，“指掌圖平列之，不以相補，有者自有，無者自無，順其自然而不穿鑿，此最善矣”，此段文字在稿本《外篇》卷三《雜論》中經過修改，已與刻本幾乎無差。故此稿屬刻本《外篇》卷三之間接草稿、稿本《切韵考外篇》卷三的直接草稿，因有殘缺，確切説它是《切韵考外篇》卷三《雜論》之殘稿。

見存版本：稿本　廣東省立中山圖書館

共一册（有缺葉）。半葉十一行，字數不等。紅格，白口，四周單邊。

史　部

雜史類

034 遵聞録一卷　（明）順德梁億撰

梁億，字叔永。大學士梁儲之弟。正德六年進士，授兵部職方司主事。改工部，歷禮部郎中。另著有《洪武輯遺》《傳信録》《羅浮志》《續賓退録》《懷元集》等。

是書述記明太祖至武宗朝遺事遺聞，尤詳於太祖朱元璋朝。所記凡四十則：劉伯温，郭子興，葉春，王興宗，馮國用，陶安，不惹庵僧，楊濂夫，倭國使節喀哩嘛哈，古岡黎貞，釋來復，羅復仁，南京紫金山，花雲及其子花煒，朱元璋瀟湘賦詩，徐達、常遇春攻蘇州，五羊王佐，山東布政使王印，顧禄，陶安蒙恩，殺身成仁之成進，岐陽王李武靖，濮真及其子濮嶼，上賜楊文廣征南詩，學士王文忠，憂國王明昇獻良馬，孫蕡臨刑賦詩，南京國子監，宋訥子，東莞何真獲賜鐵券，忠臣王叔英，御史大夫陳寧，刑部尚書開濟，朱煦，朝天宫前孝婦，張玉，彭從吾江南題咏，禮部尚書胡濙，神木出四川。多以人寫事，以事托人。

見存版本：①鈔本　北京師範大學圖書館

②明萬曆刻今獻彙言本　廣東省立中山圖書館　上海圖書館　美國哈佛大學哈佛燕京圖書館

合一册。半葉十行，行二十三字。白口，四周單邊。

③清順治三年李際期宛委山堂刻說郛續本　廣東省立中山圖書館　北京大學圖書館　美國哈佛大學哈佛燕京圖書館

合一册。半葉九行，行二十字。白口，左右雙邊，單白魚尾。

035 安龍逸史不分卷　（清）番禺屈大均撰

屈大均（1630—1696），初名紹隆，字介子、翁山，號八泉翁、冷君、華夫。入清後，拒試絶仕。順治六年父歿，削髮爲僧，師事函昰於雷峰，法名今種，字一靈，又字騷餘，居所名死庵。與同里諸子結西園詩社。嘗四處游歷，圖謀反清復明，而事終無成。有著述數十種。

是書以時間爲序，記明永明王朝本末。記事起於崇禎十六年桂王移駐粵西，訖於順治十八年緬酋殺永曆行在文武諸臣。順治九年孫可望挾持永曆帝由廣西移駐貴州安隆，改安隆所爲安龍郡，安置永曆帝，故以安龍爲書名。作者游歷黔滇之間，采傳聞，訪故老，述永曆帝流離顛沛之迹，以及從行諸臣死難之烈。書中行文先叙後議，兼有評論。

見存版本：①清鈔本　上海圖書館

②清鈔本　蘇州市吴中區圖書館

③清鈔本　雲南古籍數字圖書館

全二册。半葉十行，行二十二字。此本由滄洲漁隱輯。書前有溪上樵隱序、滄洲漁隱序。

按，此書另有多種二卷本，如民國間吴興嘉業堂刻《嘉業堂叢書》本，書前有羅謙序，後有劉承幹跋。羅謙序云："《安龍逸史》一書紀載雖無義例，然自監國以至賓天始末，厘然畢備，奸邪罪狀叛逆鐵案，昭昭可睹。爰録而藏之，以俟夫異日考信前朝，襄成全史，則斯編也，未必不可供天禄石渠之采擇云爾。"劉承幹跋云："此書專紀明永明王事。永曆六年駐安隆所，改安隆爲安龍，故以爲名。翁山在粤，境壤相近，見聞較確，如紀杖死夏良璞事，殺御史李如月事，殺吴貞毓十八先生事，定國敗關有才於田州，又敗孫可望事，皆詳於他書。明季遺漏事，約及百種，互相鈔襲，翁山此書，尚屬可取。"廣東省立中山圖書館所藏鈔本乃據此刻本抄寫。再如周氏鴿峰草堂鈔本，浙江圖書館藏。鴿峰草堂爲周左季齋名，左季名大輔，以字行，常熟人。生於同治十一年。嗜抄録善本秘籍。又如貴陽文通書局黔南叢書排印本。

036 富文書舍洋務權輿二卷附夷務續記不分卷 （清）香山李德庵撰，（清）香山李鳳翎編輯

李德庵，生平待考。李鳳翎，字少珊，李德庵之子。

《洋務權輿》初名《英吉利夷船入寇記》，咸豐十年因中外通商議和，駱秉章遂改題今名。此書由李德庵著，邵陽魏源鑒定，揚州李維醇參訂，覺羅耆齡、駱秉章評正，李鳳翎編輯，詳述道光間夷亂始末，凡二卷。卷上記事起於道光十八年四月，鴻臚寺卿黄爵滋上疏湖廣總督林則徐奏言，痛陳鴉片輸入之危害，止於粤民檄討義律，義律思慮變計。卷下起自道光二十一年四月，廣州三元里人民奮起抗英，英夷不敢入市廣東，止於

道光二十三年春，耆英接任廣州將軍，辦理夷務，允許各國往來各口岸通商；是年冬，廣東義民聚衆殺掠英夷，濮鼎查兵船雖在廣東，竟不敢報復。作者認爲道光間夷亂源於政府官員之錯誤決策，如琦善浪款，奕山浪戰，顏伯燾、裕謙、牛鑑浪守。此外，化勁民爲奸民，甚至誣義民爲頑民，亦爲一大要因。

末附《洋務續記》，又名《夷務續記》。咸豐十年，李鳳翎回粵襄辦夷務期間，查閱探報所記，又采訪親歷諸人，整理編纂而成此記，“繼《洋務權輿》而輯録也，故曰續”。是書詳記咸豐初年兩廣總督葉名琛鎮壓廣東三合會起義，導致義軍首領關鉅、梁楫等勾結夷酋巴夏里而引發英法諸夷之亂。咸豐七年冬，英法諸夷攻陷省城廣州，擄走總督葉名琛。作者發出無奈詰問：“廣東丁巳之亂，以堂堂天朝，屹屹名城，赫赫中堂，一旦至此，誰階之厲，孰使之然？”

《洋務權輿》頗受時人高評，覺羅耆齡贊其“叙事簡明，議論練達”，湯亦中稱其“叙述皆實而且詳”。

見存版本：清同治八年富文書舍刻本　中國國家圖書館　北京大學圖書館　蘇州大學圖書館

《洋務權輿》半葉九行，行二十四字。白口，四周雙邊，單魚尾。書前有咸豐十年覺羅耆齡序、同治四年曾望顏序、同治八年李鳳翎自序、湯亦中跋。

國家圖書館藏本有墨筆眉批、校改、批校，卷上首葉甲面末行書眉墨批“别本無‘鹽務’二字”；卷上第十六葉甲面第七行“是粤中第二轉機”，書眉墨批“别本以爲第六轉機”。此書或有同治八年前後其他版本行世。

037 廣東軍務記一卷 （清）不著撰人

道光二十一年四月初九、初十廣州三元里及蕭岡各鄉人民自發抗擊英國侵略者，是書專爲評述這一事件之背景和史實而作。作者筆下，當權者决策錯誤，措置失當，態度卑微，武備薄弱，軍令不嚴，導致炮臺連續失守、人民流離失所、廣州城池陷落、國家求和賠款之結果；三元里人民同仇敵愾，自發抵禦，奮勇殺敵，終令英夷心顫膽落，轉請解免，二者對比鮮明。作者對鄉民之義勇有如此評價："以鄉民有此一舉也，亦一時奮激之心使然也。使非有禮儀以激之，利害以動之，凌辱以加之，灾禍以迫之，則心不能勃然而興，倏然而起。"也對當權者抱有如下期望："當此之際，使有人焉，因十萬雄心之衆，乘巨寇落膽之時，而隆之以禮，結之以誠，厚之以金財，動之以禄位，則民心愈勵，而戰氣百倍，因而制勝出奇，變通盡利，計逆夷數千以上，則船必空虚，吾於水路以擊其虚，陸路以攻其實，使其首尾難顧，接應無施，則逆夷有不一鼓而成擒者哉！以後得其船炮，爲我所用，則善後事宜，更易爲力。"然而此次事件最終結果出人意料，在英夷受到重創被迫退兵的情况下，廣州將軍奕山、參贊隆文等反而與英夷息兵講禮、弃武修文、送納賠款，令作者扼腕嘆息、義憤滿腔。

見存版本：鈔本　臺灣圖書館

全一册。半葉九行，行二十四字。

038 戒拐販人口出洋論并附見聞實録不分卷 （清）順德譚禹撰

譚禹，字禹崖，號警迷子。嘗游歷日本。

是書作於同治十一年日本橫濱之如不及軒，主記清末以澳門爲中心的拐賣華人賣作猪仔之事實。前爲《戒拐販人口出洋論》，論述猪仔頭以射利爲目的，不擇手段誘拐良民賣爲猪仔之行徑；記録不幸淪爲猪仔者所遭受的種種悲慘經歷；表達作者對被拐販者深深同情之意，以及對四方百姓誠懇之勸誡。繼爲《見聞實録》三則。其一記同治七年五月南海陳元福、番禺馮亞錫、新寧黄三、嘉應張洪等在澳門被賣作猪仔幸而逃脱的遭遇。其二記同治十年開平許有良、新會陳汝芳由澳門被賣往卑魯，九死一生，暮年始歷盡艱辛，終返故里。其三記馬厘亞士老船因風寄泊日本横濱，船中羈囚猪仔二百餘人，慘受苛殘，後被多方合力解救，逃脱生天，分發回籍。末有喜認芳名録，認領者多爲香山、南海、番禺、三水、順德等廣州府籍人士及横濱廣東商鋪。作者以身親目擊之見聞記録并刊布此書，旨在警醒民衆，使咸知拐販人口出洋之巨害。

見存版本：清同治十一年日本横濱中華會館刻本　日本國立公文書館内閣文庫

全一册。半葉七行，行十七字。白口，四周雙邊，單魚尾。

039 英杰歸真一卷　（清）花縣洪仁玕撰

洪仁玕（1822—1864），字益謙，號吉甫。洪秀全族弟。咸豐九年春抵天京，受封精忠軍師、干王，總理朝政，兼管外交事務。同治三年秋，天京陷落，護送幼天王洪天貴福至江西，於石城被俘，不屈，就義於南昌。另著有《軍次實録》《欽定士階條例》《立法制喧諭》等。

本書刊布於太平天國晚期，以一名叛清來投者提問，干王洪仁玕解答的對談形式，闡明太平天國宗教教義及義理，旨在宣揚太平天國革命思想，鼓舞激勵太平軍士氣。民國間朱希祖撰《欽定英杰歸真跋》，發表於民國二十四年《國風（南京）》第六卷第一、二號，對此書内容和價值均有揭示："其中論基督教義者居多，而關於制度者約有四大端：一論自稱天王貶歷代皇帝爲侯之義；二論文武士階之義；三論蓄長髮之義；四論天歷之義；其他連類而及，可考其制度及事迹者尚多，皆太平天國後期事實，張德堅《賊情彙纂》所未及載者也。"

見存版本：①清鈔本　廣東省立中山圖書館

全一册。半葉八行，行二十字。從書名葉、序等來看，此本當抄自太平天國十一年刻本，不同之處在於遇尊稱换行和空格處理上略有差異。

此外，上海圖書館、南京圖書館、陝西省圖書館所藏亦爲鈔本。

②太平天國十一年刻本　南京太平天國歷史博物館　臺灣圖書館

全一册。半葉八行，行二十字。白口，四周單邊，單白魚尾。書前有太平天國十一年三月干殿刑部尚書小官何春發、禮部尚書小官汪蘭垣等序。

040 美國華工禁約記　（清）新會梁啓超撰

題"飲冰室主人"即梁啓超（1873—1929），字卓如，號任公，又號滄江，别署飲冰子、飲冰室主人、哀時客、中國之新民等。光緒十五年舉人。二十一年赴京會試，與其師康有爲發動"公車上書"。有《稼軒詞疏證》六卷、《飲冰室詩話》、《飲冰室文集》八十卷、《飲冰室自由書》、《墨經校釋》、《墨子學案》、《佳人奇遇》、《桃花扇注》、《新大陸游記》、《德育鑑》、《國家學綱領》、《十五小豪杰》等著述約百種，刊印於清末者有三十餘種。

是書爲美國華僑史研究專著，分歷史、禁例、旅美華人人數統計、美人排斥華人之論據、華人對於禁約之運動五部分。未盡之意或總結、延展性語句則鎸以眉批。末附《美國現行工商部禁例新章》六十一款。

見存版本：清光緒三十年六月上海廣智書局排印本　廣東省立中山圖書館

全一册。半葉十三行，行二十九字，小字單行三十八字。書前有目録。後有版權葉、光緒二十八年示諭。

041 中國國債史一卷　（清）新會梁啓超編

梁啓超，參見《美國華工禁約記》。

是書爲《通俗時局鑑》第一種，述自光緒初期以來二十餘年間中國國債發展歷史。作者認爲中國有國債始自光緒四年，中國國債實爲外債。并列表説明中國二十年來所借外債的款項和總額，分析借債緣由、用途和弊端。重點講述《馬關條約》《辛丑條約》簽訂後戰敗賠償總數和償還年限、批次和款額等。對於政府借入外債在用途上無决算報告，大量款項又去向不明，徒增百姓負擔的情況，作者憤而提醒人民“不得財政監督權，不納公債額派之本息”。書末小記表達了對當時及此後國運民生之深慮：“全書既成，得内地最近報紙，則户部因此次補還鎊虧，又不得不出於借款。初借一千萬兩於比利時，既有成議，旋以息重折扣大，卒改與匯豐銀行借六白萬兩，利息五厘，以某處鐵路作抵云。又云，鄂督張之洞，向瑞記洋行借款二百萬，現已定議，聞尚須借二百萬。又云，粤督岑春煊與德商滿德氏，借四百萬，利息八厘，分六十年攤還云……嗚呼，若此，我國民又增千二百萬之負擔矣。”

見存版本：清光緒三十年上海廣智書局鉛印本　福建省圖書館

全一册。每葉十二行，行三十字，小字雙行，字數不詳。書前有光緒三十年梁啓超自叙、參考文獻二十一種。

042 中國文學史一卷　（清）番禺張德瀛編纂

張德瀛（1861—?），字采珊，號巽父，别號山陰道上人。光緒十九年恩科舉人。長於詩詞，亦偶寫墨梅。著有《耕烟詞》一卷、《詞徵》六卷等。

是書爲闡述中國文學發展史專著，凡四篇，第一篇爲上古至戰國，分二十章，述文字之發源、先秦文學、六書六藝、諸子學術及其文體等；第二篇爲秦至東晋，分十八章，述篆隷變遷、兩漢文學消長、兩漢文字體製、諸家字學、兩漢杰出文士及其文體、三國兩晋十六國文化及文學等；第三篇爲南北朝至五代，分二十一章，述南北朝諸家文字，昭明、文心、詩品之義例，唐代文學及諸家之詩文，五代文學等；第四篇爲宋至清朝，分十七章，述宋初文格，宋儒理學及其文字，兩宋、金元、明清文學及諸名家之文。是書雖名爲歷代文學史，其間却雜以不少文字學、音韵學内容。

見存版本：清宣統元年廣東法政學堂鉛印本　廣東省立中山圖書館　中山大學圖書館　上海圖書館

全一册。半葉十三行，行三十七字。下黑口，四周雙邊，單魚尾。書前有目録。後有版權葉。

奏議類

043 矩亭遺集一卷　（清）番禺梁同新撰

梁同新（1800—1860），初名綸機，字應辰，號矩亭。道光十六年進士。官禮科給事中、通政司參議、内閣侍讀學士、通政司副使、順天府尹等職。著有《圖書奧義》、《梁大京兆奏議》一卷、《碧山草堂詩文集》二卷等。

是集録道光三十年至咸豐八年間作者所撰奏疏六篇，涉及社會治安、禁教、禮制、荒政、鑄幣等内容。《番禺縣志》載作者有《梁大京兆奏議》一卷，當爲是書。《番禺黄埔梁氏家譜・藝文譜》云：是書“一名《梁矩亭留稿》，集内奏議六篇，蓋仿《鄭忠肅奏議遺集》之名，故題‘遺集’也”。

見存版本：清同治四年廣東番禺梁氏家塾刻本　中山大學圖書館　中國國家圖書館

全一册。半葉九行，行二十二字。白口，左右雙邊，單魚尾。國家圖書館版本著録爲“清刻本”，又稱“書名據版心題”，推斷國家圖書館藏本或缺書名葉。

044 督粤奏稿不分卷　（清）李鴻章撰

李鴻章（1823—1901），字漸甫、子黻，號少荃，晚號儀叟，别號省心，安徽合肥人。道光二十七年進士，因功擢升至直隸總督兼北洋通商大臣，累加至文華殿大學士，封一等肅毅伯。

光緒二十五年李鴻章被任命爲兩廣總督。是書收録任職當年十二月十八日至次年四月間李鴻章奏稿約九十件。奏報内容多涉及轄内人事調整，官員特别是軍事將領的升降、調補、留去、奬懲、撫恤，籌款籌餉、徵收税厘，剿匪緝盜，人才培養，外交事務，清還賠款債務，等等。李鴻章受命赴廣擔負另一特殊職責，即“奉懿旨捕康梁”，鎮壓保皇黨。書中還記載慈禧授意李鴻章刨毁康有爲父祖墳基一事，反映出慈禧對戊戌維新頭目之憎恨程度。

見存版本：稿本　上海圖書館

全六册。半葉六行，行二十字。紅格，白口，四周雙邊，雙魚尾。全書字體不一。

045 許尚書文御史奏摺一卷　（清）番禺許應騤、（清）文悌撰

許應騤（1832—1903），字德昌，號筠庵。道光三十年進士。官工部、禮部尚書，閩浙總督等職。文悌，瓜爾佳氏，字仲恭，滿洲正黄旗人。官户部郎中、河南知府、貴西道。

是書録許氏、文氏所上奏摺二份，在内容上都激烈反對康有爲。首爲《許尚書應騤覆奏并請驅逐主事康有爲摺》。因御史宋伯魯、楊深秀疏劾許應騤守舊迂謬、阻撓新政，此爲許遵旨抗辯之回奏摺。摺中陳述其因結怨康有爲，故被揑造浮詞，遭言官彈劾。稱康有爲少即無行，善於構訟；聯絡攀援，聚結朋黨；托詞西學，以聳觀聽；摇惑人心，混淆國事，建言罷斥、驅逐康有爲。次爲《文御史悌奏言官黨庇請旨飭查并請查康有爲摺》。此爲聲援許應騤、指斥康有爲而作。摺中稱許應騤覆奏摺内所稱珍惜名器、物色通才等言，

深合大臣之體。并嚴劾康有爲品行不端，任意妄爲，干謁顯達，遍結言官，把持國是。對康有爲所作《孔子改制考》抨擊尤爲激烈。

見存版本：①清末刻本　中國國家圖書館　吉林省圖書館　内蒙古自治區圖書館　陝西省圖書館

全一册。半葉十行，行二十三字。白口，四周雙邊，單魚尾。

②清光緒二十四年兩湖書院正學堂刻本　北京大學圖書館　北京師範大學圖書館　復旦大學圖書館

③清光緒間刻本　吉林省圖書館　黑龍江省圖書館　湖南圖書館

046 中丞公奏議　（清）新會陳昭常撰

陳昭常（1868—1914），字簡持，一字平叔。光緒二十年進士，官至吉林巡撫。因忤袁世凱去職。著有《延吉邊務調查書》、《廿四花風館詩詞鈔》一卷、《廿四花風館文選》二卷。

是書收録作者於吉林巡撫任上所撰奏疏四十四篇，時間上起於光緒三十四年十一月初七日，訖於宣統三年九月二十六日。内容涉及財政、税務、農事、運輸、醫療、邊務、商埠、憲政、國防、軍務、治安、實業、荒政等國計民生諸多方面。

見存版本：清鈔本　中山大學圖書館

全二册。細朱絲欄。半葉七行，行二十二至二十六字不等。

047 考察憲政大臣李家駒奏考察立憲官制録繕成書敬陳管見摺

（清）李家駒撰

李家駒（1871—1938），字柳溪，號昂若，廣州駐防漢軍正黄旗人。光緒二十年進士，歷官京師大學堂提調、湖北學政、學部右丞兼大學堂監督。三十三年被派往日本考察，并被委任爲臨時駐日公使。歸國後，任憲政編審官總理、學部侍郎、資政院總裁。

此摺上於宣統元年。摺中詳陳考察日本立憲官制事宜之情況，着重奏報行政類中之官制問題，概述日本官制之類型、官規，細陳日本以君主立憲政體爲標準厘定官制的本意與通意、日本部省建置、内閣官制、内閣職權、中央集權和地方分權、編制大要。本着“考察外國制度，不徒貴徵其條文，尤貴研其義例”，着重“研求原理之所存，以推見立法之本意，并按切中國情勢，應采何種制度，始爲適宜”的理念，條分縷析日本制度之優劣，又參以歐洲各國，比較其異同，結合中國國情，提出中國可否效仿之建言。摺末奏稱將接續考察司法、財政兩類，預計當年秋間，可以一律竣事。

見存版本：清宣統間鉛印本　中國國家圖書館

全一册。半葉十二行，行三十字。黑口，四周雙邊，單魚尾。

傳記類

總傳

048 珠江名花小傳一卷　（清）繆艮撰

題“支機生”即繆艮（1766—?），字兼山，號蓮仙，又號古狂，仁和人。乾隆五十三年補弟子員。屢試不第。嘗遍游吴越、齊魯、閩粤等地。

此篇記作者游歷至廣州時，在珠江一帶結識諸位風塵女子繡琴、文采、大奀、亞柳、鳳彩、新嬌、瑞蓮、阿鳳、婕卿、阿富、李順娘，各記其名字、年歲、居所、淪落緣由、與其結識交往之情形。每人一篇，每篇末均有注語及咏詞。

見存版本：清宣統二年上海國學扶輪社鉛印香艷叢書本

廣東省立中山圖書館　中國國家圖書館　北京大學圖書館　天津圖書館　上海圖書館　南京圖書館　湖北省圖書館等

合一册。半葉十三行，行三十字。上下黑口，四周雙邊，單魚尾。

049 珠江梅柳記一卷　（清）周友良撰

梅柳者，指雪梅、柳鶯二女子。是篇記辛酉年（咸豐十一年）作者赴穗垣鄉試期間，在西關沙面遇雪梅、柳鶯二女，并與二女詩文唱和之事。梅、柳二人本係某氏愛妾，不幸夫婿身故，遭大婦淩辱，後被賣入妓院。作者憐其色藝超群，約定明春自己婚後，定當竭力救助二女逃出翠館紅樓風塵之地。次年，作者至省城再尋舊約，“而雪梅已病瘵亡，柳鶯移家江門，又爲大力者所得，杳不可見”，不禁有浮生若夢之感。

見存版本：清宣統三年上海國學扶輪社鉛印香艷叢書本

廣東省立中山圖書館　中國國家圖書館　北京大學圖書館　天津圖書館　上海圖書館等

合一册。半葉十三行，行三十字。上下黑口，四周雙邊，單魚尾。

050 鄧氏徵獻録八卷　（清）東莞鄧淳輯

鄧淳（1776—1850），字粹如，號朴菴。道光元年孝廉方正特科生。嘗受聘主龍溪書院。二十一年組織團練，抵禦英軍。有《粵東名儒言行録》二十四卷、《乾惕録》二卷、《主一齋隨筆》十二卷、《家範輯要》三十卷、《嶺南叢述》六十卷、《朴菴存稿》十卷、《鄧氏家譜》十二卷等。

是書以時代爲序，廣徵博引史志、文集等資料，輯録歷代見諸記載之鄧氏人士生平事略。全書分八卷，卷一至七記漢、三國、南朝、北魏、唐、宋、元、明、清各朝代鄧姓男子共三百六十六人，卷八録漢、後周、南漢、宋、明、清朝鄧姓女子五十一人。所記鄧氏人數以明代爲最，達一百七十人，約占全書鄧氏人數的十分之四。記事晚至嘉慶九年。作者編纂此書之緣起，集中體現在《例言》之中："譜系之學，源于《世本》。由晋以降，或撰家傳，或撰家紀，或撰世傳，或撰序訓，或撰家世編，均之。俾先正舊典，長以不墜。四海之廣，斷不能統大宗而核其昭穆，不得已，僅詳録其傳，以著永思。""前賢往哲論古之際，輒不禁流連而興起，況前徽宛在，烏可不興紹述之思耶？謹類聚輯録，以爲子孫觀法。"

見存版本：清鈔本　北京大學圖書館

共二册。半葉十行，行二十一字，小字雙行同。白口，四周雙邊，單魚尾。書前有例言若干則（因缺葉僅見三則）、書目、目録。

051 番禺梁氏兩世傳狀一卷　（清）番禺梁慶桂輯

梁慶桂（1856—1931），字伯陽，號小山。光緒二年舉人，授内閣侍讀。曾參加“公車上書”，加入强學會、京師保國會。著有《式洪室詩文遺稿》、《式洪室詩文集》一卷。

是書載録梁同新、梁肇煌之傳狀。同新（1800—1860），字應辰，號矩亭，番禺黄埔鄉人。道光十六年進士，官禮科給事中、内閣侍讀學士、順天府尹等職。年六十一卒於京邸。著有《圖書奥義》等書。肇煌（1827—1886），同新次子。字振侯，别字檀浦。咸豐三年進士，歷官詹事府詹事，順天府尹，福建、江寧布政使。是書梁同新傳狀有如下内容：《梁公家傳》，述肇煌生平世系、仕宦、政績，尤詳於查禁鴉片時之論事及遠識；《番禺縣志》《廣州府志》中所載本傳；光緒元年陳澧所撰《梁君墓表》。梁肇煌傳狀内容包括梁慶桂述、徐郙纂《梁府君行狀》，述肇煌生平世系、仕宦、政績，尤詳於其善政善舉；温肅所撰《梁公傳》。

見存版本：清光緒間鉛印本　中國國家圖書館

全一册。半葉十行，行二十三字。上下黑口，左右雙邊，單魚尾。中山大學圖書館、北京大學圖書館藏有民國十三年鉛印本。

052 新增廣東名人故事　（清）不著撰人

是書分兩欄載録廣東名人和廣東故事。上欄記廣東名人，分會元、狀元、榜眼、探花、内閣、尚書進士、本朝解元、本朝進士、本朝解元、廣東會元、廣東狀元、廣東榜眼、廣東探花等十三種名目，各名目下列姓名、科舉考取時間、籍貫。清朝狀元録至光緒二十一年。附録爲在各省任官者姓名及任官省地。下欄爲廣東故事，雜録廣東總略、廣東府州縣糧税、廣東土産古迹、前朝事録等内容。按，木書刊刻質量不佳，用字不規範，隨意簡化，且名目中“本朝解元”出現兩次。

見存版本：清光緒廣州狀元坊內太平新街以文堂刻本　廣東省立中山圖書館

全一册。上欄半葉十行，滿行六至七字，小字雙行，字數不等；下欄半葉十行，行二十字。白口，四周單邊，單魚尾。

053 中國之武士道　（清）新會梁啓超撰

題“飲冰室主人”即梁啓超，參見《美國華工禁約記》。

泰西、日本人常言中國歷史爲不武之歷史，中國民族爲不武之民族，作者恥憤此類不實言論，故徵引古籍著成此書，大體以時代爲序，載録春秋戰國以至漢初中國先民之武德足以垂範後世者七十餘人，每傳末綴以評語，略抒己見，以弘揚中國武士道精神。其中以春秋戰國時期武者居多，占五分之四强，秦漢不足五分之一，其後闕如，何則？“要而論之，則中國之武士道，與霸國政治相終始。春秋時代，霸國初起，始形成武士道之一種風氣。戰國時代，霸國極盛，武士道亦極盛。楚漢之交，時日雖短，猶然争霸也，故亦盛。漢初，天下統於壹矣，而猶有封建，則霸國之餘霞成綺也，而武士道雖存，亦幾於强弩之末，不穿魯縞。逮孝景定吴楚七國之亂，封建絶迹，而此後亦無復以武俠聞於世者矣。”是書在當時被用作高等小學及中學教科書，對於唤醒和革新國民精神發揮了一定作用。

見存版本：①清光緒三十年上海廣智書局鉛印本　廣東省立中山圖書館　中國國家圖書館　蘇州圖書館　揚州市圖書館　南京大學圖書館　上海社會科學院圖書館　美國哈佛大學哈佛燕京圖書館

全一册。每葉十二行，行三十字，小字雙行。書前有光緒三十年蔣智由序、楊度序、梁啓超自序、凡例十二則、目録。後有版權葉。

②清光緒三十年上海商務印書館飲冰室叢著本　廣東省立中山圖書館

全一册。每葉十二行，行三十二字，小字雙行同。書前有自叙、凡例十二則、目次。

054 中西偉人傳　（清）新會梁啓超撰

題“飲冰室主人”即梁啓超，參見《美國華工禁約記》。

是書包括《張博望班定遠合傳》《匈加利愛國者噶蘇士傳》《意大利建國三杰傳》《近世第一女杰羅蘭夫人傳》四篇傳文，載録中國張博望、班定遠，匈加利噶蘇士，意大利瑪志尼、加富爾、加里波的，法國羅蘭夫人等七位中外偉人傳記。無論獨傳抑或合傳，多分節記述，將人物之成長經歷和卓越成就置於宏大歷史背景下，叙事、議論、評價相結合，是此書傳記編寫之特色。

見存版本：清光緒二十九年五月横濱新民社排印本　廣東省立中山圖書館

全一册。每葉十三行，行三十三字，小字雙行，字數不詳。書前有目録。後有版權葉。

按，《匈加利愛國者噶蘇士傳》另有清末鉛印單行本，廣東省立中山圖書館有藏。半葉十行，行二十八字，小字雙行同。上下黑口，四周雙邊，雙魚尾。《義大利興國俠士傳》亦别有光緒二十三年上海大同譯書局石印單行本，中國國家圖書館、吉林省圖書館、南京圖書館等有藏。半葉九行，行二十字。白口，四周雙邊。

055 歷代名將事略不分卷 （清）兩廣督練公所教練處編

兩廣督練公所，舊址位於今廣州越秀區中山紀念堂附近，於光緒末年依照清廷陸軍章制創立，由兩廣總督兼督辦。設教練處、參謀處、兵備處，各處設總辦一人、幫辦一人。教練處設教育、訓練、翻譯三科，共三十六人，負責軍隊學堂教育等事宜。辛亥革命後，該公所解體。

是書輯録戰國藺相如、田單，西漢張良、韓信、周亞夫、李廣、蘇武、趙充國，東漢馮異、吴漢、寇恂、耿弇、馬援、班超，三國諸葛亮、關羽、趙雲，唐代秦瓊、尉遲敬德、李泌、郭子儀、李光弼、張巡、顔真卿、段秀實、裴度、李愬，凡二十七位著名將領，爲其各立小傳，記其字號、籍貫、生平行實等。末附正誤表。

見存版本：清宣統二年兩廣督練公所教練處鉛印本（重印）中山大學圖書館

全一册。小開本。半葉十行，行二十五字。下黑口，四周單邊，單魚尾。書前有目録。

056 廣東高等學堂同學録 （清）廣東高等學堂編

光緒二十九年署兩廣總督岑春煊、廣東巡撫張人駿改兩廣大學堂爲廣東高等學堂，聘番禺吴道鎔爲總理。開設國文、英文、法語、物理、化學、法制、理財、圖畫、體操等課程。番禺曹汝英、朱執信、朱香石，南海楊其觀，花縣朱兆莘，東莞莫鴻秋等曾在該學堂任教。民國元年改名爲廣東省立第一中學，聘順德黄節任校長。

此録包括攝影、學事絜要、同學録序次、姓氏檢查表、同學録、同學會簡章六部分内容。核心爲同學録，采用表格式，分姓名、別號、年歲、籍貫、現任或曾任職務、住址、郵寄處七欄及其父母、妻兒姓名等，臚列每位同學的簡要情況。末附同學會簡章，凡九章二十二條。

見存版本：版本不詳　廣東省立中山圖書館

共一册（缺攝影，同學會簡章等處有缺葉）。四周雙邊。

別傳

057 敦武關侯祀典表忠録一卷　（明）順德區龍禎等輯

區龍禎，字象先。萬曆三十八年進士，官至滇南屯道左參政。編有《彙輯洹山劉元城語録》二卷。著有《遼陽全書》二卷、《司餉疏鈔》四卷、《遼餉全書》二卷、《滄浪洞詩集》六卷。

關侯即關敏，生於元至正九年，南海縣黄連人。元末南海馮簡等作亂，劫掠龍潭。洪武元年，征南將軍廖永忠下令撫民彌盜。關敏倡義集衆，緝捕亂賊百餘人以獻。賊銜恨之，乃聚衆圍鄉。敏力戰不支，遂爲賊所殺。後賊平，永忠以其事聞。上以敏仗義討賊，歿於王事，特贈敦武校尉、兵馬指揮司副指揮，表其鄉曰忠義，令有司立祠其鄉，遣官歲祭。是書由區龍禎編次，順德蕭子贇、何印同編，八世孫關朝樞和九世孫關在朝、觀緯校梓。首爲《旌忠祠圖》，次爲關敦武公冠帶像、何景禄所撰《敦武公像贊》，次進士何嵩所撰《敦武關侯傳》，次洪武二年《忠義鄉榜》，次傳志實録，次《重修廟坊文移》，次碑文，次祭文，終之以名賢詩賦。

見存版本：明萬曆南海關氏刻本　中山大學圖書館

全一册。半葉八行，行十九字，小字雙行同。白口，四周單邊，單魚尾。書前有何思贊《敦武關侯忠勛録序》、萬曆四十四年盧龍雲《敦武關侯忠勛録續序》。書名依中山大學圖書館官網文獻檢索界面題，而是書卷端題名爲“纂刻贈敦武關侯祀典表忠録”。

058 書葉氏女事一卷 （清）番禺屈大均撰

屈大均，參見《安龍逸史》。

此篇記葉氏女堅守禮義、維護綱常之事迹。葉氏女名九姑，順德龍山鄉人。及笄之年，母舅薛玉書作媒，將其許配玉書族弟夢連。九姑以甥舅爲婚不合古禮，於婚夕出逃。夢連提起訴訟，有司不知婚姻之律，判使成婚，九姑遂投井自殺，被鄰人救出後遁入空門。作者認爲九姑之行爲大有功於倫常。

見存版本：清宣統二年上海國學扶輪社鉛印香艷叢書本

廣東省立中山圖書館　中國國家圖書館　北京大學圖書館　天津圖書館　吉林省圖書館　黑龍江省圖書館　上海圖書館　南京圖書館　浙江師範大學圖書館　湖北省圖書館　武漢大學圖書館

合一册。半葉十三行，行三十字。上下黑口，四周雙邊，單魚尾。

059 王懿思先生傳 （清）南海陳炎宗撰

陳炎宗，字文樵，號雲麓，南海佛山人。嘗受學於王植。乾隆十三年進士，授庶吉士。家居三十年，主講於嶺南義學。著有《鄉俗志》等。

傳主王植生於康熙二十四年，字檁三，思長孺之戇，因號戇思，定州深澤人。早年受知於督學楊名時，繼出昆凌董佩笈之門。康熙五十九年進士，觀政都門。雍正四年授廣東和平令。後歷署平遠、海豐、陽江，擢羅定牧兼德慶牧，繼署欽州。乾隆元年署新會，六年調署香山。服闋後，歷署滋陽、沾化、郯城。廉直持正，興利除弊，多有惠政。是書以上述其所治之地記其業績：清案牘、定章程、通難達之情、定徵輸之法、辨正淫之祀、息誣妄之説、懲强悍之徒，凡此種種。其中多有涉及新會、香山之情事。

見存版本：清乾隆間刻崇德堂三種本　中國國家圖書館　清華大學圖書館

全一册。半葉十行，行二十五字，偶見小字單行。白口，四周單邊。

060 陳東塾先生自述　（清）番禺陳澧撰

陳澧，參見《學思稿》。

是書爲作者六十二歲大病幾死後所作回顧生平之自傳，叙述世系、學業、師從、科舉、仕途、從教等概況，側重於從事學術創作經歷。廖廷相跋云："光緒七年，兩廣總督張公、廣東巡撫裕公以南海朱子襄先生及先生名奏請量加褒異。其年七月初三日奉上諭，朱次琦、陳澧均著加恩，賞給五品卿銜。八年正月二十二日，先生卒，年七十有三。所著《東塾讀書記》得十二卷又三卷，已刻成。其餘未成稿本十卷，遺命名曰《東塾雜俎》。又《文集》若干卷，均俟門人及兒子編録云。"此跋内容正可作《自述》之補充。

見存版本：清光緒七年刻本　廣東省立中山圖書館

全一册。半葉十二行，行二十四字。上下黑口，四周單邊，單魚尾。末有廖廷相跋。

061 國史儒林黄仲弢先生傳一卷　（清）新會伍銓萃撰

伍銓萃（1863—1930），字榮建，號叔保，又號葆盦。光緒十八年進士，授翰林院編修。出爲湖北鄖陽知府。宣統元年任朝廷派遣出洋留學生收掌官。嘗寄迹羅浮山酥醪觀爲住持，道號永謐。著有《廣東茂名楊頤傳》一卷、《北游日記》、《玉雁樓筆記》等。

傳主黄仲弢生於咸豐四年，卒於光緒三十三年，名紹箕，浙江瑞安人。光緒六年進士，改翰林院庶吉士，散館授編修。潛思精究古今學派之流别、中外時局之變遷。張之洞、潘祖蔭、李文田、左宗棠咸激賞服膺之。是書記其生平事迹，尤詳於在兩湖書院監督、湖北提學使及奉遣赴日本考察學務任内劬於學務、擘畫勞苦之業績。

見存版本：清光緒間湖北漢川劉洪烈刻本　中國國家圖書館　首都圖書館　浙江圖書館　温州市圖書館

全一册。半葉十行，行二十字。白口，左右雙邊，單魚尾。

062 十八娘傳一卷　（清）番禺趙古農撰

趙古農，初名鳳宜，字聖伊，一字巢阿。諸生。著有《抱影吟草》、《闕疑殆齋雜録》六卷、《骨董》二編四卷、《玉尺樓賦選》五卷等十餘種。

十八娘生長粵地，顔如渥丹，中含雪膚，性復甘潤，好着紅羅衣，可知是篇以十八娘子妙喻嶺南佳果荔枝。作者用擬人手法述十八娘之身世、居地、容顔、身姿；宋蘇軾謫宦游粵，贈之以詩；蔡謨爲之作譜牒，叙其支派；自漢高帝、武帝、和帝，至唐玄宗、楊貴妃甚愛之情狀。作者贊曰“尤物足以移人”。

見存版本：清宣統二年上海國學扶輪社鉛印香艷叢書本

廣東省立中山圖書館　中國國家圖書館　北京大學圖書館　天津圖書館　上海圖書館　南京圖書館等

合一册。半葉十三行，行三十字。上下黑口，四周雙邊，單魚尾。

063 珠江奇遇記一卷　（清）劉瀛撰

是篇記作者友人鍾秀霞家婢女柳燕之事迹。柳燕本爲鍾家婢女，與鍾秀霞私通。後嫁人爲妾，以其不貞，遭夫家遣歸鍾家。復爲鍾秀霞之大婦所不容，被賤價賣出。戊寅年，作者與鍾秀霞共赴珠江觀龍舟競渡後，於西河水榭巧遇柳燕，其時燕已淪落風塵，更名爲繡琴。老鴇獲知繡琴與鍾秀霞之往事，恐繡琴隨秀霞離去，遂携繡琴遠走他方，不知所終。

見存版本：清宣統三年上海國學扶輪社鉛印香艷叢書本

廣東省立中山圖書館　中國國家圖書館　北京大學圖書館　天津圖書館　上海圖書館等

合一册。半葉十三行，行三十字。上下黑口，四周雙邊，單魚尾。

064 華山隱士陳圖南先生本傳　（清）南海關子棻編

關子棻，參見《讀易觀天》。

是書又名《陳希夷先生傳》，記華山隱士陳摶本事。陳摶生於唐末，字圖南，號扶摇子，亳州真源人。幼時即聰悟，及長，讀經史百家之言，復以詩名。於後唐長興間中舉。厭五代之亂，不求禄仕，遂以山水爲樂，習神仙導養之術。是書廣徵二十餘種史志、筆記、雜記，彙輯其中所載陳圖南逸聞軼事，末載陳圖南《龍圖序》，插圖七幅。

見存版本：清光緒二十八年家塾刻本　廣東省立中山圖書館　天津圖書館

全一册。半葉九行，行二十字。下黑口，四周雙邊，單魚尾。

065 管子　（清）新會梁啓超撰

梁啓超，參見《美國華工禁約記》。

是書爲《中國六大政治家》第一編，以發明管子政術爲主，論述管子之時代及其位置、管子之微時及齊國前此之形勢、管子之愛國心及其返國、管子之初政、管子之法治主義、管子之官僚政治、管子之官制、管子内政之條目、管子之教育、管子之經濟政策、管子之外交、管子之軍政。於管子政術兩大綱領即法治主義和經濟政策闡發尤詳。《自序》云："若古代之管子、商君，若中世之荆公，吾蓋遍徵西史，欲求其匹儔而不可得。而商君、荆公爲世詬病，以迄今日，管子亦毁譽參半，即譽之者又非能傳其真也。余既爲荆公作洗冤録，商君亦得順德麥氏爲之訟直，則管子傳不可以無述，述之得六萬餘言。"

見存版本：①清宣統元年十月上海廣智書局鉛印本　廣東省立中山圖書館

全一册。每葉十三行，行三十三字，小字雙行。書前有宣統元年三月自序、例言四則、目次。後有版權葉。

②清宣統三年六月上海廣智書局鉛印本　民國圖書數據庫

全一册。每葉十三行，行三十三字，小字雙行。

066 商君　（清）順德麥孟華撰

麥孟華（1875—1915），字孺博，號蜕庵。早年師從康有爲。光緒十九年舉人。赴京會試，參與“公車上書”。戊戌政變後，逃亡日本。病故於上海。譯有《英國憲法史》《俄羅斯史》等。著有《蜕庵集》三卷。

是書爲《中國六大政治家》第二編，全編九章，論述戰國時勢及商君以前秦國位置、商君入秦及其進用、商君政略及其變法、商君立法、商君司法、商君行政、商君大權政治等。側重於商君立法與行政，於立法，特分法治主義之根據、法權之總攬、立法之標準、法律之平等、法律之公布五節；於行政，特分農政、兵政、官制三節詳述之。

見存版本：①清宣統元年十月上海廣智書局鉛印本　廣東省立中山圖書館

全一册。每葉十三行，行三十一字，小字或雙行或單行。書前有目次。後有版權葉。

②清宣統三年六月上海廣智書局鉛印本　民國圖書數據庫

全一册。每葉十三行，行三十三字，小字雙行。

067 王荆公　（清）新會梁啓超撰

梁啓超，參見《美國華工禁約記》。

是書爲《中國六大政治家》第五編，作者以《臨川全集》爲主，輔以宋人文集、筆記數十種，與《宋史》諸志傳相參證，又參考數百年來十數位哲人碩學之論點，鈎稽甲乙，衡量是非，考述而成此書。全編凡二十二章，論述荆公之時代、荆公之略傳、執政前之荆公、荆公與神宗、荆公之政術、荆公之武功、罷政後之荆公、新政之成績、新政之沮撓及破壞、荆公之用人及交友、荆公之家庭、荆公之學術、荆公之文學。書中以王安石政術爲論述核心，對其所創諸新法之内容及其得失闡述頗詳，亦采録其不少與政治相關之詩文。

見存版本：①清光緒三十四年十月上海廣智書局鉛印本（初版）　中山大學圖書館

②清宣統元年十月上海廣智書局鉛印本　廣東省立中山圖書館

全一册。每葉十三行，行三十三字，小字雙行四十字。書前有梁啓超自序、例言五則、目次。

③清宣統三年六月上海廣智書局鉛印本（第三版）　中山大學圖書館

全一册。每葉十三行，行三十三字，小字雙行。

年譜

068 東坡先生年譜一卷　（宋）五羊王宗稷編

王宗稷，字伯言。宋紹興十年隨外祖守黄州郡，訪東坡先生遺迹。

此譜自宋仁宗景祐三年東坡出生記起，至徽宗建中靖國元年七月二十八日東坡卒於長洲止，載東坡六十六年間出處大略。

其中仁宗四年，寶元元年、二年，康定元年，慶曆元年、四年、六年、八年，皇祐元年、二年、三年、五年，嘉祐三年，僅記年份而事迹缺載。自嘉祐四年東坡二十四歲起，始逐年記録行實事迹。《四庫全書總目提要》云："迨國朝查慎行補注蘇詩，於此譜多所駁正，皆中其失，蓋創始者難工，踵事者易密，固事理之自然耳。"肯定了王宗稷草創之功。

見存版本：此譜因附刻於蘇軾全集，又以蘇軾全集的不斷刊印而産生衆多版本，列其要者如下：

①明嘉靖十三年江西布政司刻蘇文忠公全集本　中山大學圖書館

合一册。半葉十行，行二十字。白口，左右雙邊，雙魚尾。

②明萬曆三十四年茅維刻東坡先生全集本　中山大學圖書館

合一册。半葉十行，行十九字。白口，左右雙邊。書前有萬曆丙午茅維序。年譜位於目録後之蘇轍《東坡先生墓志銘》之後。

此外，有明末文盛堂附刻東坡全集本、天啓間文盛堂附刻東坡詩選本、崇禎中項煜刻東坡先生全集本、明刻東坡集選本、明刻東坡全集本、清康熙三十七年朱從延文蔚堂刻蘇東坡詩集本、清康熙三十八年宋犖刻施注蘇詩本、四庫全書本、同光間南海孔氏三十三萬卷堂刻本、光緒二十年粵東文英閣刻本、宣統間寶華庵重刻明成化東坡七集本、清大文堂刻本等。

069 誥贈中憲大夫抑莊府君年譜　（清）南海吴祖昌編

吴祖昌（1814—1875），字鄂秀，號繩甫。道光二十一年進士，歷官山西道、四川道監察御史，江西撫州、南昌知府。著有《吴氏奏稿》《三樹堂詩文集》等。

譜主吴西隆生於乾隆十七年十二月，卒於道光十一年，字才略，號抑莊，廣州府南海縣人，世居邑之黄鼎司西隆堡石碣鄉。少孤貧。比長，隨堂兄才力習商賈業。暇時喜讀前人有關身心世務之書籍，兼習堪輿及卜筮。是書首録吴西隆《伶仃孤苦説》一文，實爲自述行狀。文中簡述其家世，詳述幼年生活之悲苦凄慘情狀，成年後家境、生計等經歷，入國學後參與商榷善舉、督辦橋廟等事務。文後祖昌題識，記刊印其父此篇手稿一波三折之坎坷歷程。次爲年譜，着重記載吴西隆身經、創建諸善舉，吴祖昌序云："先大夫數十年善舉有得之書札者，有得之契券者，有得之碑碣者，有得之長老目擊口傳者，都爲若干條，繫以年月，分别志叙。"末附《粤西潯城紫滿塘吴氏本支宗譜》，載高祖以下支派、廬墓圖説。

見存版本：清咸豐十一年南海吴氏刻本　中國國家圖書館

全一册。半葉十二行，行二十二字。白口，四周雙邊，單魚尾。前後分别有吴祖昌序、跋。

日記

070 六游羅浮日記　（清）香山黄培芳撰

黄培芳，參見《書經揭要纂》。

是册爲黄培芳先生手稿，逐日記其自嘉慶二十一年八月二十日至九月初二間秋游羅浮之緣由及觀覽之聞見。首句"酥醪道士江瀛濤自石龍拿舟來羊城，約同人是日共舟游羅浮"中提到的江瀛濤，是此次游山活動的發起者，名本源，號松竹山人，番禺人。

入道羅浮酥醪觀，繼而任住持。黄培芳與其時常交游唱和。

見存版本：清嘉慶二十一年稿本　廣州圖書館

全一册。半葉十行，行二十二字左右。朱絲欄。白口，四周單邊，雙順朱魚尾。

071 李文田日記不分卷　（清）順德李文田撰

李文田（1834—1895），字若農，一字仲約，又字畬光，謚文誠。咸豐九年進士，官至禮部右侍郎。光緒初歸里，主講鳳山書院、應元書院。熟諳遼、金、元史事。著有《元秘史注》《元聖武親征録校注》《李侍郎奏議》《元史地理志》《元史地名考》《塞北路程考》《西游録注》《和林金石録》《朔方備乘札記》《撼龍經注》《雙溪醉隱集箋》等。

光緒十五年六月十二日李文田受命任浙江正考官，日記即自是日寫起。首録謝恩摺，記起程前入宫謝恩、擬妥醇親王賞壽所用對聯及他人所求對聯、餞别等啓程前諸事。次記自六月廿七日啓程至十一月二十日返都抵寓間行程里數、飲食起居、公務接待等。其間詳記京師至浙江里程，貢院抽籤分房、往年諭旨、寫十一尤詩韵及交付刻匠寫刻、五道策問、浙江鄉試録前序等考選事宜，回京途中爲患病幼子調整藥方的經過。以復恩摺收尾。日記末附《塞北路程考：京師至盛京路程》二十三條。

見存版本：清光緒十五年稿本　西南大學圖書館

全一册。書寫於格式稿紙。半葉十行，滿行十九至二十二字不等。白口，四周雙邊，單魚尾。

072 南游日記一卷　（清）香山鄭觀應撰

鄭觀應（1842—1922），原名官應，字正翔，號陶齋，別號杞憂生、慕雍山人、羅浮偫鶴山人等。咸豐八年赴滬學賈。嘗任上海機器織布局、輪船招商局、漢陽鐵廠、粵漢鐵路總辦職。有《救時揭要》、《防邊危言》一卷、《防海危言》一卷、《救灾福報》、《備急驗方》二卷等著述十餘種。

光緒九年中法戰争爆發，兵部尚書彭玉麐奉命督辦廣東海防。其時鄭觀應在滬總辦輪船、電報、織布三局兼辦神機營采辦軍械及偵探軍情事務，接彭玉麐奏調，即於光緒十年正月抵粵。爲收集情報，有效抗法，鄭觀應經香港前往西貢、新加坡、暹羅、金邊等地，考察中越交界地帶沿海形勢、經濟制度、風土民情。是書逐日記載其自五月十八日啓程至六月二十二日返回的沿途經歷、所見所聞、所思所感。重點記録對越南立國失國原委的思考與分析，詳録西貢政治制度、中越交界各隘、西貢至金邊水旱陸程、西貢華商牌税章程、西貢船鈔章程、西貢出入口帶水章程、西貢抽收新舊華人身税章程、西貢出入口貨物抽收厘金章程、西貢出入口報關并附帶書信章程、西貢華人出入口章程、越南道路等情報。書末録七律八首。

見存版本：緑格清稿本　臺灣圖書館

全一册。半葉九行，行二十二字，小字雙行同。白口，四周雙邊，單魚尾。書前有光緒十年鄭觀應自序、彭玉麐題識并贈七律詩一首、龔易圖題識并贈七律詩四首。

雜録

073 枕干録一卷枕干録贈言一卷　（清）冒沅輯

冒沅，字小山，江蘇如皋人。冒芬第四子。監生，同治光緒間歷任廣東、湖南知縣。

是書記冒芬之行實事迹。冒芬，江蘇如皋人。補任廣東北寨司巡檢，擢廣州府經歷，調海豐縣丞。英吉利擾廣州，以守城功進升開平知縣。正文有陳澧所撰《誥贈通奉大夫廣東開平縣知縣冒君碑銘》，梁肇晋、梁肇煌、陳璞所撰文，陳澧、汪瑔、朱啓連所撰詩，詩文作者俱爲番禺人。

見存版本：清光緒五年潮州水繪園刻冒氏叢書本　廣東省立中山圖書館　北京大學圖書館

全一册。半葉十行，行二十四字。上下黑口，左右雙邊，單魚尾。書前有同治八年佘恩鑅題辭。

074 岳鄂王暖壽會簿　（清）龍門劉作楫撰

劉作楫，號南亭。劉士驥之子。諸生。民國間任龍門縣立中學校長。

新寧雙忠祠，祀奉蜀漢關帝羽和宋岳鄂王飛。其中岳飛誕辰爲農曆二月十五，鄉紳遂商定以二月十四夜爲王誕期，邀請戲班演劇以暖壽酬神。“每歲演劇定以王之誕期，兹稱之爲暖壽會者，原前輩劉公登皋約同志十六人，勷貲成會，祝於二月十四日夜爲王誕先夕之馨香。數十年來，加以諸公銖積寸累，置田租二十餘頃。每年除開消外，餘穀平分，争競毫無。但田契一人收執，翻閱不便，今刷簿十六本，各執一本，庶占會者歷久不遺，而十四夜之馨香勿替也。”是書收録田憑引、永遠會規十條，以及同治十一年至光緒二十年杜賣文契一紙付與買者永遠收執存照八份。

見存版本：清光緒二十一年刻本　廣東省立中山圖書館

全一册。半葉六行，行十四字。白口，四周雙邊，單魚尾。書前有光緒二十一年劉作楫序。

075 誥封一品太夫人陳母李太夫人九秩壽　（清）新會陳昭常輯

陳昭常，參見《中丞公奏議》。

是書分壽文、壽詩兩部分，收録東三省總督錫良、吉林民政使鄧邦述、吉林提法使吴燾、吉林度支使徐鼎康、吉林提學使曹廣楨等官員及僚屬所撰壽文十八篇。松滋王運孚、仁和傅彊、江陵張治仁、錢塘汪熙、山陰朱文濤、南海崔文湘、達縣吴淵、番禺張錫麟等所撰壽詩六十六首、詞六闋、曲一首；順德羅惇㬊撰《誥封一品夫人李太夫人九十壽詩序》；留學日本成美女學校學生楊黄英、日本女子美術學校學生陳延熙所撰詩，羅惇㬊妻龍蕙班所撰詞。

見存版本：清宣統三年排印本　廣東省立中山圖書館

全一册。半葉十行，行二十八字，小字雙行，字數不等。白口，四周單邊，單魚尾。書前録宣統三年六月初六日《硃批安徽巡撫朱家寶助賑請獎附片》，朱字朱絲欄。後有宣統三年季夏陳昭常跋。

貢舉

076 嘉靖三十七年戊午科廣東鄉試録一卷　（明）佚名編

嘉靖三十七年戊午科廣東鄉試應試者二千七百有奇，歷三試而拔其尤者七十五人。是録分三部分：首爲三場考試類型及題目，第一場考四書、易、書、詩、春秋、禮記，第二場考論、詔誥表、賀表、判語，第三場考經、史、時務策問；次爲中式舉人名次，第一名爲歸善縣學李學一，廣州府鄺彭齡等五十一人中式；末爲優異試卷選録，分四書類、易類、詩類、春秋類、禮記類、論類、表類、策類八類，録李學一、鄺彭齡、李曰巽、林津、鄺鸞、周宗禮、蒲凝翠、陳崇贇、潘甲第、曾遷、劉裁正十一人所撰文章二十篇。

見存版本：明嘉靖中刻本　中國國家圖書館

全一册。半葉九行，行十八字，中字單行同，小字單行，行二十七字。上下黑口，四周雙邊，單魚尾。書前有施顯卿序、嘉靖三十七年廣東鄉試職官名。後有錢呈之後序。

077 同治六年丁卯科廣東鄉試武舉録一卷　（清）佚名編

此録前爲是科職官名姓，載是科監臨官瑞麟、主試官蔣益澧等七十餘人官職、籍貫、身份；次爲考試場次和科目，第一場試馬箭、射地球，第二場試步箭、開弓、舞刀、掇石，第三場默寫《武經》指定段落；末爲八十四名中式武舉人名單，各記其名次、姓名、籍貫、年齡及各科成績。是科前三名分别爲東莞陳朝英、順德楊名泰、香山趙時光，均爲廣州府人。

見存版本：清同治鈔本　中國國家圖書館

全一册。半葉九行，大小字不等。黄格，白口，四周雙邊。

078 同治九年庚午科廣東鄉試武舉録一卷　（清）佚名編

此録前爲是科職官名姓，載是科監臨官瑞麟、主試官李福泰等近八十人官職、籍貫、身份；次爲考試場次和科目，第一場試馬箭、射地球，第二場試步箭、開弓，第三場默寫《武經》指定段落；末爲八十四名中式武舉人名單，各記其名次、姓名、籍貫、年齡及各科成績。是科前三名分別爲新會許拜颺、漢軍鑲白旗周文法、香山鄺瑞龍。

見存版本：清同治鈔本　中國國家圖書館

全一册。半葉九行，大小字不等。黄格，四周雙邊。

079 光緒庚子辛丑恩正并科廣東鄉試同年齒録　（清）佚名編

是科大主考爲鴻臚寺卿祥符裴維侒、翰林院編修江陰夏孫桐，同考試官爲畢節李學泮等，選拔中式舉人凡一百七十六名。前列正副榜舉人名單，解元爲新會盧宗璜，同榜有張度、李葭榮、黎湛枝、湯扶輪、區大原、陳鍾璋、劉政樞、關賡麟、黎植槐、林勳堯、黄佐槐、潘應祺、楊玉銜、陳秉樞、胡衍鶚、倫明等。中式副榜二十八名，第一名林鶴鳴，同榜有梁致廣、蕭錦洲、孫天麒、歐陽愈、羅元燮、林宗翰等。其後録正榜舉人陳繼芳、陳邦杰、麥祈、衛家榘等百餘人之世系，歷次科考名第，字號，排行，生辰，籍貫，就學、應試、任職等履歷，家庭成員等情況。

見存版本：清光緒二十七年刻本　北京大學圖書館

全一册。分上下兩欄。半葉九行，每行字號大小不等。白口，四周雙邊，單魚尾。

地理類

地圖

080 嶺海輿圖　（明）姚虞撰

姚虞（1507—?），字澤山，一字宗舜，福建莆田人。嘉靖十一年進士，官至淮安知府。

是編乃姚虞官監察御史巡按廣東時所作。繪圖凡十二幅，首爲嶺海總圖，可視作廣東全省圖，次爲廣州、韶州、南雄、惠州、潮州、肇慶、高州、廉州、雷州、瓊州十府十圖，終以南夷圖。各府圖前繫以圖敘、圖記，圖敘述建置沿革、形勢利病；圖記載所領州縣、户口、田糧課税、官兵馬匹。總圖圖記别記布政、按察二司及其所轄，軍用器械。南夷諸國，通貢者列於前，通市者附於後。《四庫全書總目提要》云，是書“大旨略於前代而詳於當代，略於山川而詳於厄塞，略於職官而詳於兵馬錢糧，略於文事而詳於武備。於志乘之中，别爲體例”。《讀書敏求記》稱：“唐分廣南爲廣南東路、廣南西路。後人省文，但稱廣東、廣西，如江西之例。承訛襲謬，其來已久，無識者正之”，虞“著此書，爲圖十二，各繫以叙記，其言雖簡，而要者咸得考焉”。

見存版本：①清乾隆間寫文淵閣四庫全書本　臺北故宫博物院

全一册。半葉八行，行二十一字。朱絲欄。白口，四周雙邊，單紅魚尾。書前有《四庫全書總目提要》本書提要、嘉靖二十一年增城湛若水原序、姚虞序、凡例十三則。

②清道光二十四年刻守山閣叢書本　中國國家圖書館

全一册。半葉十一行，行二十三字，小字雙行同。上下黑口，左右雙邊。書前有《四庫全書總目提要》本書提要、嘉靖二十一年增城湛若水序、莆田姚虞原序、凡例十三則。

按，文淵閣四庫全書本以湛若水序爲原序，守山閣叢書本以姚虞序爲原序。

③清道光間嶺南叢書本　中國國家圖書館　北京大學圖書館

全一册。半葉十一行，行二十字，小字雙行同。上下黑口，左右雙邊，雙魚尾。

④清光緒十五年影印守山閣叢書本　北京大學圖書館　華東師範大學圖書館　浙江師範大學圖書館　河南大學圖書館

081 廣州十四屬地圖　（清）禹之鼎繪

禹之鼎（1647—1716），字尚吉，號慎齋，江蘇江都人。幼師藍瑛，及長，潛心研習宋元諸家，終自成一家。康熙中，授鴻臚寺序班。擅繪，尤精人物。有《王會圖》一卷等傳世。

原當有地圖十五幅，現存廣州府、東莞縣、順德縣、新會縣、香山縣、增城縣、三水縣、清遠縣、花縣、新寧縣、新安縣、從化縣、龍門縣圖十三幅，缺南海、番禺二縣圖。地圖彩繪，設色以緑、褐、紅爲主。每圖上下左右記四至道里，域内繪山、水、城、塔、亭等。

見存版本：清康熙三十六年禹氏彩繪本　中山大學圖書館

082 廣州府分縣圖一卷 （清）佚名繪

所見有廣州府、東莞縣、順德縣、香山縣、新會縣、增城縣、三水縣、清遠縣、從化縣、龍門縣地圖十幅，缺南海、番禺、花縣、新寧、新安五縣圖。地圖彩繪，設色以緑、褐、藍、紅爲主。直觀繪有山峰、水流、樹木、草地、城墻、城門、塔、房屋等，江水環繞，山巒棋布。每圖上下左右標記距離其他縣界的四至道里。

見存版本：清末彩繪本　北京大學圖書館

共一册。從版本時間來看，此帙與中山大學圖書館藏本不同。因未能比對觀覽，不能確定，故兩本并録。

083 廣東海防圖 （清）王治繪

是書圖説在前、地圖在後，爲圖凡三幅：《廣州海防圖》《長洲海防圖》《虎門海防圖》，圖中形象地繪出城門、旗幟、房屋、林木、山水等，標記村、橋、崗、汛、亭、寺、炮臺、兵營、塞海水閘、水雷區，以及電氣房、航標、燈塔等，圖内各炮臺之炮位以朱點、銀朱點突出顯示。各圖前有圖説，總説各海防形勝、道里、炮臺等情形，其後逐一開列各處駐扎統領、統代、管帶、各營將領銜名，以及各臺安放前後膛泰西各國鋼炮，受用子藥、角力、重炮身長短、膛口大小，配臺洋式土炮數目。

見存版本：清光緒十年彩繪本　中國國家圖書館

084 廣東省海防全圖 （清）佚名繪

全書繪有地圖十四幅，包括《東路潮防總圖》《東路南澳汕頭分圖》《東三門虎門蕉門横門分圖》《廣東全省海道總圖》《黄埔分圖》《南路海安海口分圖》《南路瓊防總圖》《省城後路分圖》《省城前路分圖》《西路北海龍門分圖》《西路廉防總圖》《西三門崖門虎跳門磨刀門分圖》《香山陸路分圖》《中路廣州省防總圖》。圖中有紅色經緯綫，標注經緯度數，精確到分；炮臺以朱字標寫，以突出其重要性；河流、山脉以圖示方式表達，并標注地名、水名、山名，河流蜿蜒，山峰簇簇。繪製精細，字體俊逸。

見存版本：清繪本　北京大學圖書館

085 廣東海防形勢圖九幅　（清）東莞梁濟平議式，（清）鄭蘭芳、（清）香山方藴平繪圖

是書首爲圖，凡九幅：《廣東輿地總圖》《廣東省城圖》《虎門寨圖》《虎門水面丈尺圖》《大角炮臺圖》，以及四幅未命名圖。用色以黄、緑、藍、橘黄、淺紫、褐爲多，各圖設色有所不同。圖中繪有城墻、城門、山脉、炮臺、望樓、海洋、房屋、樹木及重要村、田、圍、汛等，形象又具體。其中《廣東輿地總圖》繪製精細，以白色表區域内，以紅色虚綫表界限，以黄色表陸地，以緑色表海洋；四周標經緯度數。次爲各式炮架圖説：《五十斤舊式炮架説》《五千斤磨盤式炮架式説》《五千斤仿夷炮架式説》《新造仿夷船内炮架式説》，并附各圖。末有國産戰船示例：水師提督吴擬仿照夷船製造戰船式、廣州府知府易長華承造師船、批驗所大使長慶承造水輪戰船一隻、在籍刑部郎中潘仕成新造戰船一隻、在籍户部員外郎許祥光等捐造戰船二隻，均繪有精圖，并詳細説明其各自之形制、大小、

尺寸、用料等情形。

見存版本：清末刻彩繪本　北京大學圖書館

086 廣東水師左營汛地圖　（清）佚名撰

廣東水師左營隸屬内河水師，駐扎於廣州府順德縣城。是書有圖凡五十幅，首爲總圖，後爲水汛、炮臺、陸汛分圖。總圖述廣東水師左營之駐地、沿革、形勝、督防額設、通營四至、城臺塘汛、分駐弁兵名類、里道等情。水汛圖有昆岡、泮浦、濠滘、大洲、雁田滘、李海、魚塘海、獨樹、文海、九龍沙口、大洛口、鎮涌、大灘頭、鵝埠、甘竹、仰船岡、三瀝沙、白藤、容奇頭、容奇尾、横流、金字沙、馬甯、雲步、奇槎、大門滘、潭洲、小黄布、半江、佐魚、鵝洲、三漕、勒樓、河澎、三洪奇、葛岸、叠石墩、倫教、上涌、黄連、碧鑑、三株松、庵前、新滘口、大圍涌等四十五幅；炮臺圖有烏猪、龜岡二幅；陸汛圖僅有金盤地一幅。各分圖均注明四至詳情，先圖後文，圖文各占一葉。

見存版本：彩繪鈔本　北京大學圖書館

全一帙。半葉八行，行二十八字。白口，四周單邊，無魚尾。

雜志

087 黄恭十四州記一卷　（晋）南海黄恭撰，（清）王謨輯

黄恭，字義仲。刺史鄧岱器重之，録爲記室參軍，轉封山令。州察孝廉，舉爲著作佐郎。丁父憂，服闋，不起。教授生徒，發明聖籍。徵辟不就，乃補廣州大中止。王謨（1731—

1817)，字仁圃，晚號汝上老人，江西金溪人。乾隆四十三年進士，自請改教職，任建昌府學教授。才識卓異，精於考證，長於輯佚。有著述二十餘種。

黄恭以王範所撰《交廣春秋》爲本，補其遺漏，以君親倫理爲重，增廣成書，早佚。王謨搜輯佚書，自《水經注》中析出二條，《藝文類聚》中析出二條，《太平御覽》中析出三條，内容爲郡縣之創、郡縣之義、刺史之設。王謨按云："《水經注》引此書本作黄義仲《十四州記》，《藝文類聚》乃作苗恭《十四州記》，又別有苗恭《交廣記》，《御覽》始作黄恭《十四州記》。人名、書名俱參差不合。今考諸書所引，如應劭《十三州記》、闞駰《十三州志》，皆據兩漢地制，至三國吴時始分交州置廣州，故爲十四州。黄恭宜即廣州人，其作此記，多在晋初，故得合并交廣爲十四州，又析而爲《交廣記》也。《水經注》作黄義仲，意即恭之字，《類聚》以黄苗二字形似，訛其姓，固當從《御覽》作黄恭《十四州記》爲正，而隋唐志俱不載。"

見存版本：①清嘉慶刻漢唐地理書鈔本　中國國家圖書館　北京大學圖書館　上海圖書館

全一册。半葉九行，行二十字。上下大黑口，四周雙邊，單魚尾。末有王謨按語。

②漢唐地理書鈔存本　中國科學院文獻情報中心

③鈔重訂漢唐地理書鈔本　上海圖書館

088 廣州記一卷　（晋宋間）裴淵撰，（清）王謨輯

裴淵，里籍、生平待考。王謨，參見《黄恭十四州記》。

《廣州記》原二卷，約成書於東晋至南朝宋間。逢戰亂頻仍，

蓋隋初時已亡佚。王謨尋訪其踪迹，抄出《史記正義》三條、《前漢書注》一條、《後漢書注》四條、《通鑑注》一條、《水經注》三條、《藝文類聚》八條、《初學記》四條、《北堂書鈔》三條、《白氏六帖》一條、《太平御覽》三十四條、《太平寰宇記》七條、《太平廣記注》二條、《事類賦注》一條、《北户録》一條、《齊民要術》六條、《本草綱目》三條，又附録《廣州山水記》一條，綜爲一卷。内容主要涉及廣州傳説、掌故、史事、物産、山水、民俗，間有荒誕不經、道聽途説之傳聞。

南朝宋人顧微亦著有《廣州記》一卷，亦早佚。王謨按云："隋、唐志俱不載裴、顧二《廣州記》，二人時代、爵里亦皆無考，大要係晋宋間人，而裴氏在前，諸書稱引亦裴氏爲多，或又引作《南海記》，實即此一書也。"黄佐《廣東通志》是廣東方志中較早記載裴淵此書者，著録爲二卷，當時此書或尚存。此後崇禎《南海縣志》、康熙《南海縣志》、康熙《番禺縣志》、乾隆《南海縣志》均著録已佚。道光《廣東通志》經過考證，追溯到酈道元《水經注》泿水已徵引此書，遂推測裴淵蓋晋人，光緒《廣州府志》從之。

見存版本：清嘉慶刻漢唐地理書鈔本　中國國家圖書館　北京大學圖書館　上海圖書館

全一册。半葉九行，行二十字。上下大黑口，四周雙邊，單魚尾。末有王謨按語。

089 雙溪醉隱集六卷　（元）耶律鑄撰，（清）南海李宗顥批校

耶律鑄（1221—1285），字成仲，契丹人。耶律楚材之子。善屬文，尤善騎射。年二十三領中書省。中統至元間三任左丞

相。至元二十年罷官。至順元年追謚文忠。李宗顥，參見《儀禮萃精》。

耶律鑄早從征伐，足迹涉歷多西北偏遠之區，故所撰詩賦多用塞外史地典故。是集録自繆荃孫鈔藏足本，各卷均經李宗顥朱、墨筆批校。或訂正原文訛誤，或旁徵博引，類比考證，或考述地名來歷，對全書做了全面細緻的分析和解讀。批校多爲朱筆，間有墨筆。批語多集中於書眉位置。

按，《知服齋叢書》收録《雙溪醉隱集》六卷，爲李文田箋注，側重於文學，李宗顥批校本側重於地理，二書在體量和内容上存在較大差異。

見存版本：清鈔本　上海圖書館

全一册。緑絲欄。半葉十二行，行二十字，小字雙行同。白口，四周單邊，單緑魚尾。書前録乾隆五十年四庫館臣所撰提要。

090 嶺南風物紀一卷　（清）吴綺撰，（清）宋俊增補，（清）江闓删訂

吴綺（1619—1694），字薗次，號聽翁，别號紅豆詞人，江都人。順治十一年拔貢，薦授中書舍人，遷兵部主事，出任湖州知府。罷官後，於康熙間嘗客居廣東。有《林蕙堂集》二十六卷等著作。宋俊，字長白，號岸舫，山陰人。副榜貢生，康熙四十六年任江山教諭。江闓（1634—1701），字辰六，號覽古，歙縣人。康熙間歷官均州、解州知州。著有《江辰六文集》二十四卷。

是書主要記廣東風土物産，雖未明確分類，實按類排列。

涉及氣候、石、草木花竹、鳥、獸、蟲、鱗介、布、香、酒、蔬穀、雜事，尤重於石、草木花竹、鳥、鱗介。《四庫全書總目提要》評曰："綺本文士，故是書所叙述，率簡雅不支，與范成大《桂海虞衡志》可相伯仲。"此書三位著者，後二位與前者有友情、親情之關係：宋俊嘗與吴綺同客廣州，江闓爲吴綺女婿。

見存版本：①清初鈔本　上海圖書館

全一册。半葉八行，行十九字。

②清乾隆間寫文淵閣四庫全書本　臺北故宫博物院

全一册。半葉八行，行二十一字。白口，四周雙邊，單魚尾。書前有《四庫全書總目提要》本書提要。

091 虎門覽勝二卷　（清）仲振履撰

仲振履（1759—1822），字臨侯，號雲江，又號柘庵，泰州人。嘉慶十三年進士，歷官恩平、興寧、東莞、南海等縣知縣。晚年寓居廣州。著有《咬得菜根堂詩文稿》《弃餘稿》，以及《雙鴛祠》《冰綃帕》傳奇。

虎門地理位置特殊，有粵東户鍵、省會咽喉之稱，在經貿往來、軍事防禦等方面作用尤爲重要。作者官東莞知縣時，於嘉慶二十一年、二十二年兩次實地勘察各炮臺，九龍、大嶼等山，詳訪水道，勘察形勢，尋訪土著，了解物産，稽考縣志舊案，後將見聞彙成此書。書中所記有虎門寨城、演武廳、太平墟、廣濟墟、蚝墩、黄浦等地，木棉洋、校椅灣、九洲洋、獅子洋等水域，沙角、三門、南山、鎮遠、横檔、蕉門等炮臺，武山、龍穴、上堧、下堧、零丁、老萬、閣西、大虎、小虎等山峰。

見存版本：①漢畫軒鈔本　暨南大學圖書館

全二册。半葉十行，行二十字。緑格，上下黑口，左右雙邊，單魚尾。書後有道光十二年夏荃題識。

②清鈔本　天津社會科學院圖書館

③清嘉慶二十四年咬得菜根堂刻本　石家莊市圖書館

092 北程紀實　（清）番禺李光廷撰

李光廷（1812—1880），字著道，號恢垣。咸豐二年進士，官吏部驗封司主事。嘗主講禺山書院，任學海堂學長，掌教端溪書院。工詩及駢散文，尤精研史地。著有《漢西域圖考》七卷、《廣元遺山年譜》二卷、《高要彭春洲先生詩譜》一卷、《宛湄書屋文鈔》、《宛湄書屋遺詩》等。

由廣東省城至京師有兩條途徑，是書詳記北上東西兩路行程，略記由京南旋行程。分上下兩欄，上欄爲總紀，較簡略，下欄記載知見詳情，較詳細。備載途經之地名、所屬轄區及所需里程，日用開銷，各地重要城市、名勝古迹之地理位置，各地景物，商業貿易情形，詩詞聯語，文獻記載，廣州會館等内容，具有指南性質。

見存版本：稿本　廣東省立中山圖書館

全一册。每半葉分上下兩部分，上半葉十九行，均爲小字，字數不等；下半葉八行，字數不等，小字雙行。

山志

093 羅浮山志十二卷　（明）從化黎民表撰

黎民表（1515—1581），字惟敬，一作維敬，自號瑶石山人、羅浮山樵。師事黄佐。嘉靖十三年舉人，官至河南布政司參議。有《梅花社稿》《北游稿》《諭後語録》《養生雜録》等約十種著述。

嘉靖二十九年，黎民表隨從黄佐游覽羅浮，有感於舊志或亡佚，或疏謬，故博訪旁采，益以圖經而成是書。凡十二卷，分圖經、洞岩、泉池、品物、壇觀、庵廬、古迹、名賢、列仙、道釋、塔寺、雜記十二門。每卷後綴以簡短贊語以表之。是書辨山川之方位，摹品物之形狀，審建置之興廢，核名賢之篇咏，舉列仙之丹詮，推道釋之流别，定各記之訛舛，務求精審；於昔顯而今伏，抑或始無而今有者，悉備列之，内容翔實，是認識或研究羅浮山之重要參考文獻。

見存版本：明嘉靖三十六年刻本　上海圖書館（存卷四至十二）　寧波市天一閣博物院　臺灣圖書館

全八册。半葉十行，行二十字，小字雙行同。白口，左右雙邊，雙白魚尾。書前有嘉靖三十六年黄佐序。後有黎民表後序。

094 天下三大龍圖説不分卷　（清）順德馬貞榆撰

馬貞榆，參見《兩湖文高等學堂經學課程・易經》。

三大龍指由岡底斯山延分出的南、北、中三條山脉。作者認爲大地之内兩山之間必有水，兩水之間必有山。查閲輿圖，兩水分流之處，皆可得其山脊。大山大川分界之處，常爲各省分域之所在。《天下郡國利病書・地脉篇》稱，自古堪輿家皆云天下山川起昆侖，分三大龍入中國。又作者之師陳澧於菊坡精舍訓士時，嘗依據當時地圖，因其兩水分流之山脊繪三大龍之圖。多年後作者悟出《禹貢》三條四列説之精核，因作此圖説。該圖説云，亞細亞洲之山脉皆起於昆侖，即岡底斯山。岡底斯山延分爲三大龍，其南龍爲達木綽克喀巴布山；其北龍西北行爲西域之葱嶺，葱嶺山脉東北行爲騰格里山，葱嶺山脉東行沙漠數千里，至漠北突起爲杭愛山，杭愛山爲漠北諸山之祖；其中龍循雅魯藏布江之北至青海境，爲巴薩通木拉山，通木拉山有二支，即中龍之南幹和中幹，其中幹繼有分支。後作者從其弟子處得知岡底斯山之西龍爲歐羅巴洲，繼而認爲地球五大洲之山脉皆起於岡底斯山。

見存版本：清光緒二十四年馬氏家塾刻本　中國國家圖書館　吉林大學圖書館

全一册。半葉十行，行二十字，小字雙行同。上下黑口，左右雙邊，單魚尾。書後有光緒二十四年馬貞榆題識、地圖兩幅。

游記

095 秦楚之際游記二卷　（清）薛熙撰，（清）番禺屈大均評

薛熙（約 1644—？），字孝穆，號半園，常熟人。康熙間游歷廣東，結識屈大均、陳恭尹、梁佩蘭諸大家。屈大均，參見《安龍逸史》。

全書二卷，由門人福清翁弘學、山陰吕元孫、涇陽魏芬畹、黄岡馮宣同編。據目録，卷一有游記十篇，正文實録八篇，卷二有游記九篇，末附薛熙撰《先妻丁孺人述》和屈大均撰《薛孺人丁氏墓志銘》，共應録文二十一篇。因缺葉，故卷一《游西湖日記》《北山采茶記》，卷二《寓三閭書院記》《謁黎忠愍公祠堂記》有目缺文，《游洪山寺記》全文盡佚，僅留落款時間後

三字及屈翁山、蔣南崖、錢霜崖所撰三段批語。行間鎸短評，寥寥數字。每篇文末均有屈大均首評。屈大均序中稱薛熙“自秦楚之際來粵，亦楚之境，遂以名編”。

葉恭綽識云：“此書版已久失，文翰堂亦不知何社。翁山序評亦未經抽毀。誠幸存之本也。回函購之。”

見存版本：清康熙三十三年廣州城南文翰堂刻本　上海圖書館

共二册。半葉十行，行十九字。上下大黑口，左右雙邊，單魚尾。書前有番禺屈大均序、陳恭尹序、康熙三十三年寶坻王煐序、目録。後有屈大均跋。目録處鎸文翰堂主人題記、民國二十三年一月葉恭綽墨筆題識。

096 秘游隨録　（清）番禺陳汝楨撰

陳汝楨（1851—?），字作屏。年二十餘歲即在香港用安榮棧字號開設并經營秘魯莊。光緒十六年任香港東華醫院首任總理。光緒十四年至二十八年間四任香港中西保良局總理。與王旂三、劉慶蓀等倡建沙茭敦仁善堂。嘗游歷秘魯，考察商務。

作者於光緒三十一年自費赴秘魯考察，詳細調查秘魯各埠出入口貨物等情形，回國時還帶回秘魯土物四十四件。是書記録其於三月由香港乘輪船至秘魯介休、利馬，歷數十埠，於十月十八日由利馬啓輪回國，十一月廿九日返回香港之整個歷程，詳記各埠之地理、歷史、商務、氣候、習俗，當地華商之經營和生活等情況，各埠之礦物、作物與食物，秘魯之風俗及禮儀，秘魯之三大工程，全秘商務當時情形，旅秘華人擬設之學堂和醫院，附録華人往秘雇工舊合同、中秘兩國會議專條。全書以考察商務貿易爲主，兼及社會、人文、物産、風土等方方面面，爲研究秘魯提供了豐富、翔實的珍貴資料。

見存版本：清光緒三十二年廣東陳汝楨石印本　中國國家圖書館（作刻本）　遼寧省圖書館　上海圖書館

全一册。半葉九行，行二十字，小字雙行同。白口，左右雙邊，單魚尾。書前有光緒三十二年左宗蕃、鄭官應題識，區贊森序言，何福年序，黎熺、黎廷桂序，徐鼎勳序，徐恩成序，譚藻榮序，陳始昌序，節録各禀件。後有光緒三十一年陳汝楨《游畢自記》。

外紀

097 海外紀事六卷　（清）釋大汕撰

大汕（1633—1704），俗姓徐，字石濂，又作石湖、石蓮，號厂翁，江蘇吴縣人。康熙二年居廣州，十七年冬，迎住廣州長壽寺。亦嘗住杖曲江南華禪寺、澳門普濟禪院。

康熙三十四年春，大汕和尚受越國國王順化政權阮福周聘請，於正月上元燈夕啓行，率僧衆五十餘人自珠江入黄埔，出虎門，渡海赴越，講授佛法，越歲而歸，因著此書。書中記越國山川、風土、人物、大洋往返之見聞及所撰詩文。由記室弟子興雒校訂，隨杖侍者界如、界培編集。仇序稱：是編“於山川形勝，風土謡俗，一一能詳其曲折而定其規模”，“游迹所過，導揚聖天子德化，俾享王未接之邦，咸知向風慕義。欲以中國之紀綱，一變遠方之習俗，即此一視同仁，莫非聖賢民胞物與之意耶！此書流傳宇宙，可以補《山經》《海志》《職方記》《王會圖》之所不及”。

見存版本：①清康熙間原刻本　臺灣圖書館

共二册（序有缺葉）。半葉九行，行十九字。上下黑口，四周單邊，單魚尾。

②清康熙寶鏡堂刻本　中國國家圖書館　上海圖書館

共三册（有缺葉）。半葉九行，行十九字。上下黑口，四周單邊，單魚尾。書前有仇兆鰲序、吴江法弟徐釚序、康熙三十八年毛端士序、康熙三十五年大越國王阮福周序。

098 中亞洲俄屬游記二卷　［英］蘭士德路撰，（清）莫鎮藩、（清）廣州楊樞譯

莫鎮藩，字力侯，廣州駐防漢軍鑲藍旗人。廣州同文館學生。候選知縣。楊樞（1844—1917），字星垣。回族。廣州同文館學生。

1882年，英國傳教士蘭士德路自倫敦出發，循俄人開疆拓土、尋源脉礦之踪迹，自烏拉山東，溯額爾齊斯河而入伊犁，經敖罕，觀布哈爾，略基發沙漠南，及於木富，臨鹹海而返。1885年撰成此書。蘭士德路游歷之地，歷史上屬康居、大宛、月支、大夏之故壤，其地山川水地史料匱乏，此記足資考核，補其不足。故張蔭桓將此書郵寄予廣州同文館，命館生莫鎮藩、楊樞翻譯。時人花縣朱珩、順德李文田、嘉興沈曾植亦參與其事，書中眉批皆李文田所作，文中夾注皆朱珩之説，加按字者爲沈曾植籤記。

是書上卷由莫鎮藩譯，下卷由楊樞譯，共七十五章，各分段繫以小標題。以記叙兼論説的方式載録中亞洲俄屬地區之地理、歷史、種族、監獄、學校、宗教等情況。

見存版本：①清光緒十八年刻本　中國科學院文獻情報中心

②清光緒二十年鉛印本　中國國家圖書館　北京大學圖書館　北京師範大學圖書館　中國科學院文獻情報中心　民族文化宫圖書館　遼寧省圖書館　復旦大學圖書館　南京圖書館　山東省圖書館

③清光緒二十年刻本　清華大學圖書館　中國人民大學圖書館　甘肅省圖書館　青海省圖書館

全二册。半葉十行，行二十二字，小字雙行同。白口，四周雙邊，單魚尾。版心下鐫刻工及字數。

④清光緒二十年上海時務報館印本　中國國家圖書館　天津圖書館　内蒙古師範大學圖書館　上海圖書館　浙江圖書館　福建省圖書館　山東大學圖書館　廣西壯族自治區圖書館　新疆維吾爾自治區圖書館

⑤清光緒二十三年鉛印本　北京大學圖書館

全二册。半葉十五行，行三十二字，小字雙行。白口，四周單邊，單魚尾。

⑥清光緒二十八年志古堂刻本　安徽師範大學圖書館

⑦清光緒間上海時務報館石印本　中國國家圖書館

全二册。半葉十五行，行三十字，小字雙行同。黑口，四周單邊。

⑧清光緒間鉛印本　中國國家圖書館

全一册。半葉十五行，行三十二字，小字雙行不等。黑口，四周單邊，單魚尾。

⑨清光緒間鉛印本　中國國家圖書館　北京大學圖書館

全二册。半葉九行，行二十三字，小字雙行同。白口，四周雙邊，單魚尾。書前有光緒二十年張蔭桓叙、光緒十一年蘭士德路自序、上卷目録。後有光緒二十年沈曾植跋。

099 新大陸游記　（清）新會梁啓超撰，（清）南海馮紫珊編輯

梁啓超，參見《美國華工禁約記》。

光緒二十九年正月至九月，作者赴北美游歷，考察美國政治社會。其由横濱至加拿大，輾轉由加拿大至紐約，復由紐約至哈佛波士頓、華盛頓、費城、波地摩、必珠卜，繼由必珠卜至先絲拿打、紐柯連、聖路易、芝加高、汶天拿省、舍路砵侖、舊金山、羅省技利。是書記録其行程所至地區之歷史、政治、居民、人數、重要人物、重要文化設施（如芝加高大學、世界最古之市立圖書館）、主要産業（如工業、商業、漁業、農業、采礦業、洗衣業）、政策、出現之問題，美國與其他國家之比較，對美國政治之評論評價，對美國風俗之雜評等。附録《記華工禁約》《美洲游學指南》，以及圖畫目録。

見存版本：清光緒二十九年横濱新民叢報社排印本　廣東省立中山圖書館　中國國家圖書館

全一册。書前有著者在波士頓之最近造像、光緒二十九年徐勤序、自序、光緒三十年正月著者所撰凡例六則、目次。後有啓示。書名葉乙面有“本社告白”及版權葉。是書啓示云：“甲辰正月横濱山下町百六十番新民叢報社謹啓”“新民叢報臨時增刊，明治三十七年四月十三日發行”。甲辰年和明治三十七年均爲光緒三十年，若版本年份定是年，尤可。

職官類

100 續南雍志十八卷 （明）順德黄儒炳撰

黄儒炳（1570—1627），字士明，一字倬星。萬曆三十二年進士。累官吏部左侍郎，兼翰林院侍讀學士，進階通政大夫。因權監專横告歸。輯萬曆《番禺縣志》。著有《史略》六卷、《史概》十六卷、《二十一史輯要》、《大明律集解》、《影木軒詩集》、《影木軒文集》二十卷、《影木軒詩藝》、《讀書漫録》等。

是書爲續黄佐《南雍志》而作，又名《南雍續志》。全書凡十八卷，分紀、表、考、列傳四種體例。卷一爲帝訓紀；卷二至九爲事紀，分紀嘉靖、隆慶、萬曆、天啓四朝事，紀事至天啓六年正月；卷十、十一爲職官表，分堂上官、屬官二類；卷十二至十七爲考，分考規制、典式、造士、養賢附簿册、禮儀、音樂、經籍七類；卷十八爲列傳附摭言。黄儒炳序云："余暇日乃就所編輯者定以凡例，取次成帙。""手自編摩，删其繁冗，參以故實，凡舊志所未載及近來疏奏科條出自朝家關於雍政者一切補入。"是書由太常少卿署監事區大倫經始，祭酒黄儒炳編輯，祭酒李孫宸裁訂，司業林釬參訂，皆爲嶺南人。

按，李孫宸序、咸豐《順德縣志》卷十七、光緒《廣州府志》卷九十一書名均作《南雍續志》，上海圖書館藏本書名作《南雍志》，今書名據黄儒炳序題。

見存版本：明天啓六年南京國子監刻本　上海圖書館　臺灣圖書館　美國國會圖書館

全十册。半葉十行，行二十字，小字雙行同。白口，四周雙邊，單魚尾。書前有天啓六年李孫宸序、天啓三年黄儒炳序、凡例十一則、《南雍志書總目》、修志職名。

101 從公三録一卷　（清）戴肇辰撰

戴肇辰（1810—1890），字友梅，江蘇丹徒人。咸豐十一年授山東登州知府。同治間歷官廣東廉州、瓊州、廣州知府。因政績卓著，以道員升用。年八十一卒，李承霖爲之撰墓志銘，民國《續丹徒縣志》卷十二據以摘録成傳。

戴肇辰歷官登州、廉州、瓊州、廣州知府，任上多以善政利民。所撰《從公録》記守登州城事；《從公續録》記守廉州、瓊州時事；《從公三録》則記守廣州時事，間補少量守瓊州事，録稟請、章程、告示、札、諭、記、序諸體文二十二篇，内容涉及設立義學、培植士子、整理書院、重修府志、移風易俗、嚴拿訟棍、禁止械鬥、緝捕盜匪、整飭吏治、籌撥賓興等。

見存版本：清同治九年刻本　廣東省立中山圖書館　中山大學圖書館　中國人民大學圖書館

全一册。半葉八行，行二十字。白口，四周雙邊，單魚尾。書前有同治九年劉湗年序、楫汝舟序。

政書類

通制

102 錦州府政治報告書一卷　（清）香山程道元編

程道元，字普存，號覺齋。光緒十九年恩科舉人，歷任廣西梧州、奉天錦州和昌圖知府。

是書爲作者官錦州知府時所編，分疆域之關係、府署之組織、行政之樞要、編新政之提倡四編。爲直觀起見，各編之中或輔以形勢圖，或輔以呈文，或輔以表格。

見存版本：清宣統元年奉天太古山房鉛印本　廣東省立中山圖書館　中國國家圖書館　天津師範大學圖書館

全一册。半葉十三行，行二十七字。下黑口，四周雙邊，單魚尾。書後有宣統元年程道元後敘。

典禮

103 天人歸德頌三卷　（明）番禺趙玉芝撰

趙玉芝，以通曉方術受中官高諒推薦，累官太常卿。後事敗戍邊。

全書分敬天法祖、至德興邦、定遠安邊三章，每章爲一卷，内容皆爲頌揚皇上盛德傳世之福、記録討虜致平之功。自跋稱：此書“語言雖鄙，音律無節，有違古式，僭逾惟多。仰惟天恩浩大，聖德包含，丐憐愚昧，肝膽精義，不録其罪，察其辭而昭納焉”。

見存版本：明成化刻本　中國國家圖書館　臺北故宫博物院

全一册。半葉七行，行十一字。黑口，四周雙邊。書前有成化十九年七月趙玉芝序。後有趙玉芝跋。

104 皇明典要八卷　（明）東莞陳建輯著

陳建（1497—1567），字廷肇，號清瀾，又號清瀾釣叟。嘉靖七年舉人，授侯官教諭，轉臨江府教授，遷山東陽信縣令。有《考正十三經疏》、《注小學訓古》、《古今至鑑》六卷、《陳氏文獻録》、《濫竽録》、《周子全書》、《程氏遺書類編》、《經世宏詞》等著述十餘種。

是書經真州李春培、古信王鼎宗參訂。全書凡八卷，卷一至三太祖高皇帝及建文帝，卷四成祖文皇帝、仁宗昭皇帝，卷五宣宗章皇帝、英宗睿皇帝、恭仁康定景皇帝、英宗復位，卷六憲宗純皇帝、孝宗敬皇帝、武宗毅皇帝，卷七世宗肅皇帝、穆宗莊皇帝，卷八神宗顯皇帝。以時代及年月爲序，録洪武元年正月至萬曆四十八年七月間聖言、諭旨及史事。書眉刻批語。

見存版本：明末書林王渭刻本　北京大學圖書館　北京師範大學圖書館　福建師範大學圖書館

全八册。半葉八行，行十八字，小字雙行同。白口，四周單邊。書前有《皇明昭代目録》。

105 辟雍紀事不分卷　（明）東莞盧上銘、（明）馮士驊撰

盧上銘，字爾新，一字寄園。崇禎間官南京國子監典簿，轉左府都事，升工部虞衡司主事，監督洪威廠。後爲宦官構陷，謫南寧。著有《幻游草》《西征草》等。馮士驊，字仲先，又字兆開，吴縣人。崇禎十三年進士，未授官而卒。著有《春秋三發》等。

是書主幹有三，其一爲《辟雍考》，考官秩，考職掌，考創修，考錢穀，凡四則。其二爲《辟雍紀事原始》，記至正二十四年至二十七年四年間事；《辟雍紀事》，分十五節，記洪武及建文、永樂、洪熙、宣德、正統、景泰、天順、成

化、弘治、正德、嘉靖、隆慶、萬曆、泰昌、天啓、崇禎間事，自洪武元年至崇禎十年凡二百七十年。以編年方式，逐年記事，事詳者年下分月，亦有衹記年份未記事者。記事簡略，類大事記。其三爲《辟雍軼事》。末附詩文：《名賢雜咏》十五篇，《紀盛事》《紀盛典》各一篇，馮士驊、盧上銘所撰《頌》各一篇。

見存版本：①明崇禎間刻本　廣東省立中山圖書館　北京大學圖書館　南京圖書館

全四册。半葉九行，行二十字，小字單行同。白口，四周單邊，單白魚尾。書前有張四知序、盧上銘引言、紀事述言并凡例七則。

②清李盛鐸家鈔本　中國國家圖書館

全一册。半葉十行，行二十字。無格。

邦計

財政

106 東粤藩儲考十二卷　（清）高崇基總纂，（清）陳坤、（清）李祖榮編輯

高崇基（1822—1889），字仲巒，號紫峯，直隸静海人。道光三十年進士，官壽陽知縣，調署鳳臺，繼署忻州同知。光緒間累遷至廣東布政使。擢廣西巡撫，未幾病卒。陳坤（1821—?），字子厚，錢塘人，長期生活於廣東。歷官大埔、海陽典史，潮陽知縣。著有《嶺南雜事詩鈔》。李祖榮，同知銜，廣東候補知府。

全書凡十二卷，分正款、部款、正部款内提出另列收支各款、

數已報部而非歲收歲支各款、候報部各款、報院外銷各款、外庫寄存各款、業已停止收支附存備查各款等八種款型，各款型下又包含數種至數十種不等之小項，計約三百項。高崇基敘云：光緒十二年秋“奉命備藩東粵，爰稽庫儲，求所以爲會計資，若《賦役全書》《粵東省例》等籍，均已日久失修，挂一漏萬，苦不足徵矣”。“數年前，剛子良中丞在任時，創設《總册》，以款爲綱，分屬分年，按卯清注，爲能優予勾稽。然第清其流，猶未及其源，所以考核各款原委及年額支銷者尚闕如也。因屬陳子厚司馬坤殫心研究，凡夫經制各款及軍興後取濟目前，因而未革，并一切捐抽名目，無論已未咨部，今皆逐一考查，薈萃成編，計八閱月而蕆事。而後庫儲收支之數乃始粲如列眉焉。”

見存版本：①清光緒十三年鈔本　廣東省立中山圖書館

②鈔本　北京大學圖書館

③清光緒十三年刻本　廣東省立中山圖書館　中山大學圖書館　華南師範大學圖書館　東莞圖書館　中國人民大學圖書館　吉林大學圖書館　上海圖書館　南京大學圖書館　廣西壯族自治區圖書館　四川大學圖書館　美國哈佛大學哈佛燕京圖書館

半葉十行，行二十六字，小字雙行同。白口，四周單邊，單魚尾。無行格。書前有光緒十三年高崇基敘、凡例十則、纂修職名、總目。各卷前有分卷目録。

按，各藏地著録版本不盡相同，東莞圖書館、中國人民大學圖書館、南京大學圖書館標注此書版本爲“清光緒十三年（1887）木活字”，吉林大學圖書館藏本標注爲“光緒間刻本”，四川大學圖書館藏本標注爲“清末（1887—1911）刻本”。

錢穀

107 粵廠製造銀幣記一卷 （清）徐慶沅撰

徐慶沅（1854—?），字芷生，長洲人。候選通判。熟精機器。光緒十二年任青溪鐵廠幫辦。光緒二十二年受聘供職於漢陽鋼鐵廠。

光緒十二年張之洞上奏請准於廣州設立錢局，次年復呈《奏請仿鑄銀圓摺》，奏請在廣東鑄造銀圓，獲准設立廣東造幣廠。光緒十五年廣東錢局投産。是書詳述鎔銀、輾銀、印銀、摇洗等環節之操作方式、步驟、流程、要領、標準，注意事項，所需設備器具、用料等，記述銀幣鑄造從鎔銀廠到輾銀廠，到印銀餅廠，到摇洗銀餅廠，到印銀圓廠，到鋼模廠的全過程。

見存版本：清光緒二十九年上海會文學社石印財政叢書本　華東師範大學圖書館

全一册。半葉十八行，行三十六字，小字雙行同。下黑口，四周雙邊，單魚尾。書前有光緒二十八年十二月示諭。

貿易

108 粵海關通轄口岸考 （清）王文達撰

粵海關位於廣州五仙門，康熙二十四年設立，是管理對外貿易、徵收關税的機構。所轄區域東起潮，西盡廉，南盡瓊崖。是書詳録粵海關憲廨署及其所通轄之大關、總巡口、總查口、東炮臺口、西炮臺口、佛山口、黄埔口、虎門兼三門口、紫坭口、市橋口、鎮口口、江門口、水口口、石龍口、甘竹口、石岐口、思賢滘口等舊有口岸，以及新立潮州、瓊州、北海三關和新香六廠，兼及清幫各書、快皂夜巡之職責。作者自光緒二年莅任，“即詢訪粵潮瓊北各關卡與各廠口設立之年分，距省之程途，定案之章程，以及各埠渡艇往來之興販，并推詢先年各口規模之底蘊”，歷時近五年，故考述各口岸之控扼、因革及變遷甚爲詳盡。

見存版本：清光緒六年刻本　中國國家圖書館

全一册。半葉七行，行二十一字。白口，四周雙邊，單魚尾。書前有光緒六年施溥序。後有光緒六年王文達跋。

荒政

109 兩粵水灾善後策一卷　（清）番禺楊榮鋕撰

楊榮鋕（1855—1919），號襄甫。嘗入博濟醫院習醫學和化學。後傳教，歷任番禺沙基福音堂、佛山馬路福音堂、廣州西關叢桂新街禮拜堂牧師。宣統三年成立光華醫學院。民國四年任協和神學院教授。有《釋疑彙編》、《四教創世考》、《舊約聖經綱要》、《景教碑文紀事考正》三卷等著述。

作者嘗參與光緒十一年水灾賑救，目睹灾民流離失所、無家可歸，感慨繫之，遂撰寫是書，記廣東水灾情况、水灾成因及對策，以求亡羊補牢之計。

見存版本：清光緒三十一年稿本　廣東省立中山圖書館

全一册。半葉七行，行二十字。

110 愛育堂徵信録一卷　（清）鍾覲平等編

愛育善堂仿照上海普育堂而設，爲廣東最早的善堂。同治十年由鄉紳鍾覲平、陳次壬、潘謙鈞等創辦。善堂公所初在十三行洋行會館，後遷至西關十七甫大街潘仕成故宅。其以勸善濟人爲首務，主要從事宣講聖諭、開設義學、施棺贈藥、贍老恤嫠及栖養廢疾等活動。是書分前後兩部分，前半部分記愛育堂籌辦、開辦及處理病患訛詐等事。後半部分録善舉、人事規條，各值事、首事、行頭總理名單，義塾師生台銜、名列，義塾生徒考核、獎賞名列，支收各項詳情。末附《愛育堂地基全圖》《愛育堂東街河北圖形》《愛育堂東街河南圖形》《河南蒙聖里義學圖式》《河南龍導尾郊壇頂義學圖式》《草場汛義學圖式》等圖。

見存版本：清光緒十一年羊城興隆街學文堂刻本　北京大學圖書館

全一册。前半部分半葉十一行，行二十三字；後半部分正文半葉十三行，行三十字，小字雙行均同。白口，四周雙邊，單魚尾。

111 佛山七十二行商會善堂籌辦賑灾徵信録　（清）粤東佛山商務分會編

粤東佛山商務分會是南海縣第一個商會組織，光緒三十四年九月遵農工商部令設立於佛山三界通衢，後遷富文鋪升平路山陝會館。

光緒三十四年五月，廣東西江、北江同時暴漲，衝决基圍數十處，牲畜、禾稻淹毁，滿目荒凉；房屋倒塌，灾民露宿，哀號餓病亟待救援。佛山商務分會遂仿照省港救灾公所章程，籌設商會賑灾公所，勸捐銀兩、米石、薯乾、飯皮、藥品等項錢物。經省港各埠善士設法拯救，迨至九月，賑務告竣。

是書詳細條列其出入款目，鉛印成册，公之於衆，以昭大信。所録分進、支兩項。進項首列佛山文武官憲、巡警局憲捐款，本公所捐款，八十二行、堂及個人捐摺編號、所捐柱數和銀圓總額；次列十家堂、號加送膏丹、丸散、藥油數額。支項首列各號支取柱數和支取總額；次列支各米艇俩脚數列、支各輪船賃價列、支往賑各灾區費用數列、支田心書院賑米廠費用數列、本公所費用數列、支各報紙費。末爲進數、支數總計。書中内容由總理陳宏濟稽核，財政員黄雯綺、羅星橋經核，商務分會支應魏康侯兼理并輯。

見存版本：清光緒三十四年羊城十七甫澄天閣石印本　佛山市圖書館

全一册。半葉十二行，行三十字。白口，四周單邊。書前有光緒三十四年六月官府特示、光緒三十四年何泰交序。

112 粤省賑捐清單　（清）佚名編

此書爲捐支清單，記事自光緒二十八年至宣統二年，分粤省賑捐；鄂省代咨廣東賑捐請獎收支數目、四川代咨粤省賑捐請獎數目；舊案七項常捐；直隸攤分常捐數目；岑守兆鳳在四川勸收廣東舊案七項常捐，由川請獎共六次，折實紋銀數目；新案七項常捐收數、新案七項常捐支數；免保舉留省捐輸收數、新案免保舉留省捐輸支數。收入數目與支出項目登記極爲詳細。

見存版本：清宣統間朱絲欄鈔本　中國國家圖書館

全一册。半葉九行，行二十六字，小字雙行，字數不等。朱絲欄。四周雙邊，無魚尾，無書口。

教育

113 張人駿函轉香港總督盧嘉擬設大學校　（清）張人駿撰

張人駿（1846—1927），字千里，號安圃，直隸豐潤人。

同治七年進士，授翰林院編修。出任廣東、廣西、山東布政使，漕運總督，山東、廣東、山西巡撫，兩廣總督、兩江總督等職。

香港總督盧嘉函告時任兩廣總督張人駿，倡議在香港設立大學校，以便内地人士就學，因所需經費較多，故向張督商請設法籌助，并附送章程一册。因此種學校以注重實業爲本，且教學内容、培養方式和管理辦法與英國大學頗同，張人駿深覺此完全學校與中國實業前途頗爲契合，亦期其成，故特爲轉函，并總結建成此校有四便，如師資水平優良、節省國家經費等，并提出組織本省紳商勸捐之建議。盧嘉於光緒三十三年至民國元年任香港總督，盧嘉函告張人駿，以及張人駿函轉香港建校之事當發生於光緒三十三年七月至宣統元年五月張人駿任兩廣總督期間。

見存版本：清末鈔本　中國國家圖書館

全一册。書於方塊紅紙上，自畫豎綫界欄。每張紙有八行，行十九至二十一字不等。

114［兩廣方言學堂］商業經濟綱領　番禺朱執信述

朱執信（1885—1920），名大符，以字行，筆名蟄伸、縣解等，祖籍浙江蕭山，生於番禺。朱啓連之子。光緒三十年官費留學日本東京法政大學，加入孫中山創立的同盟會。回國執教於廣東高等學堂、廣東法政學堂、兩廣方言學堂。宣統間策劃廣州新軍起義和廣州黄花崗起義。民國間，任中華革命軍廣東司令長官等職。有《朱執信集》。

是書爲兩廣方言學堂講義。篇首爲緒論。正文凡六編四十一章，所論述者一爲商業總論，二爲内國商業，三爲外國貿易，四爲銀行，五爲保險，六爲交通。

見存版本：清光緒宣統間清風橋文茂印局鉛印本　廣東省立中山圖書館

全一册。半葉十三行，行三十七字。下黑口，四周雙邊，單魚尾。

115 兩廣優級師範學堂附設單級教授練習所夜班生畢業試題

（清）佚名編

單級教授練習所夜班生畢業試題分國文、教育、教授法、數學四科。國文題有“涵養須用敬進學則在致知説”“社會勢力及自然勢力與教育作用之關係論”二題；教育題有“試述教育可能之證”“教育目的與人生目的之區别及其關係”“教育者對於被教育者之個性當如何利用之”“教育術練習之方法”“何謂説明的科學及標準的科學”五題；教授法題有“試詳言國語教授之順序”“修身宜與他科學組合否”“自動課業必要之理由”“助手之必要能言其故歟”“綴方教授之方法有幾種”五題；數學題有甲班、乙班之别，甲班數學題較乙班容易，各有五題，涉及歸一、歸總問題，和差問題，公約、公倍問題，杠杆問題等。

見存版本：清宣統二年朱絲欄鈔本　中國國家圖書館

全一册。半葉八行，行二十五字。白口，四周單邊，無魚尾。

116 廣東高等學堂中國通史講義三卷　（清）番禺謝祖賢編述

謝祖賢，字次陶，番禺人。清末生員，嘗任廣州大學、國民大學教授。參與編纂《番禺縣志》。

是書凡十二篇，厘爲三卷。卷一爲政術篇，紀政術，以明歷代政體治術之大端；卷二爲官制篇、食貨篇、學校篇、選舉篇、軍制篇、刑法篇、方域篇，紀制度，以明歷代制度之沿革；卷三爲學術篇、世風篇、兵事篇、外交篇，主紀學俗，兼及兵事、外交，以明歷代學俗之概，并用兵交涉之大略。序云："全書三十餘萬言，采諸史籍者十之七，旁搜他書者十之二，參證古哲時賢考論者十之一。至於翦裁去取，悉憑鄙意，間亦爲之標注，加以案斷，以省學者檢查之勞而助其興趣。學者循是以遍讀群史，則夫於政、於教、於兵、於獄、於掌故、於文章、於山川形勢土宜、於禮俗常變、於中國夷狄之强弱興衰、人物之賢否，其所得者當什佰於是。"

從表述用詞和行文格式來看，是書疑刊印於宣統間。以卷二食貨篇爲例："國朝代興，首除三餉，與民休息"中使用"國朝"一詞。"故光緒二十八年吕海寰、盛宣懷與英馬凱氏所訂中英條約，竟有免厘加税之議，而近年復議實行裁撤厘金，改行印花税"，"近年"當指光緒三十三年，該年度支部上奏《爲遵旨研究印花税辦法并酌擬税則章程事》。還有"迨夫同光以後，漸趨新學，於是京師之同文館、江南之格致書院、廣東之水陸師學堂（初爲實學館）等先後建立，逮光緒戊戌變政，特詔開辦京師大學堂爲各行省之倡"，"至如三十三年上諭宣布教育宗旨，三十三年上諭整飭學堂風習"等語。另外，行文中凡遇"上""諭""賜""詔"等尊字，必空三格，以示崇敬。

見存版本：清末廣州廣東高等學堂鉛印本　廣東省立中山圖書館

全三册。半葉十三行，行三十七字。下黑口，左右雙邊，單魚尾。書前有序、目録。

117 ［廣東高等學堂］各國戰史 （清）新會陳鳳翔編述

陳鳳翔，字蘋史。清末赴日本留學，攻讀憲兵科。民國初年回國，任廣東憲兵學校校長、廣東省司法科科長等職。

是書凡十七章五十節。篇首爲緒論；第一章爲概述，涉及戰史之定義、戰争之定義、歷古開戰之方式、戰争之效果、歷史上戰争之種類等；第二章爲戰史之發端；第三章爲近世戰史之時期；第四章爲拿破侖用兵大勢力時代，述自拿破侖得志時期以至末路時期；第五章爲維也納公會第一期，述公會開設之目的、列席者，公會之經過及其條目；第六章爲第二巴黎條約及神聖同盟；第七章爲梅特尼亞保守政策之勵行，述亞向會議、於各國革命運動之壓抑、蒙路主義；第八章爲希臘之獨立；第九章爲白耳義之獨立；第十章爲東方問題；第十一章爲克利米戰争及巴黎條約；第十二章爲德意志帝國統一之大成；第十三章爲意大利統一之戰；第十四章爲俄土戰争及柏林條約，述戰争之原因、斯答夫諾條約之締結、柏林條約；第十五章爲現時戰史上之趨勢；第十六章爲合衆國戰史上之關係及其現時之優勢；第十七章爲關於最近之戰史日本之地位及任務。

見存版本：清末民初廣東高等學堂印本　廣東省立中山圖書館

全一册。半葉十三行，行三十七字。下黑口，四周雙邊，單魚尾。

118［番禺中學堂講義］歷史科講本 （清）番禺謝祖賢編纂

謝祖賢，參見《廣東高等學堂中國通史講義》。

是書爲番禺中學堂講義。篇首爲總論，正文分五章，論述歷史之起源及定義、歷史發生之地域、歷史上人種之類別、有史前之時代、歷史時期之區分。内有世系圖表，以助論述。

按，從廣東省立中山圖書館官網檢索，版本僅標“鉛印本”。從文中地名表述分析，如第十三章第四節“王奔於豕（山西霍州治）”，霍州爲清代名稱，民國元年始改霍州爲霍縣。又版心有番禺中學堂之稱，故此書當刊於清末。

見存版本：清末惠愛四約文茂印務局鉛印本 廣東省立中山圖書館

全一册。半葉十二行，行三十字。白口，四周雙邊，單魚尾。

119 學校管理法 （清）佚名編

教忠學堂於光緒二十八年由丁仁長、吴道鎔等創設。三十二年改爲教忠師範學堂。民國後擴建爲教忠中學。是書爲教忠學堂講義，全書凡七章二十七節，分析教忠學堂管理之方方面面。第一章爲總論，述學校管理之定義、目的，管理法與教授法，管理法之研究；第二章爲編制法，述學級之編制及其制限、教科課程及教授細目、時間之排列、教員之配置；第三章爲學校之設備，述校地之選擇、校舍之部分、課堂、運動場、校具；第四章爲兒童之統治，述秩序、監護、命令及賞罰、試驗、關於訓練之事；第五章爲經濟，述經濟之負擔、預算及管理；第六章爲學校衛生，述衛生之要旨、關於教室内外之主要事項；第七章爲表簿，述學籍簿、生徒出席簿、操行查定表、試驗細則及表、圖書器械標本簿。

見存版本：清末大馬站裕和堂刊本　廣東省立中山圖書館

全一册。半葉十二行，行三十七字。白口，四周雙邊，單魚尾。

120 廣東法政學堂管理細則　（清）廣東法政學堂訂

廣東法政學堂是廣東較早專門培養法政人才的新式學堂，光緒三十二年由兩廣總督岑春煊和學政于式枚聯奏創辦。翰林院修撰夏同龢任監督。學堂初位於廣東貢院，後遷至廣東學署東，繼遷往湛家園舊址。民國元年更名爲廣東公立法政專門學校。

此編是廣東法政學堂爲約束和規範學員、教員及管理員行爲而設置的管理細則。分總則、分則、懲戒總則、附則四章，共八十七條。其中分則包括八節：禮堂規則、講堂規則、體操場規則、休憩室規則、試驗場規則、請假規則、班長規則、圖書室規則；懲戒總則是針對違反上述八項規則而制定的懲罰措施。

見存版本：清末刻本　廣東省立中山圖書館

全一册。半葉十二行，行三十二字。白口，四周雙邊，雙魚尾。

121 廣東水師提督虎門隨營講武學堂章程不分卷附各堂室場所應用規律　（清）佚名編撰

虎門隨營講武學堂係參酌省城隨營將弁學堂成法仿辦而成，

以造就弁勇使其悉具軍人資格而成營哨將領之才，豫備將來改良軍隊爲宗旨。爲使學生日後皆成兵隊模範之人，故編制定規，以兵法部勒約束之。《章程》分概要、建置、分職、權責、選集、編制、教科、試驗、獎罰、禮儀、號令、休業、請假、出入、服物、義務、應客、經費，凡十八章。末附《各堂室場所應用規律》，分概則、講堂、操場、自習室、齋室、食堂、盥漱所、浴室、圖書室、裝械室、應接所、病室、便所，凡十三則。

見存版本：清鈔本　中山大學圖書館

全一册。紅絲欄。半葉十行，行二十四字。白口，單紅魚尾。

122 兩廣學務處頒發學堂關防鈐記章程　（清）兩廣學務處編

兩廣學務處初位於總督署衙内，由兩廣總督岑春煊創立於光緒二十九年八月，不久遷至粵秀書院。設督辦一員，其下設稽核、提調、坐辦、文案、會計等，分科治事。又設課員、查學員及練習員。光緒三十年二月，遷入廣雅書局。次年五月添派布政司、按察司爲督辦。光緒三十二年六月，兩廣學務處結束其使命。

兩廣學務處爲給准予立案之各屬民立學堂、官立學堂頒發關防鈐記，特在原定民立學堂鈐記刊發辦法基礎上，重加擬定，成此新章程，於原定辦法缺者補之，簡者詳之，不協者變通之。篇首爲《兩廣學務處刊發學堂關防鈐記詳文》。新章程分正名、辨等、刊發及信用、更换及銷毁、編號五章，凡三十三則。

見存版本：清兩廣學務處排印本　廣東省立中山圖書館

全一册。半葉十二行，行三十二字。上下黑口，四周雙邊，無魚尾。書前有目録。

123 辦理學堂人員練習所章程　（清）廣東學務公所編

辦理學堂人員練習所主要職能是培養各地方士紳，使其具有籌辦蒙小學堂及實業學堂之知識與技能，以備預籌興辦學堂及學堂興辦以後可勝任總理、副辦、文案、收支、寄宿舍監督等職。設監督一人、教習二人、文案兼支發一人、檢查一人。

是書前爲光緒二十九年十一月《開辦練習所詳文》，後爲《學堂職員練習所章程》。《章程》分宗旨、分職、權責、練習員選集規則、教科及卒業期限、練習員應守規則、試驗及卒業後任職規則、經費，凡八章。

見存版本：清光緒二十九年鉛印本　廣東省立中山圖書館

全一册。半葉十行，行三十字，小字雙行同。上下黑口，四周單邊，無魚尾。

124 兩廣優級師範學堂一覽　（清）兩廣優級師範學堂編

兩廣優級師範學堂創始於光緒三十年，初名兩廣速成師範館，以廣東貢院爲校址。三十一年正月，續辦師範簡易科，改稱兩廣初級師範簡易科館。三十二年科舉既廢，兩廣總督岑春煊奏請將廣東貢院改築爲兩廣優級師範學堂。三十三年冬，學堂落成。學生第一年習公共科，至次年分爲四類，習本科，爲第一年級生。本科學制四年，課程有歷史、地理、物理、化學、博物、體操、倫理、代數學、天文學、中國文學等。至宣統元年六月，復設附屬中小學堂。民國元年改名爲廣東高等師範學校。

全書分沿革表，大事表，校舍附總圖，章程，經費，表册簿記，管理員、教員，生徒，凡八章。其中第二章大事表，記事自光緒三十年五月至宣統二年十月，分校務、教科、管理員、教員、學生等欄。第四章章程別分甲、乙兩部分，甲爲本校章程，共六十三節；乙爲附屬中小學章程，共二十六節。第八章生徒附有二表，一爲該校畢業生統計表，二爲該校畢業生省府縣別表。學堂畢業生中以廣東爲重，占五分之四强，廣東畢業生中又以廣州府居多，約占五分之二。

見存版本：清宣統二年粵東編譯公司鉛印本　中山大學圖書館

全一册。半葉十一行，行三十三字，小字雙行，字數不等。白口，四周雙邊，單魚尾。書前有目録。後有刊誤表、版權葉。

125 廣東警察學堂續定章程　（清）廣東警察學堂編

廣東警察學堂爲培養、訓練警察之專門學校，開辦於光緒三十二年底，招考速成科。翌年冬，續辦高等科。學堂設監督一名、教務長一名、監學四名、教員十四名。開設法律、衛生、算術、圖畫、體操、技擊等三十餘種專業課、文化課和技能課。宣統元年初夏，兩廣總督張人駿奏改爲高等巡警學堂。

此《續定章程》分總則、編制、權責、入學資格、學科課目及時間、學級及畢業期限、試驗、試驗場規則、稽查學員品行勤學規則、學員應守規則、學員請假規則、學員賞罰規則、學員出入規則、講堂規則、操場規則、休息所規則、應接所規則、經費、附則，凡十九章一百一十三節。

知見版本：清末清風橋文茂印局鉛印本

全一册。半葉九行，行三十二字。白口，四周雙邊，單魚尾。書前有目次。

126 廣東隨宦學堂新訂章程不分卷　（清）王勳撰

鑒於外省人不能入讀本省學堂之成規，隨宦子弟無肄業之所。光緒三十年，經課吏館肄業員王勳條陳、兩廣總督岑春煊批請，設立廣東隨宦學堂，以教育在粵隨宦子弟，供其完成初等小學以至中學學業。以群益學堂爲址擴充改辦，三十一年春，學堂落成并開學。三十二年，學堂始直轄於提學憲。

是册前有《兩廣學務處議辦隨宦學堂詳文》《改訂新章程請立案文》，兩廣總督、廣東巡撫等批飭。《新訂章程》分立學總義、學級編制、學科程度（附有中學、高等小學、初等小學修業學科程度及每星期教授時數分配表）、選録學生（配有志願書式、保證書式）、試驗成績、管理規則、職員權責、表册簿記，凡八章七十五節。其中第六章、第七章最詳，節下又有細則。末附常年經費統計表、官缺月捐統計表、沿革志、畢業生名籍表。

見存版本：清宣統元年廣東學務公所印刷處刻本　華東師範大學圖書館

全一册。半葉十二行，行三十二字，小字雙行同。白口，四周雙邊，單魚尾。書前有勘誤表、目録。

127 修身　（清）南海梁紹熙編輯

梁紹熙（1848—?），字緝暇，一字興伯。師事南海朱次琦。光緒十四年舉人。設帳於郡學，以教授生徒爲業。嘗分纂宣統

《南海縣志》。

是書爲教忠學堂課本。前二篇摘録許魯齋、吴草廬兩先生學案語，其後爲崇仁學案、敬齋學案、白沙學案、陽明學案、甘泉學案、河東學案、涇野學案、東林學案、景逸學案諸明學案，末爲清代平湖學案、睢州學案。

見存版本：清末粵東編譯公司鉛印本　廣東省立中山圖書館

全一册。半葉十二行，行三十七字。白口，四周雙邊，單魚尾。

按，此書無明確刊印時間，從文中凡遇尊字、敬詞如“上”“詔”“旨”“世祖”“御”“諭”“賜”則低三字來看，當刊於晚清。

實業

128 粵垣源源水局議一卷　［英］柯則域撰，（清）南海何獻墀編撰

何獻墀，字金鑑，號崑山。清末同知銜職員。長期以香港爲中心從事商貿活動。曾參與創辦大嶼山銀礦，擔任東華醫院總理、保良局總理、英資安泰保險公司經理。光緒九年至十一年中法戰争期間，爲兩廣總督張之洞提供法軍情報，對清軍取得局部戰果有所貢獻。

是書爲港商何獻墀籌建廣州水局的珍貴史料。内容包含三部分，一是何獻墀所撰《議修羊城水利小引》，闡述廣州亟需籌設水局之背景與意義。二是英國工程師柯則域所撰《廣州供水工程報告》中譯文本。該報告基於對廣州水道形勢之實地勘察，條分縷析，論證細緻。所論涵蓋城中需水量測算、白雲山水源勘驗、築塘蓄水可行性分析、掘井取水方案、珠江河水優劣比

較、增步河段選址論證、濾水工藝詳解、節省工本與防止虛耗之法、工料成本細目清單、倡築高地蓄水塘以調供需、運營收支測算等方面。三是何獻墀對建設水局之見解，包括提出按用户類型差異收費的籌資方案；明確用於救灾恤鄰之公益用水應無償提供；主張實行用户登記方式，以精確測算需求，統籌全局；建議刊印方案，廣徵官紳商民意見；援引“經始靈臺”典故，呼籲社會各界群策群力，共襄盛舉。

見存版本：清光緒八年森寶閣活字本　廣東省立中山圖書館　中山大學圖書館

全一册。半葉九行，行二十五字。白口，四周花邊，單魚尾。版心上鎸“源源水局”，下鎸“森寶閣承印”。書前有光緒八年何如銓《羊城源源水局記》。後有光緒八年陳兆祥《創辦羊城水局跋後》。

129 宏豐公司前後交涉案情節略一卷　（清）香山劉學詢輯

劉學詢，字問芻，號耦耕。光緒十二年進士，加知府銜。二十五年奉命赴日考察商務，其間與孫中山過從甚密。

是書首録光緒三十年宏豐公司倡設人劉學詢陳詞，簡述其與匯豐銀行買辦劉渭川所簽合約發生糾紛之詳細過程。次録劉學詢針對匯豐銀行不實稟詞之逐層辯駁。末列多種證據，包括《宏豐有限公司章程》，以及地契十四份、紅白契據二十札、借票憑單四款、照會札諭。

見存版本：清光緒三十一年鉛印本　上海圖書館

全一册。半葉十一行，滿行二十三字，小字或雙行或單行，字數同。上下黑口，四周雙邊，單魚尾。

130 奏辦廣東士敏土廠公文始末紀略　（清）劉麟瑞輯

劉麟瑞（1862—1930），字子繡，號子瑗，福山人。光緒十九年舉人。三十二年任廣東士敏土廠會辦。

廣東士敏土廠是清政府於光緒三十三年創辦的水泥廠，位於廣州河南芳草園，由劉麟瑞任第一任廠長。是書詳録廣東士敏土廠開辦過程中涉及之呈、批、禀、移、告、説帖、合同等類公文六十二則。

見存版本：清宣統二年廣東士敏土廠鉛印本　中國國家圖書館

全四册。半葉十二行，行二十五字。黑口，四周雙邊，單魚尾。書前有目録。

131 廣東實業調查概略　（清）祥林撰

是書爲調查廣東農、工、商三類實業情況的報告書。其中農類包含田畝、水利、山陵、池沼、穀産、隰産、圃利、林利、水産、畜類、農時十一門，工類包含農産製品、動物産品、礦物産品三門，商類包含銷行本地之商業、銷行外省之商貨、銷行外國之商貨三門。各門之下以條目形式列出，故名“概略”。

見存版本：①清光緒三十年鉛印農學報本　首都圖書館　徐州市圖書館　開封市圖書館

全一册，共十一葉。半葉十五行，行三十二字。黑口，四周雙邊。

②清末天津北洋官報局鉛印農學叢書本　中國國家圖書館　北京大學圖書館

軍政

132 安邊書一卷　（明）南海龐尚鴻撰

龐尚鴻，字少襄。龐尚鵬之弟。有經濟之才。授鹽城訓導，擢英山知縣，謫西安教諭，轉上海典史，遷昆山縣丞。有《蠹言》三卷、《粤言》三卷、《治水或問》四卷、《正學疏》、《殷鑑録評斷》、《評斷治水經》、《治水經》、《續治水經》、《英山政書》、《學易堂詩選》、《龐氏族約》等著述。

是書又名《安邊方略條議》。作者由“今昔譚邊事，譚人人殊，有以易譚，有以難譚，有以非難非易譚”説起，述何謂易譚，何謂難譚，何謂非難非易譚。提出安邊四十九策，即畿輔、大閱、險要、禮將、邊圖、任事、紀綱、風俗、饗士、恢復、國是、屬夷、降虜、職掌、重武、懲武、積習、儲才、設疑、豪杰、積威、車戰、長技、審幾、察時、戰守、哨探、修邊、料勢、搗巢、馬政、屯田、鹽法、軍儲、土著、歸正、功罪、羈縻、責效、宣威、務實、同心、超格、訓練、攻取、營陳、更番、分封、集議，多有創見。末附《四庫全書總目提要》中《治水或問》四卷提要一則。

見存版本：清道光二十二年重刻本（龐學易堂藏板）　中國國家圖書館

全一册。半葉十行，行二十字。白口，四周雙邊，單魚尾。

133 廣州駐防事宜二卷　（清）慶保輯

慶保，字佑之，號蕉園，滿洲鑲黄旗人。道光六年任廣州將軍。

慶保入京述職前，飭軍吏條列將軍職内須知之事，并撮叙整理而成是書。全書分爲二卷，卷上爲正册，載廣東疆域、廣州省城形勢，駐防官兵額數、户口、錢糧、俸餉、馬匹、馬乾、眷米、銀兩、收支、器械、船隻、炮位、各兵種官兵等數目，八旗額馬喂養、買補事例，漢軍生存狀況，官署兵房間數及糧倉、水泛、教場、炮營建立年份，兩翼清書館原設教習官、學生名數，兵丁塋地處所、畝數，各鎮協營，印房左右司管理、協理各官銜名。卷下爲副册，録挑補官員兵丁章程，馬甲、官兵數量調整，各類賞例、借項、資助、公費，每年應奏、應題事件，軍政舉劾、逃人銷檔事例，挑補緑營兵糧章程，教育、科考情況，各國外夷每年來粤貿易船數，廣東通省文職等。

按，《廣州大典》所收《廣州駐防事宜》僅有卷上一卷，且缺“兩翼清書館原設教習官、學生名數”“兵丁塋地處所、畝數”“隸將軍節制各鎮協營，附不隸節制各鎮協”“印房左右司管理、協理各官銜名”四條。

見存版本：清末鈔本　中國國家圖書館　北京大學圖書館

全二册。半葉六行，大小字數不等，白口。書前有道光九年慶保序、目録。

134 駐防廣州小志五卷　（清）樊屏纂輯

樊屏，字甸侯，號翠園，遼寧瀋陽人。駐廣州漢軍正白旗人。喜談舊事。詩孤潔。著有《老兵閑談》《清嘯堂吟草》等。

作者考核軍府案牘，綜合素日見聞，歷時兩年編纂成書，爲首部較爲全面的廣州駐防專志。是書凡五卷，詳記康熙二十一年旗兵奉調來粤至道光二十年一百五十餘年間人物和事實。

卷一載五十九則，述駐粤原始、設立官員、兵額增損、旗營設立、軍標四營、官兵俸餉、器械裝備、官署兵房、各事賞借、資助養贍、科考教育等；卷二載五十九則，述軍事演練、姓氏户口、禮儀規範、兵丁管理、廟宇薦祠、緑營馬匹薪餉等；卷三載九十九則，述將軍府署、各類建築、戰役與防守、平臺凱歌、風俗習尚等；卷四載十二則，述歷任將軍、副都統、各旗協領、参領、佐領、水師協佐，以及歷科進士、舉人、生員、貢生、監生；卷五爲傳記，末附樊屏父兄小傳。凌慰祖跋云："書中所載瑣屑，如鬥簽之戲、麵食之製，并皆列入，門類無分，一如小説家言，是非修志之規模也。謹識於此，以附於《粤小記》諸書之林。"

見存版本：清道光二十二年稿本　加拿大不列顛哥倫比亞大學圖書館

全五册。半葉八行，行二十字。白口，無魚尾。書前有道光二十二年樊屏自序、民國六年凌慰祖題識。各卷前有目録。

135 廣州駐防旗務公文二卷　（清）不著撰人

是書記康熙二十年至光緒三十一年廣州駐防旗務公文各項。分爲二卷，卷上載官兵額設、添設各項錢糧、官兵俸餉、官兵借項、白事正賞、白事加賞、房價章程、養贍生息、欽定上諭。卷下録官兵菜鹽、馬乾津貼、扣存馬價、賞還馬價、合棚喂養、裁官馬并裁馬乾、旗營草折、旗營米折、備借穀價、挑補緑營、世襲等級、舉人會試、舉人支領坊價、文舉人考决科、旅費項下、官員軍政、旗營大閱、旗營編丁、炮兵度歲、領催兵借項與還項、舉人還公捐、各旗白會、步兵營白會、洋操白會、官兵陣亡、貞壽列傳、貞節年表、旗民理事同知、八旗永豐倉、軍器庫、旗人嫁女、逃人、繼嗣、東校場、北校場、炮營、城防、城門、炮臺、八旗地界、修整六脉曲、堆卡、印務處、公衙門、左司、右司。

見存版本：清鈔本　廣東省立中山圖書館

全二册。半葉六行，行二十字，小字雙行，字數不等。書前有目録。

136 中俄交界圖釋三卷首一卷　（清）花縣朱珩撰

朱珩（1857—1927），號楚白，別號花山樵者。光緒二十一年舉人，聯捷進士，歷官刑部主事、法部統計纂修官、京師高等審判廳推事、民事審判庭庭長。後辭官歸里。究心經世之學，熟悉遼金元史。有《元朝秘史蒙文原本注》、《北徼水道考》一卷、《塞北路程補考》一卷、《中亞洲俄屬游記注》二卷、《三史國語解檢韵》一卷、《元朝秘史補注》一卷、《陳修園十六種》、《王氏證治準繩》一卷、《針灸秘訣辨證》一卷、《醫案》一卷、《法庭判牘節存》二卷等著述約二十種。

作者據總署圖籍，旁取英法等國人所繪與吴縣洪文卿所譯俄圖，參稽互證，前後用時八個月而編成是書，詳記中俄交界處界牌、界碑、記號、鄂博之位置、尺寸、形製等情形。據目録，全書原設四卷，卷首一卷。卷首爲總叙、凡例（俟補）、目録；卷一爲東北界，録東北界總叙，吉林省十一界牌、二十六記號，黑龍江省額爾古訥河界碑一座；卷二爲北界，録北界總叙，黑龍江省五鄂博，車臣汗部四十八鄂博，恰克圖以東土謝圖汗部十鄂博，恰克圖以西土謝圖汗部十三鄂博，烏里海十一鄂博；卷三西北界，録西北界總叙，烏梁海八鄂博，科布多十鄂博，塔爾巴哈台三十一鄂博，伊犁三十三鄂博，喀什噶爾二十八界牌；卷四雜考（俟補）。標“俟補”者，終未補足。

此書初名《中俄交界釋地》，國家圖書館藏有清秋吟草堂緑絲欄鈔本，凡四册，半葉十行，行二十四字。白口，四周雙邊，單魚尾。卷一卷端僅題書名卷第；卷二卷端題“中俄交界釋地卷二”“花縣朱珩撰”。國圖官網附注稱：原卷數不詳，存二卷，即卷一至二。陳垣贈書。觀此兩卷内容，卷一爲東北界，卷二爲北界和西北界。後來有鈔本將“西北界”内容從卷二中分出，作爲卷三，因此，就内容來説，國圖藏本亦是全本。

見存版本：鈔本　上海圖書館

全五册。半葉九行，行二十五字，小字雙行同。紅格白口，四周雙邊，單魚尾。書前有總目、光緒十九年朱珩總叙、目録（即分卷詳目）。凡涉及書名處，如總序、目録、卷端等，“中俄交界釋地”均更爲“中俄交界圖釋”。

刑法

137 粵省軍流道里表粵東程限册嘉慶二十年粵督撫批准詳定遞送公文章程　（清）佚名輯

是書内有三部分，其一爲《粵省軍流道里表》，載録各府、州屬軍犯編發之區，涵蓋廣東省九府四州：廣州府、肇慶府、羅定州、惠州府、潮州府、嘉應州、南雄州、韶州府、連州、高州府、廉州府、雷州府、瓊州府。各屬軍犯編發之區下分附近、近邊、邊遠、極邊、烟瘴五種地方，以及流犯應流地方。附近、近邊、邊遠、極邊各有規定之東、南、西、北四至里程。流犯應流地方又分二千里、二千五百里、三千里不等，不同里數之人由相應省、府屬縣負責安置。其二爲《粤東程限册》，規定解犯每日限行五十里，遞文每日限行一百里，現行每日限行八十里。亦細分廣州府等九府及羅定州等四州，别爲著録。末爲《嘉慶二十年粤督撫批准詳定遞送公文章程》。爲約束、懲儆差役怠玩，根據廣東瀕臨海洋、水陸交錯、山峻灘險之地理特點，規定各衙門發遞公文時，每晝夜限走之里數，核明各縣相距鄰境里數，以及東南西北及東北各路、沿海各路公文遞送限行時間。

見存版本：清末鈔本　中山大學圖書館

全一册。半葉九行，行三十四至三十八字不等。

138 廣東訴訟案件刑案彙編不分卷　（清）佚名抄

是書收録乾隆、嘉慶、同治、光緒間刑事案件三十五起，細録各案發生之時間、地點、涉案人員里籍與職業、案由、案件經過、證人證詞、凶器處置、量刑依據、案犯發落。刑案半數以上與奸情有關，量刑懲處較重，或可折射出司法機構對維護風化良俗之重視。死刑等重案需經地方官員層層審核，并交刑部覆核。在斷案程序上力主嚴謹，“凡遇有人命案件，務須詳細驗訊，録取確鑿證佐供詞，勿致疏漏”。書名《廣東訴訟案件刑案彙編》或爲藏者所擬，分析此書所録全部案件，主要發生於廣東省各地，有近三十起，其他案件則發生於安徽，山西平遥、潞城，山東兖州，四川遂寧、犍爲，直隸隆平等地，故書名有失準之嫌。

見存版本：清鈔本　廣州圖書館

全三十三册。半葉八行或九行，行二十七至二十九字不等。抄録字體前後不一。

邦交

139 記英吉利求澳始末一卷 （清）蕭令裕撰

蕭令裕，字枚生，清河人。長年供職於兩廣總督阮元等人幕府。援例授鹽運使經歷，未及赴任，卒。

是書詳載英國政府向清王朝求取澳門一地以拓展其本國貿易之經過。澳門爲諸國來華貿易要區，向爲葡萄牙人租居。英國覬覦已久，遂於乾隆五十八年遣使赴京入貢，提出留置一人居住京師打理貿易事務之請求，遭拒。嘉慶七年，英國派遣兵船六艘，抵達澳門氹仔附近海域，停留數月，窺伺澳門。十三年秋七月，英國再遣兵船，携帶武器，謊稱恐法國入澳滋擾，故遣兵助澳。駐澳西洋理事官唛嚟哆報知地方政府，兩廣總督吴熊光諭令英人回帆。英人不聽，反擁兵入澳居住。澳民驚怖，紛紛逃匿。吴熊光下令封艙，禁貿易，斷買辦，并做好備戰及應戰措施。英人恐慌，具狀輸誠。是年八月，英商貿易恢復如常。至此，英吉利求澳一事始告落幕。

見存版本：①清道光間凌氏傳經堂叢書本　吉林大學圖書館　復旦大學圖書館

合一册。半葉十行，行二十字，小字雙行同。黑口，左右雙邊，單魚尾。

②清末鈔本　中國國家圖書館

全一册。半葉八行，行二十字。有朱筆校字。

140 鴉片戰爭前中英交涉文書 ［日］佐佐木正哉編

是書載録鴉片戰爭前英方與粵海關監督、兩廣總督、廣州澳門軍民府之間就税務、貿易等方面的交涉文書。分六部，第一部録道光十四年文書六十九則，第二部録道光十五年文書二十六則，第三部録道光十六年文書二十八則，第四部録道光十七年文書九十則，第五部録道光十八年文書三十三則，第六部録道光十九年文書一百六十四則。記事自道光十四年六月十四日起，至道光十九年十二月初五日止。

見存版本：清道光間鈔本影印本　北京大學圖書館

全二册。半葉二十二行，行四十五字。

141 展拓香港界址專條不分卷　（清）佚名編

此《專條》爲鴉片戰争後英國强迫清政府簽訂之又一不平等條約。道光二十二年六月《南京條約》簽訂，香港島被割讓；咸豐十年九月《北京條約》簽訂，粤東九龍司地方一區歸入英屬香港界内。甲午戰争清政府戰敗後，西方列强活動猖獗，企圖瓜分中國。英國以“香港一處非展拓界址不足以資保衛”爲藉口，要求“展擴英界作爲新租之地”。光緒二十四年四月二十一日，李鴻章、許應騤與英國駐華公使竇納樂在北京簽訂《展拓香港界址專條》，自中曆五月十三日即西曆七月一日施行。《專條》規定展拓之地，“以九十九年爲限期”，以條約形式明確了英方對新租之地的管轄權。

見存版本：①清光緒間鉛印本　中國國家圖書館

全一册。半葉九行，行二十三字。白口，四周雙邊，單魚尾。

②清末刻各國通商條約彙編本　天津圖書館

142 論美國與東方交際事宜　（清）新會伍廷芳撰

伍廷芳（1842—1922），字文爵，號秩庸，别號觀渡廬，生於新加坡。早年留學英國林肯法律學院，畢業後任香港立法局議員、律師。李鴻章聘其入幕，襄助新政及參與涉外談判。光緒間出使美利堅、西班牙、秘魯、墨西哥等國，保護華僑，力争主權。回國後任修律大臣、刑部右侍郎等職。民國間歷任司法總長、外交總長兼代國務總理、孫中山護法軍政府總裁兼廣東省長。

光緒二十六年，時值華盛頓生日，伍廷芳受邀在美國費城邊西温尼亞大書院爲各國參會者四千餘人作英文演説。後作者將此次演説内容譯録成編，命名《論美國與東方交際事宜》，又名《美國費城大書院演説》。光緒二十四年美西戰争爆發，西班牙戰敗，吕宋島割隸美屬，美國統治觸角遂延伸至東方，與中國爲鄰。履霜堅冰，當防其漸。作者乘此演説之機，藉盛贊華盛頓“守誠信以待各國，醲和平以處衆人”之外交理念，建議美國以此爲典要，誠信和平對待各國，而各國亦恪守公法以保太平之局。對於美國與中國及亞洲其他國家應如何維持良好邦交關係，作者提出“先察形勢”、“捐除己見，深體人情”、譯述“中國一切政教事宜”、東西“勤通消息”、確定“萬國通語”等具體途徑和建言。

見存版本：清光緒間石印本　中國國家圖書館

全一册。半葉十行，行二十四字。白口，四周單邊，單魚尾。書前有伍廷芳序。

143 增改中葡條約一卷　（清）佚名編

光緒十三年十月十七日，葡萄牙與清政府簽訂《通商和好條約》，至光緒二十八年，葡萄牙又提出增改部分條款的要求。經議定，當年九月由清朝委派慶親王與葡萄牙使臣共同簽署《增改中葡條約》，所增改之處共九款，主要涉及改定稅則、稽徵洋藥稅餉、在澳門設立分關等。

見存版本：清光緒二十八年刻本　北京大學圖書館

全一册。半葉九行，行二十四字。白口，左右雙邊，單魚尾。

公牘

144 東粤日省一卷　（清）彭鵬撰

彭鵬（1637—1704），字奮斯，又字古愚，號九峰，莆田人。順治十七年舉人，官三河知縣。康熙三十九年調任廣東巡撫。

康熙四十二年作者在廣東巡撫任上，適逢皇帝五十壽誕，爲恭祝聖壽，特撰《恭祝聖壽示》《諷經祝聖示》《歡心頂祝示》《會議》《欽遵示》《恩詔示》《恩詔清查示》《棍惡逐名批示》《萬壽諷誦疏》《萬壽道場疏》《御書議後》《頌祝聯句》十二篇文與詩，并集成是書。篇中記録賀壽之具體舉措，如粤東番禺、新會二縣特爲貧民男婦頒發賞錢，爲耆民、游僧擺設齋席；嚴禁粤東不肖官吏藉口養廉，巧立各色名目榨取民脂；赦釋徒罪人犯、清查監羈事犯等；代弘覺忞禪師法嗣撰諷誦疏；解讀波羅神廟御書賜額“萬里波澄”之寓意等，以體現君主寬仁、與民同樂之意。

見存版本：清康熙刻彭氏遺著本　中國國家圖書館

全一册。半葉八行，行二十字。白口，四周雙邊，單魚尾。

書前有目録、集引。

145 撫粵政略八卷 （清）李士禎撰

李士禎（1619—1695），字毅可，奉天人。康熙二十一年以都察院右副都御史巡撫廣東。任上還利於民，肅清海氛，始建花縣。又治文廟，建三賢祠，改創棘院，闢文明門，修青雲橋等。在粵六載，令粵地氣象一新。

是書凡八卷，卷一、二爲奏疏，共六十三篇，内容涉及課税、蠲免、司法、薦舉卓異、彈劾貪酷、祈雨等；卷三、四爲符檄，共四十四篇，涉及剿盜、徵税、保甲、吏治、墾荒、教化等，以文教居多；卷五、六爲文告五十六則；卷七（缺）、八爲批答，多涉司法、吏治問題。記事自康熙二十一年五月至二十六年仲冬。高琦跋云："東粵之治之難也，當逆藩乍平，瘡痍初起，一切防閑調劑之法，觸手棼若亂絲。公始至也，鎮之以静，而風勵官方，舉劾不遺餘力。其勤民也，撫之以慈，而驅屏豪猾，飭令無少假借。蓋自養士、詰戎、惠農、通商，以至濱海天末桑麻鷄犬、魚鹽蜃蛤之微，莫不詳悉有加，剔厘盡致。""其生平精神之所注，擘畫之所垂，能以大力量而爲大經濟者，則在實政一書。"

按，此書裝訂有誤，將《撫江政略》卷一誤作《撫粵政略》卷一，又誤將《撫粵政略》卷一描改爲卷七，以致卷七缺漏。卷八卷端題"批答二"，由此可推知卷七當爲"批答一"。此外，《撫江政略》卷一卷端著者寫作"李士楨"，而《撫粵政略》卷端著者均寫作"李士禎"，兩書或非同時刊印，故作者名字略有不同，亦可證裝訂之誤。

高琦跋末曰："壬午冬，適次公出宰徐聞，邂逅於章江之滸，歡然道故，念及淵源，不覺一往而深，因出公之手輯若干篇。竊捧讀再三，而嘆是編之俱以實心行實政，而不可以不傳也。爰付剞劂，以公海内，抑以識大臣爲國爲民之志。"據此，可推知此書刻於康熙四十一年或稍後。

見存版本：清刻本　北京大學圖書館

半葉八行，行二十二字，小字三行同。下黑口，四周雙邊，雙魚尾。有高琦跋。

146 撫粵條告彙編二卷　（清）德保撰

德保（1719—1789），號定圃，滿洲正白旗人。乾隆二年進士，三十四年冬任廣東巡撫。官至禮部尚書。卒謚文莊。著有《樂賢堂詩鈔》等。

德保官廣東巡撫兼署兩廣總督期間，多有惠政。是書録其巡撫廣東任上所頒檄、示、條、告各條，内容關涉治獄理訟、采礦鑄幣、擒盜緝匪、修基浚渠、禁賭抑豪、平衡米價、妥遣軍流、勸民節儉、慈善救助等。其序中希冀"各屬咸致一編，置之案右，日夕簡閱。深望良有司務以民事爲己事，以民心爲己心，照後所檄事務，隨時興禁，實力推行。其檄内所未盡者，并推廣變通。總期諸利畢作，諸弊悉除，政教肅然，日臻上理，俾閭閻咸受其福"。

見存版本：①清鈔本　北京大學圖書館

全二册。半葉八行，行二十字。白口，四周雙邊，單魚尾。書前有乾隆三十六年十一月德保序、目録。

②清乾隆間刻本　中國社會科學院近代史研究所

147 鷺門集一卷　（清）東莞黎攀鏐纂輯

黎攀鏐，字伯慈，號半樵。道光三年進士，歷官户部雲南司主事、江西司員外郎、湖廣道御史、禮科給事中、福建興泉兵備道、江南河庫道。

鷺門，厦門之古稱。是書彙録作者任福建興泉兵備道時親自撰擬并見諸措置之示、諭、札、檄、禀、詳及禁令，“以俟異時考證其得失”，“藉以明心力之所在，不欲散失，且以志雪泥鴻爪之行踪”。内容多關涉整飭關防、吏役、捕務、訴訟，稽查、防守海口，嚴禁械門，嚴禁鴉片，嚴塞漏卮，嚴拿拐棍等。是書初刻於道光間，民國十一年東莞養和書局出鉛印本，行格字數與前者不同，所録條文與前者互有有無。

見存版本：清道光間鷺門黎攀鏐刻本　北京大學圖書館

全一册。半葉八行，行二十字。白口，四周雙邊，單魚尾。書前有道光十八年黎攀鏐序。

148 禀啓彙存二卷　（清）南海馮焌光撰

馮焌光（1830—1878），字竹儒。咸豐三年舉人。嘗佐曾國藩、李鴻章幕。以功授蘇松太道員。致力於經世之學，詳究中外地理、算學、製造之法。另著有《汝水説》、《西行日記》、《幽阱雪鴻題咏》一卷、《白雲遺迹題咏》一卷。

是書彙録同治初期至光緒初期馮焌光呈與李鴻章、沈葆楨、丁日昌、李宗羲、曾國荃、曾紀澤、郭嵩燾諸公之禀文三十四篇，其中半數呈致李鴻章。禀報涉及造船製槍、另設新廠、采買原料、籌撥經費、翻譯西書、疏浚河道等内容，以及維護路權、商討租界停捐、擬定日本通商規條章程等事宜，多有孔見雜陳其間。

見存版本：①清末刻本　復旦大學圖書館

②清光緒間刻本　北京大學圖書館

全二册。半葉九行，行二十二字，小字雙行同。上下黑口，左右雙邊，雙對魚尾。

149 使藏紀事五卷　（清）新會張蔭棠撰

張蔭棠（1866—1937），字朝弼，號憩伯，又號少卿。光緒間任駐美使館三等參贊、駐舊金山總領事、駐西班牙代辦、外務部右參議。宣統元年出使美、秘、墨、古等國。民國初年任駐美全權公使。另著有《張蔭棠奏牘》。

光緒三十二年，張蔭棠被簡授爲駐藏幫辦大臣，任上積極整頓西藏事務，手訂《九局辦事簡章》，撰譯《藏俗改良淺言》，刊發於民間，對革除弊政、開啓民智、促進經濟、維護和平起到了一定作用。是書凡五卷，卷一爲接議，共二十四條，附録五條。卷二、三爲查辦，共五十七條，附録三十六條。卷四爲議約，共四十九條，附録二十三條。卷五爲條陳，共十條，附録三條。所録類型多爲電旨、致外務部丞參函、致外務部電、上外務部函，内容爲向外務部等部門匯報英國與中國西藏地區在政治、宗教、軍事、經濟等方面之動態，皇帝及軍機處、外務部等職能部門下達之指示、處置方式，以及辦事草章、條款的草擬與删改諸事宜。

見存版本：①鈔本　北京大學圖書館

共四册（缺第五卷）。精抄於紅絲欄格稿紙上。半葉十行，行二十餘字，小字雙行同。白口，四周雙邊，單紅魚尾。書前有張蔭棠序、編目、分卷目録。正文前後由兩種字體抄就，前者硬朗粗獷，後者雋秀柔和。

②鈔本　清華大學圖書館

③民國鈔本　中國國家圖書館

全五册。緑絲欄鈔本。半葉九行，行字數不等。

檔册

150 駐防廣州步軍營協領造報本營擬正驍騎校之委署驍騎校王烇元年歲出身履歷清册　（清）佚名編

因駐防廣州步軍營右翼正紅旗驍騎校劉縉病故，將步軍營左翼領催王烇元擬正補缺，由駐防廣州軍機處記名步軍營協領胡清鑑爲之造報清册。册中簡述造册原委，王烇元官銜、年歲、係出、從軍履歷等項。末署造册年月。

見存版本：清光緒二十六年鈔本　中國國家圖書館

全一册。半葉七行，行三十至四十字。

151 駐防廣州步軍營協領造報本營擬陪驍騎校之領催劉潯年歲出身履歷清册　（清）佚名編

因駐防廣州步軍營右翼正紅旗驍騎校劉縉病故，將步軍營右翼領催劉潯擬陪補缺，由駐防廣州軍機處記名步軍營協領胡清鑑爲之造報清册。册中簡述造册原委，劉潯官銜、年歲、係出、從軍履歷等項。末署造册年月。

見存版本：清光緒二十六年鈔本　中國國家圖書館

全一册。半葉七行，行三十餘字。

152 駐防廣州各旗協領造報升遷調補清册　（清）佚名編

是書收録清册凡八種：廣州將軍慶升遷調補清册、廣州副都統長升遷調補清册、廣州漢軍副都統海升遷調補清册、廣州滿洲副都統庫升遷調補清册、廣州將軍長升遷調補清册、廣州將軍瑞升遷調補清册、廣州將軍穆升遷調補清册、廣州副都統果升遷調補履歷清册。各册簡述造册原委，升遷調補因由，升遷調補者之官銜、係出、從軍履歷、奬懲事由等項。末署造册年月。

見存版本：清光緒二年鈔本　中國國家圖書館

全八册。半葉七行，滿行三十二至三十七字。

153 皮庫爲本年奏交粤海關變價皮張等項數目册　（清）佚名編

是書記内務府發交粤海關變價各色皮張數目。光緒二十一年發交黄貂皮五百張、黄狐皮八百張、猞猁猻皮三百五十六張、狼皮三百張、豹皮一張、水獭皮二百五十張、灰鼠皮三千八百張、掃雪皮六張、沙狐皮三十八張、貂尾五千個、氆氇三百個、老羊皮二千張、凉席四百領。光緒二十二年發交除了黄貂皮爲一千張、灰鼠皮五千八百張、老羊皮一千張，其餘名目數量與二十一年同。

見存版本：清光緒間鈔本　中國國家圖書館

全二册。半葉十行，字數不等。

154 宣統元年天成墟建立各鋪户規例　（清）天成墟各股東立

天成墟位於新會古井鎮霞路村，由保良堂鄉創建於光緒三十四年。是書爲宣統元年十二月天成墟完工後各股東公立之規例，其中有《公立霞路天成墟會訂各項規條》二十則、《天成墟各行商客批賃鋪户規條》十九則，末附各股東芳名，共一百二十六股。

見存版本：清宣統元年廣東新會大新街藝新印務所鉛印本　廣州圖書館

全一册。半葉十一行，行二十三字。白口，四周花邊，雙對魚尾。

155 商辦廣東粤漢鐵路有限總公司總結摺　（清）佚名輯

商辦廣東粤漢鐵路有限總公司是爲修築粤漢鐵路，由廣東總商會、九大善堂等倡議設立的商辦公司，成立於光緒三十二年三月十二日，鄭觀應、黄景棠當選爲總辦和副辦。此摺記録了愛育堂、惠行善院、廣仁堂、廣濟醫院、崇正堂、明善堂、述善堂、商務會、香港二十一家、佛山萬善堂、佛山務滋善堂等團體在光緒三十二年正月至九月廿九日間進、支、存數目明細。放出及暫附均列詳細項目名稱或詳細内容。銀兩數額精確到厘。

見存版本：清光緒三十二年總商會報鉛印本　中國國家圖書館

全一册。小字半葉十四行，行三十七字。大字半葉未知行數，行字數不等。白口，四周雙邊，雙魚尾。

156 商辦廣東新寧鐵路股份簿　（清）佚名編

是册内容有四：其一爲光緒三十二年正月《商部奏紳商籌辦新寧鐵路擬准先行立案摺》；其二爲光緒三十二年四月《商部

奏核訂新寧鐵路章程摺》，附章程二十一條；其三爲商辦新寧鐵路總經理陳宜禧就章程未盡事宜之解釋；其四爲劉瓊顯認股之憑證。

見存版本：清宣統元年新寧鐵路公司鉛印本　廣州圖書館

全一册。半葉行數、字數不等。白口，四周單邊，雙對魚尾。

雜録

157 福建省城防禦火患事宜一卷　（明）南海龐尚鵬撰

龐尚鵬（1524—1580），字少南，號惺菴，謚惠敏。嘉靖三十二年進士，歷官監察御史、右僉都御史等。所著另有《史記略》一卷、《龐氏族譜》、《龐氏家訓》一卷、《百可亭稿》十六卷、《惺菴奏議》十卷、《殷鑑録》三卷、《行邊漫記》五卷、《卧游録》一卷、《二氏測》、《屯田疏稿》等。

是册爲萬曆五年五月福建巡撫龐尚鵬爲防禦火患而下發之文告，凡六條，内容主要有整頓火軍，嚴定賞罰；配備禦火用具；火灾發生時采取拆屋斷火及其補償辦法；灾後賑濟灾民措施；責令巡捕官全力組織救火，嚴禁擾民；嚴加巡警，消弭火患。

見存版本：明萬曆五年福建刻本　中國國家圖書館　臺北故宫博物院

全一册。半葉九行，行十八字。四周單邊，單魚尾。

158 粤東例案不分卷　（清）佚名編

是書載雍正、乾隆、嘉慶間粤東典型案例，分户役、孤貧、婚姻、瑶政、典當、行市六類，頗有關涉廣州府南海、番禺、東莞、清遠、佛山、省城之情事者。此書與《廣州大典》所收書名相同，内容迥異。

見存版本：鈔本　廣東省立中山圖書館

全一册。半葉十二行，行二十四至二十七字不等。

159 澳門新聞紙不分卷　（清）佚名輯

林則徐奉使廣東查禁鴉片期間，爲了解外部情况和世界局勢，遂購買《廣州周報》《廣東紀録報》，以及孟買、孟加拉、新加坡、加爾各答、美利堅等地出版之報紙，擇取其中有關政治、貿易、軍事等消息，組織人力翻譯并抄録，編成《澳門新聞紙》一書。全書録文一百七十餘條，以記鴉片之事爲多。鄧邦述題識云，此"乃中國譯外國新聞紙之嚆矢"。

見存版本：清鈔本　上海圖書館

全六册。半葉八行，行二十字。有鄧邦述題識。

160 香邑印金局全案不分卷　（清）香山劉元貞撰

劉元貞（1800—?），咸豐元年舉人。

印金局是由香山紳士發起成立，以公捐匀送方式爲本邑文武新生籌撥進學卷資（印金）之公益組織。舊例，文武新生初見學師，於贄敬外需再納一定數量之印金，以爲教官薪水攸資，兼以分潤書斗等役。"惟每案印金，貧富間有區分，多寡均須籌畫。""新生半屬單寒，旅費已多困乏，府城僑寓，稱貸無從"，且正值"覆試期迫"，故"倍覺艱辛"。爲助學子解難紓困，振興文教，嘉惠士林，同治五年以劉元貞爲首的士紳集合衆議，成立香山印金局，約定自當年科試開始，“除贄敬照前致送外，凡科歲院考，取准香邑文武新生進學，每名公送學官印卷册金洋銀貳拾兩，初覆彙覆各費統在數内”；“凡縣學生員應考，其填册該若干銀，先到印金局將銀兑收，發票往學官寓所填册，本局彙收繳學，以免需索之弊”。

是書記香山設立印金局始末，首録《設立印金局公啓》，述設立印金局的緣由、資金來源、籌撥辦法等。次録稟請批准飭縣立案勒石之呈文，并附章程條款十條。次録督憲、撫憲、藩憲、學憲、府憲、縣憲批示之全文。次録同治十一年府學書斗濫索聯稟學憲之呈文、學憲何之批示。次録同治十二年仿照外邑補增事例并稟縣學書斗舞弊之呈文、增補條款十條、學憲何之批示。末附聲明一則。

見存版本：清同治年間刻本　澳門大學圖書館

全一册。半葉九行，行二十一字，小字雙行同。白口，四周雙邊，單魚尾。

161 香邑京官炭金款項徵信録不分卷　（清）香山汪文炳等編撰

汪文炳（1848—1916），字半樵，又字焕朝，一字冠時。光緒六年進士，授吏部主事，選授浙江富陽知縣，署理錢塘知縣，升候補知府。晚年歸隱，與邑中名士組成仿白香册九老會。輯《同人唱酬集》四卷。修光緒《富陽縣志》。民國間總纂《香山縣志》。

炭金又名炭敬，是地方官員冬季饋贈中央官員之銀兩。香山縣向無公項致送京官炭金之例。光緒七年，鄉紳黄槐森、曹應達、汪文炳、鄧廷簡、韋廷俊、盧文英、鄭藻芳、劉永康等始發起商議，籌捐集款。歷經三載，於光緒十年六月初具規模。是册首録章程十四則，載籌捐銀兩總數，規定專款專用、專人管理，詳定炭金分送、使用規則，詳明捐户捐納辦法等。次列光緒九年二月至光緒十年六月初八日之收捐來源和相應單筆數額、收捐總額，光緒十年收租來源和相應數額；光緒九年二月至光緒十年六月初八日之支出項目和相應數額、支出總額；存捐款未收者姓名或機構及相應數額、捐款總額。

見存版本：清光緒十年森寶閣鉛印本　澳門大學圖書館

全一册。半葉十行，行二十六字，小字雙行，字數不等。白口，四周單邊，單魚尾。

162 擬請整飭差役積弊呈縣全案不分卷　（清）香山鄭藻如、（清）香山汪文炳撰

鄭藻如（1824—1894），字玉軒，一字志翔。咸豐元年恩科舉人。曾國藩聘其至滬，總辦機器局。光緒四年任天津津海關道。七年出使美國、西班牙、秘魯三國，累升内閣侍讀學士、鴻臚寺卿、通政司副使、光禄寺卿。汪文炳，參見《香邑京官炭金款項徵信録》。

是書記香山縣官紳爲整飭差役積弊呈縣批示事宜之原委。首爲光緒十六年邑人鄭藻如概述草擬整頓香山差役積弊事宜十四條之緣由與經過等情。次爲光緒十六年二月衆紳聯名申請，望有司核准批示擬辦差役積弊事宜之呈文，痛陳近年蠹役害民“氣焰益熾，訛詐愈横，富者纍百盈千，貧者敲骨吸髓，甚至搜取財物，陵逼婦女，或藉票而濫拿，或憑空而串陷”，“差館之

内，私押詐贓，公署之前，鳴冤遭毆”。次爲香山知縣李徵庸批示。次爲擬整飭差役積弊事宜十四條，條舉開票利試、飯食各費、藉票擾民、差館私押、串唆陷害、各類需索、革役改名冒充、串匪索詐諸弊，每條先述受害之狀，繼陳救弊之議。

正文首葉及次葉書眉有李徵庸《香山紀事留别》，爲五言長詩并序，類寫刻體。

見存版本：清光緒十六年鉛印本　澳門大學圖書館

全一册。半葉八行，行二十四字。白口，四周雙邊，單魚尾。有李徵庸題識。

163 整頓差弊一案續呈各憲呈稿各憲稟稿告示全録不分卷

(清) 香山汪文炳等編撰

汪文炳，参見《香邑京官炭金款項徵信録》。

爲整飭數十年來愈來愈熾之差役積弊問題，光緒十六年二月，以鄭藻如、汪文炳爲首的香山衆官紳聯名呈文，申請核准批示整飭差役積弊擬辦事宜十四條，并取得階段性進展，“邑侯李公保民若赤，立予批准，另將事宜逐條加批，娓娓二三千言，剴切指示”。鄭藻如、汪文炳等遂“將在本邑所遞公呈及奉到批示刊印數千册，分布城鄉，俾衆周知”，所刊印之册當指《擬請整飭差役積弊呈縣全案》。是書爲整飭差役積弊事宜之後續。録光緒十六年三月至十二月間兩廣總督、署廣東巡撫廣東布政使司、署廣東布政使司、署廣東按察使司、署廣東督糧道、署廣州府之批示全文，知縣、署臬憲、繼任知縣之通稟稿、告示，兩廣總督、廣東巡撫之批示。

見存版本：清光緒間鉛印本　澳門大學圖書館

全一册。半葉八行，行二十四字，小字雙行同。白口，四周雙邊，單魚尾。佚名題跋。

164 救時芻言不分卷　（清）南海康有爲撰

康有爲（1858—1927），原名祖詒，字廣厦，號長素，後易號更生，别署西樵山人，晚號天游化人。早年受知於朱次琦，重經世致用之學。後傾向於政治改良，於廣州設立萬木草堂講學。光緒二十一年進士，授工部主事，未赴職。在京推行維新變法活動，失敗後，逃亡國外。組織保皇會，倡行君主立憲。有《春秋董氏學》《孟子微》《大同書》《禮運注》《中庸注》《論語注》《新學僞經考》《日本政變考》《康南海書牘》《康南海官制議》《歐洲十一國游記》《桂學答問》《物質救國論》《孔子改制考》《萬木草堂口説》，以及詩文集等著述數十種。

是册收録光緒十四年至二十年作者所撰《萬言書》《請開清江浦鐵路摺》《錢幣疏》《保朝鮮疏》《攻日策》奏稿五篇，以及《與洪給事右臣論中西異學書》《與曾侯書》書札二篇。冷風熱血齋盛贊此七篇文章“於中外之故、當世之務，無一不動中肯綮者。設舉其言而施行之，安有今日倭韓之變哉！余佩其識見通達，議論精譎，實有關於國計民生之大”。

見存版本：清光緒二十年序刻本　中國國家圖書館　東京大學東洋文化研究所　美國哈佛大學哈佛燕京圖書館

全一册。半葉十行，行二十字。前三篇爲白口，四周單邊；後四篇爲上下黑口，左右雙邊，均單魚尾。書前有光緒二十年十月桂林冷風熱血齋序、目録。

165 物質救國論 （清）南海康有爲撰

康有爲，參見《救時芻言》。

作者嘗遍游亞洲、歐洲、美洲，於政俗之中，較量歐亞得失，推求中西異同，本原於新世之所由，反覆於大變之所至，認爲中國之病弱，在於不知講物質之學，爲使國人認識和重視物質，故作是書。書中收録論文二十篇，論述何爲物質，强調物質强則國强，認爲中國救急之方在於興物質，建議中國向歐洲學習。書首爲《彼得學船工》，書末附《論省府縣鄉議院宜亟開爲百事之本》。

見存版本：清光緒三十四年上海廣智書局鉛印本　廣東省立中山圖書館　北京師範大學圖書館

全一册。每葉十三行，行三十三字。書前有光緒三十一年康有爲序、目録。後有版權葉。

166 中外政俗異同考二卷 （清）南海桂坫撰

桂坫（1865—1958），字南屏。桂文燦之子。光緒二十年進士，嘗任國史館纂修官、浙江嚴州知府、東莞龍溪書院學長。辛亥革命後，不復出，以著述自娱。另有《誦清宧文集》《誦清宧吟草》《説文釋例》等著述十餘種。

道光二十二年清政府與英國簽訂《南京條約》，實行五口通商後，作者認識到中國之於世界，不過其中一國，中國與世界其他國家有差距、有差異。國外有國會、議院、民權，清朝無之，無從比較；電綫、師船、鐵路、郵政、銀行、礦務、火器、農工學、藝學等，中國尚在借鑒研習中。作者遂將中外可比較者分紀曆、疆域、人民、學校、官制、兵制、商務、財賦、國債、錢幣權度十門，以中國年號紀年爲準，以時代爲序，稽考中國典籍及五洲各國政俗之文，自疆域以下九門，分別比較中國、英國、法國、德國、俄國、美國、日本間之異同，“窮極古今之中外，以通制作之故；博極中外之古今，以知正變之奇。儒術既昌，中外之互有異同，互有得失，亦較然著明，而農學、工學、商學、兵學，莫不由之矣。所望生於數千年儒國之人，相與鼓舞而作興之”。

見存版本：①清光緒二十四年桂坫寫本　故宫博物院圖書館

②清光緒二十四年石印本　北京大學圖書館　中國人民大學圖書館　民族文化宫圖書館　湖南圖書館

全二册。半葉十三行，行二十二字。白口，四周雙邊，單魚尾。書前有光緒二十四年序、例言六則。

167 中國存亡一大問題一卷　（清）新會梁啓超撰

題“飲冰室主人”即梁啓超，參見《美國華工禁約記》。

爲闡明中國存亡這一重要問題，光緒三十二年《新民叢報》合刻梁啓超所撰兩篇長文而成是書。其一名《論中國今日萬不能行共和制之理由》，認爲欲爲種族革命者，宜主專制而勿主共和；欲爲政治革命者，宜以要求而勿以暴動。其二名《申論種族革命與政治革命之得失》，切言種族革命與政治革命并非同物，前者爲民間以武力而顛覆異族中央政府之謂，後者革專制而成立憲之謂。暴動革命必繼以不完全之共和，不完全之共和，則必至亡國。種族革命實無法達成政治革命。

見存版本：①清光緒三十二年鉛印本　福建省圖書館

②版本不詳　廣東省立中山圖書館　北京語言大學圖書館

全一册。大字每葉十二行，行三十三字，夾注小字雙行，行約四十一字；大段譯文或引文爲小字，每葉十四行，行四十二字。書前有著者識，僅殘留半幅。

168 飲冰室自由書二卷　（清）新會梁啓超撰

梁啓超，參見《美國華工禁約記》。

是書録作者閲讀西方學者作品之感觸及心得，爲筆記體，“無體例，無宗旨，無次序。或發論，或講學，或記事，或鈔書，或用文言，或用俚語，惟意所之”。分上下二卷，凡五十二條。“飲冰室”取自莊子“吾朝受命而夕飲冰，我其内熱歟”；“自由書”來自歐洲學者彌勒約翰所言“人群之進化，莫要於思想自由，言論自由，出版自由”。

最初陸續載於光緒二十五年至二十七年《清議報》，前若干篇未擬篇名。光緒二十七年經删改後，如删去光緒二十六年第三十九期中《中日戰事前各國東洋艦隊》一條，由東京清議報館鉛印成册。後上海廣智書局曾多次修訂出版。民國間上海商務印書館排印出版《飲冰室叢箸》，做了明顯增删改動，如不再分上下卷；篇名有修改，例如《傳播文明三利器》改爲《文明普及之法》，《自由祖國之祖》改爲《最初之自由民》；删掉《紀年公理》上下、《異哉所謂支那教育權者》三條。上海中華書局鉛印《飲冰室專集》本時，又有增改，如增加《所令與所好》《好修》《怨天者無志》《欲惡取舍》等若干條。

見存版本：①清光緒二十七年十二月東京横濱清議報館鉛

印本　上海圖書館

半葉十二行，行三十一字。白口，四周雙邊，單魚尾。卷端署“新會梁啓超著”。書前有目録。後有版權葉。卷首有光緒二十五年梁啓超題識。

②清光緒三十一年二月上海廣智書局鉛印本（訂正第五版）上海圖書館　復旦大學圖書館

全一册。每葉十三行，行三十三字。卷端署“新會梁任公著”。書前有目録。後有版權葉。卷首有光緒二十五年梁啓超題識。

③清光緒三十三年三月上海廣智書局鉛印本（增補第六版）民國圖書數據庫

④清宣統二年上海廣智書局鉛印本　清華大學圖書館

169 飲冰子政治學新論　（清）新會梁啓超撰

梁啓超，參見《美國華工禁約記》。

是書由古議院考引入論題，繼而論君政、民政相嬗變之理，中國與歐洲國體異同，立憲法，國家思想，國家思想變遷異同，立法權，政府與人民之權限，政治學學理，中國專制政治進化史，專制政體有百害於君主而無一利諸問題。而於中國與歐洲國體異同、中國專制政治進化史論説尤詳。

見存版本：清光緒二十九年上海廣智書局排印本　中山大學圖書館

全一册。每葉十二行，行三十一字，小字雙行，行四十字。書前有版權葉、目録。

170 飲冰室政治論集第一輯 （清）新會梁啓超撰，（清）香山何國楨編輯

梁啓超，參見《美國華工禁約記》。

此集收録作者所撰政論文章十二篇：《政治與人民》《政治上之監督機關》《立憲政體與政治道德》《論請願國會當與請願政府并行》《爲國會期限問題敬告國人》《論政府阻撓國會之罪》《國家運命論》《讀宣統二年十月初三日上諭感言》《矛盾之政治現象》《責任内閣與政治家》《説政策》《評資政院》。

見存版本：清宣統三年上海廣智書局鉛印本（初版） 中山大學圖書館

全一册。每葉十三行，行三十三字。書前有目録、版權葉。

171 飲冰室理財論集第一輯 （清）新會梁啓超撰，（清）香山何國楨編輯

梁啓超，參見《美國華工禁約記》。

是集收録理財類文章十三篇，論説中國國民生計之危機、清光緒末至宣統間實業調查、宣統元年生計界、各國干涉中國財政之動機、財政預算等問題。文中配有圖表。

見存版本：清宣統三年上海廣智書局鉛印本（初版） 中山大學圖書館

全一册。每葉十三行，行三十三字。書前有目録。後有版權葉。

172 飲冰室法制論集第一輯 （清）新會梁啓超撰

梁啓超，參見《美國華工禁約記》。

是集收録作者所撰《立憲九年籌備案恭跋》《資政院章程質疑》《諮議局權限職務論》《改正試驗官吏法私議》《軍機大臣署名與立憲國之國務大臣副署》《國會開會期與會計年度開始期》《評新官制之副大臣》《外官制私議》《論中央地方之權限及省議會之必要與其性質》《改用太陽曆法議》等十篇文章。

見存版本：清宣統三年上海廣智書局鉛印本（初版）　中山大學圖書館

全一册。每葉十三行，行三十三字。書前有目録。後有版權葉。

金石類

173 漢碑異文考一卷　（清）南海李宗顥撰

李宗顥，參見《詩輯》。

是書參考漢代碑銘石刻文獻五十五種，輯録異文字詞四百四十八組，并擇要考釋。“凡碑字書於格内，其與今通者標列欄，它碑同者并注於下。有兩説者兼采録之。”末附《蘭亭字體考》六則及譚叔裕《蘭亭帖字體考》之端字考。

見存版本：稿本　廣東省立中山圖書館

全一册。半葉八行，行字數不等，小字雙行，行三十餘字。

174 新增銀論二卷　（清）南海蘇富源撰

是書上册爲銀式，以圖爲主，録各國銀圓圖樣及其漢語别稱；下册爲銀論，論銀樣、邊欄、花色、字印、聲音、用料、色澤等，教人識别各種夾雜和作僞方式。作者撰寫此書目的在於教人鑒别銀幣真假，以防上當受騙，損失錢財。

見存版本：清同治十三年廣州刻本　廣東省立中山圖書館

全二册。半葉十行，行十六字。白口，左右雙邊，單魚尾。書前有同治二年自序。

175 新鎸銀洋精論發秘三卷　（清）順德梁思澤撰

梁思澤，字惠泉，號恩大。

道光二十二年七月，作者親見僞銀害人，精心窮就，以成是書，原名《銀經發秘》，約成書於道光晚期。卷一、二載各國銀洋圖式、圖案及銀圓名稱，論僞銀，述天師印來歷；卷三辨析各類作僞手法，論碎銀、各款僞銀價值、各銀高低成式；末附功過格果報。

見存版本：清光緒七年刻本　中山大學圖書館

全二册。袖珍本。半葉十一行，行二十五字，小字雙行同。白口，四周單邊，單魚尾。書前有光緒七年是亦軒主人叙、凡例十三則、目録。

176 銀論精詳三卷　（清）南海蘇澤財等同參

是書由蘇澤財、蘇澤培、陸悦中、蘇澤朝同參。卷一、二録各國銀洋圖案，并作鑒别歌訣；卷三録銀洋各類作僞手法四十九條；末附初學算法、醒世良言、番銀成式。

見存版本：清光緒七年南邑蘇氏三邑陸氏同刻本　廣東省立中山圖書館

全一册。半葉十行，行十六字，小字雙行同。白口，四周單邊，單魚尾。書前有光緒七年吴鈞銓叙，光緒七年蘇氏、陸氏合序，目録，凡例十二則。

史評類

177 鼎刻柱史閣佘侖山先生懼史大書增補經書闡義六卷

（清）順德佘雲祚撰

佘雲祚，字善將。康熙九年進士，官藍山知縣。著有《柱史閣初集》《瀛洲存稿》《侖山稿》《寧海詩集》《無名子稿》等。

是書以“擇其有關於人心世運，足以扶植綱常，維持名教，闡明聖賢六經之大義，使人執卷彷徨而悚懼者”爲原則，根據史料來源不同，分正編和外編兩類。首爲《修史册》《正統論》。正文凡六卷，卷一爲五帝史、夏史、商史、周史、秦史，卷二爲西漢史、東漢史、蜀漢史、兩晋南北朝史、隋史，卷三爲唐史、五代史，卷四爲北宋史，卷五爲南宋史、元史，卷六爲明史。作者以史家之眼光，對史料删繁纂要，輯遺補缺，訂訛糾謬；雖嚴格史料之去取，但於忠孝節義、理學名儒之士則備載其人其事及相關詩文，其間亦有作者論史品評語。自序云：“懼史之名何義乎？懼世運之日流，人心之日下，俾讀史者一展卷而顧名思義焉。”

見存版本：清康熙二十四年赤文堂刻本　中國科學院文獻情報中心

全五册。分上下兩欄，上欄鎸眉批，下欄半葉十一行，行二十字。白口，左右雙邊，單魚尾。卷端署“粤東進士寧海柱下外史佘雲祚侖山甫裁定”。書前有康熙十八年楊雍建序、康熙二十四年談天衍叙、佘雲祚自序、凡例五則、目録。

178 史學開通一卷　（清）南海譚經裕撰

譚經裕，號戴卿。生平待考。

作者精研二十正史，於宋明二史研究尤爲劬力。讀史之餘，時有心得。是書收録其史論近一百八十則，計《史記》八則、《漢書》十則、《後漢書》九則、《三國志》五則、《晋書》六則、《魏書》一則、《北齊書》一則、《周書》二則、《宋書》五則、《齊書》三則、《梁書》一則、《陳書》二則、《隋書》五則、《唐書》十九則、《五代史》六則、《遼史》二則、《金史》四則、《宋史》四十三則、《元史》七則、《明史》四十則。其論封建國家體制、劉邦廢嫡立庶、藩鎮存廢、讀書與治世、海瑞犯顔直諫等，觀點新穎獨特，多發前人所未發；論據充分有力，説理言簡意賅。自序稱著此書目的在於，使學者“知孔子之道，固有所在，優勝劣敗，皆於此决之”，“異端詖、淫邪遁之説，皆一掃而空之”，“史學之道，二千年來庶幾放一綫之光明”。

見存版本：清鈔本　佛山市圖書館

全一册。半葉九行，行二十五字。書前有光緒三十三年譚經裕序。

179 王安石新法論不分卷　［日］高橋作衛撰，（清）南海陳超譯

全書三編，首編論安石之遭遇時代，次編爲新法本論，三編爲評論新法。序云：《王安石新法論》“詳列宋代前日之國勢，

與其新法之次第條理，博采宋後諸儒之論其事者，條分縷析，綱舉目張，而復考泰西之政治，比而例之，大聲疾呼，平反其獄”，“南海陳君孟起痛古人之沈冤，懷救國之偉志。欲舉吾國先哲之言，政治有合於泰西者，一舉而表彰之，以證吾國之非無人，但限於時而不獲展布，彼泰西之政治家，不足舉以驕吾也。爰取是書譯以漢文，以告吾國之士，匪獨爲安石生色，并爲吾國生色焉”。

見存版本：清光緒二十八年上海廣智書局鉛印本　廣東省立中山圖書館　中山大學圖書館　中國國家圖書館　天津圖書館　上海圖書館等

全一册。半葉十二行，行三十一字。白口，四周雙邊，單魚尾。書前有光緒二十七年趙必振序、目録。

按，上海廣智書局光緒二十八年出版的這本書，在未有缺葉情況下，有的封底有版權葉，有的則無。這一差異説明同一年份有不同版本。

目録類

180 京師廣東學堂書藏捐書目録十六卷　（清）佚名編

是書載録京師廣東學堂於宣統元年十月至十二月間受捐受贈圖書清單。獲捐書籍計六百五十二種，捐贈者既有個人，亦有團體，個人多爲廣州府番禺、新會、順德、南海、花縣、香山籍，其中以番禺籍爲最。各捐贈者均於名下繫以小傳或簡介，并詳列所捐書籍之書名、卷數、著者、册數，若爲叢書，則列其子目。

見存版本：清宣統元年湖北刷印官局鉛印本　中國國家圖書館

全一册。半葉十行，行二十五字，小字雙行，行三十三字。白口，四周雙邊，單魚尾。末附移文。

181 廣雅書局書目　（清）廣雅書局編

是書收録廣雅書局所刊圖書目録，計經類二十八種，小學類三十一種，史類八十六種，編年紀事類十種，禮書類附會要、政書、輿地共十八種，總集類六種，集類九種，無子部書籍。每書記其書名、卷數、著者及其朝代或籍貫、用紙類型、價格、册數。末附寄賣各書共二十一種，中有廣東書目若干。《廣州大典》第三百五十册收録兩種《廣雅書局書目》，均與此書有别。

見存版本：清宣統元年廣雅書局刻本　中國國家圖書館　揚州市圖書館　杭州圖書館　寧波圖書館　紹興圖書館　臨海圖書館　廣西壯族自治區桂林圖書館

全一册。半葉十一行，行二十四字，小字雙行同。白口，四周單邊，單魚尾。外封左側墨書“廣東廣雅書局書目”，右側爲宣統元年九月初一日廣雅書局重訂公告。

182 廣雅書局擬刻史學叢書目定本一卷　（清）王秉恩編

王秉恩（1845—1928），字息存，又字雪岑、雪澄、雪城等，號茶龕，華陽人。同治十二年舉人。光緒初，官廣東提法史、廣東按察使。兩廣總督張之洞舉薦其任廣雅書局提調。

是書所録分兩種，一爲國朝史學叢書目，下分補史類、考史類、别史類、通鑑類四類；二爲歷代史學叢書目，下分補史類和考史類、通鑑類、紀事本末類、會要類和禮制類六類。每部書均著録書名、卷數、著者及其時代，廣雅書局已刊刻者注明“已刻”，書局未刻未見者，注明所存各版本，用資甄考。據外封題“庚寅十二月朔日秉恩”，知此書作於光緒十六年，其卷端又題“光緒十二年張文襄師督粵，設廣雅書局”“提調局務，撰次類目，屢經修改。丁巳十月定記”，知爲民國六年定本。民國九年徐紹棨彙編重印《廣雅叢書》，此本或專爲之修定。

見存版本：清光緒十六年華陽王氏手定緑格底稿本　臺灣圖書館

全一册。半葉十一行，行二十四字，小字雙行同。白口，四周單邊，單魚尾。書前有目録。

183 學壽堂書目簡録不分卷　（清）番禺徐紹楨撰

徐紹楨（1861—1936），字固卿。徐灝之子。光緒二十年舉人。二十八年赴日本考察軍事。授江南緑營總兵官，兼江北提督。民國間任廣州衛戍總司令、廣東省省長等職。有《道德經述義》《大學述義》《説文部首述義》《學壽堂日記》《學一齋勾股代數草》《學壽堂文集》《學壽堂詩集》等二十餘種著述。

是書收録徐紹楨學壽堂藏書目録及各書解題。以四部爲序，計經部易、書、詩、禮、春秋、孝經、五經總義、四書、樂、小學類共二百二十八部；史部正史、編年、紀事本末、別史、雜史、詔令奏議、傳記、史鈔、載記、時令、地理、職官、政書、目録、史評類共二百八十八部；子部儒家、兵家、法學、農家、醫家、天文算法、術數、藝術、譜録、雜家、類書、小説、釋家、道家類共四百二十四部；集部別集、總集、詩文評、詞曲類共五百七十四部。每部藏書詳記書名、卷數、版本、行款版式，目次、序跋、提要或記或略，間有提及其父徐灝治學、讀書情況。

見存版本：稿本　上海圖書館

全一册。半葉九行，行十七字，小字雙行同。黑格，上下黑口，四周雙邊，雙魚尾。

184 有是樓書目四卷　（清）新會阮寬然編

阮寬然，字東瀛。生平待考。

是書爲易氏藏書目録，脱稿於道光二十七年四月。以經史子集爲序，每書著録書名、卷數、撰者及《四庫全書總目提要》收録情況，偶録版本。卷一爲經部，録易、書、詩、禮、春秋、五經總義、四書、樂、小學九類一百十種。卷二爲史部，録正史、編年、紀事本末、别史、雜史、詔令奏議、傳記、史鈔、載記、時令、地理、職官、政書、目録、史評十五類一百五十九種，其中地理類四十七種。卷三爲子部，録儒家、兵家、法家、農家、醫家、術數、藝術、譜録、雜家、類書、小説家、釋家、道家十三類四百七十種，其中醫家類九十五種。卷四爲集部，録楚詞、别集、總集、詩文評、詞曲五類二百九十四種。合計一千零三十三種。

見存版本：稿本　加拿大不列顛哥倫比亞大學圖書館

全五册。緑絲欄。半葉十行，行二十五字。白口，四周單邊。版心印“目耕堂易氏藏書”。

子 部

儒家類

185 自然書一卷 （明）新會陳獻章撰

陳獻章（1428—1500），字公甫，號石齋，晚號石翁。居白沙里，人稱白沙先生。正統十二年舉人，兩次會試不第。嘗從吴與弼游。築春陽臺，静坐其中數年。後復游太學，名震京師。成化五年南歸，築小廬山書室以迎衆學者。以薦召至京，上乞終養疏，授翰林院檢討以歸。卒謚文恭。

是編總結性收録陳白沙治學理論如下：學宗、求道、立本、乾乾、生生、宇宙、善學、神理、覺上、覺下、知疑、變易、高實、會通、洞如、變化、修治、去蔽、誦書、用心、見聞、静見、安土、情遷、自足、自得、完具、不期、慮作、物理、同異、責任、中存、藩籬、翱翔、隨時、順應、變俗、言行、進退、無着、真樂、天理、辭氣、至言、風雅、游藝、事親上、事親下、君親、名實、學仕、誠僞、縣令、治邑、治民、觀人、三代、動治、學本、孔子、顔淵、常道、川上，凡六十四則，集中體現出白沙先生“天地我立，萬化我出，宇宙在我”之心學原理和“端坐澄心，于静中養出端倪”之心學方法。

見存版本：明嘉靖三十四年增城廖憲重刊宋明四子書本 臺灣圖書館

半葉十行，行二十字，小字雙行同。白口，左右雙邊，雙魚尾。版心下鎸刻工"才"。

186 新刊皇明白沙陳先生要録四卷 （明）新會陳獻章撰

陳獻章，參見《自然書》。

是書由郜永春集，趙焞選，程遜校閲，段錦編纂，卷一爲行實，簡記白沙先生字號、里籍，以及出生、受教、科考、自修、交游、授徒、辭官與離世，末綴評贊；卷二至四爲語録，大略分爲天地、論道、心性、經書、論學、政事、出處、人物八類，各輔以詩解。

見存版本：明隆慶二年刻皇明三儒言行要録本 天津圖書館

合一册。半葉十行，行二十二字。白口，四周雙邊，單魚尾。

187 遵道録十卷 （明）增城湛若水撰

湛若水，參見《聖訓約》。

作者遵從明道，是書所録皆明道程子之説，故名《遵道録》。作者認爲二程之學乃孔孟正脉，合内外、徹上下而一之者。自叙云："今之爲朱陸之辯者賾矣，或失則外，或失則内，或失則高，或失則下，皆支離之咎也。支離也者，二之之謂也。孔孟而免於支離者鮮矣，吾弗敢遵焉爾。是故履天下之大道而决天下之至賾者，莫大乎中正。中正者，救偏之極致也。"

見存版本：明嘉靖二年刻本　臺灣圖書館

全一册。半葉八行，行二十字，小字雙行同。白口，四周雙邊，雙順魚尾。卷端署“後學增城湛若水編釋”。書前有正德十四年湛若水敘。後有嘉靖二年王溱後序。《四庫全書總目提要》著録爲八卷。

188 湛子約言十卷　（明）東莞鍾景星、（明）順德周學心等輯

鍾景星（1489—1562），字叔輝。輯有《宋明道學四書》，注釋甘泉《心性圖説》等。周學心，字自正。

鍾景星、周學心、湛天潤根據其師湛若水默識之意，節取湛集中之切要者，類聚而成是編。繼而由門人洪垣校訂，門人張纓、鄭滌、冼桂奇等三十餘人同刻。全書分戒逸、道學、泰亨、天討、聖人、尊經、中庸、絜矩、天地、德性、親親、内外、君子、程子、貴賤、觀物、顔子、物我、師友、宇宙二十類，每兩類爲一卷，凡十卷。

見存版本：明嘉靖間張纓等刻本　臺灣圖書館

共六册（卷一後略有缺葉）。半葉十行，行二十二字，小字雙行同。白口，四周單邊。書前有嘉靖二十八年黄如桂叙、嘉靖二十六年洪垣序、目録。

189 養正要規一卷　（清）南海馮成修撰

馮成修（1702—1796），字達天，號潛齋。乾隆四年進士，歷官吏部主事、文選司員外郎、禮部祠祭司郎中、貴州提督學政。晚年歸粵，掌教粤秀、越華兩書院。另著有《四書集要》

十二卷、《學庸集要》、《人生必讀書纂要》等。

作者任學政、書院山長之職多年，注重培養、教育童蒙士子，提携後生，選拔人才。是書專録訓蒙養士必備之戒律歸條十篇：《朱子童蒙須知》《屠按察副使童子禮》《張思叔座右銘》《朱子白鹿洞書院規條》《朱子論定程董學則》《高提學副使洞學十戒》《朱柏廬先生治家格言》《粵秀書院學約》《學古堂訓戒録》《黔南學政條約》，每篇均有詳細規範和指引，涵蓋從言行舉止到爲學治家之方方面面。篇前、文中、句末時見作者按語。

見存版本：清乾隆四十七年西湖街華文堂刻本（學古堂藏板）廣東省立中山圖書館

全一册。半葉九行，行二十五字。白口，四周雙邊，單魚尾。書前有國史本傳、乾隆四十七年馮成修序、目録。後有同治五年馮葆廉跋。

190 宣講博聞録十六條　（清）西樵調元善社輯

是書專爲宣講聖諭、勸善懲惡、教化風俗而作。每條或分上下，或不分。每條各有目録，前十二條稱爲果報目録，後四條稱爲博聞目録。每條前先立總論，抑或有序，繼列故實，講述因果。每叙一段則以議論點題，層層引申，寓教其中。

見存版本：清光緒十四年羊城板箱巷翼化堂西樵雲泉仙館藏板　廣東省立中山圖書館　佛山市圖書館（存第一至十一條）吉林省圖書館

全一册。半葉十行，行二十一字。白口，四周雙邊，單魚尾。書前有光緒十四年調元善社序、總目録。

191 聖諭十六條宣講集粹十六卷　（清）西樵調元善社輯

是書圍繞聖諭十六條，旁徵博引，上至王公貴卿、昔賢碩彦，下至里巷編民、義夫烈女，凡其懿行嘉言，足以爲模楷典型，是則是效，可勸可懲者，輯而録之。每條先作集粹總論，而後分類編輯，每類選擇若干故實，解讀聖諭，教化風俗。

見存版本：清光緒十四年粵東省城學院前合成齋刻本　廣東省立中山圖書館

原十八册，殘存十六册。半葉十行，行二十一字。白口，四周雙邊，單魚尾。書前有光緒十四年雲泉仙館調元善社序、總目録、分目録。

192 有山先生誡子録一卷　（清）南海桂士杞撰

桂士杞（1791—1855），字有山，號楠友，嘉道間人。桂鴻之子。由候選州判累封中憲大夫。

作者六十四歲時，爲追述先人遺訓，勉勵後人以讀書爲善，抄録過往舊聞而成是書。其内容多爲居家學問、當官政事，兼及吉凶大禮。所徵引之文獻上自漢魏經師、宋元儒者，下至近人顧氏、閻氏、姜氏之説，附以作者本人、作者之父桂鴻、作者之子桂文燦之評説或注釋，編排上“以本意爲次，不循時代；以切己爲主，不分言行；以明事爲要，不拘體例”。末附桂士杞之墓表和事略。

見存版本：清同治六年南海桂氏刻本　上海圖書館　南京圖書館

全一册。半葉十行，行二十字，小字雙行同。上下黑口，左右雙邊，無魚尾。書前有咸豐九年鄭獻甫序。

按，宣統《南海縣志》卷十一有載，書名作《友山誠子録》。

193 女學言行纂三卷附録一卷 （清）順德李晚芳撰

李晚芳（1691—1767），晚號菉猗老人。研究經史，著論新穎獨到。另著有《釋古周禮》、《讀史管見》三卷、《續女誡》。

作者采輯周漢以來名儒、淑媛之嘉言善行，有裨於齊家之助者，纂成是書，以教育子女。作者過世後，該書經李履中、梁景璋校訂，由其子梁煒梓行。卷上爲總論，闡明女學去私、敦禮、讀書、治事之要及事父母、事舅姑之道。卷中論述事夫子之道。卷下闡述教子女之道，以及四德篇原始，發明婦德、引證婦德（附鄉俗居喪闢謬），發明婦言、引證婦言。而發明婦容、引證婦容，發明婦功、引證婦功有目無文。後附梁煒撰《先慈行迹録》、縉紳賈爾繩評語贈言。

見存版本：①清乾隆五十二年梁煒刻本　北京大學圖書館　蘇州大學圖書館（《女學言行纂》三卷附録一卷《菽堂分田録》一卷）

②清乾隆五十二年順德梁氏謐園刻本　北京大學圖書館

全二册。半葉十行，行二十四字，小字雙行同。白口，四周雙邊，單魚尾。書前有梁煒序、乾隆十六年李晚芳自序、目録。

194 女學四五言合編 （清）順德賴振寰撰

賴振寰，字弼彤，又字佛同。光緒二十二年與陳默庵在順德倡立戒纏足會。編有《道德經儒證》、《朱子碑樓輯存》六卷

《續輯》十卷、《龍山鄉竹枝詞》等。

是書專爲教育初學女子而編撰，分四言與四言注、五言與五言注兩類，皆淺顯易明。四言部分强調女子需遵三從四德、需讀書明理等，附注多位孝女、才女、烈女、廉女。五言分崇孝道、敬丈夫、貴内助、和家人、重婚姻、敦戚誼、睦鄰里、知愛國、戒纏足等五十一則，附注十二章，引先賢名著、格言、己作以爲勸誡。

見存版本：清光緒三十年順德古榕書屋刻本　廣東省立中山圖書館

全一册。四言、五言皆大字，四言者半葉五行，行九字；五言者半葉五行，行五字。四言注、五言注皆中字，均半葉八行，行二十字。白口，四周雙邊，單魚尾。書前有光緒三十年賴振寰自序。

195 三字經句釋　（宋）順德區適子撰，（宋）王伯厚句釋，（清）順德李文田新增

區適子，字正叔，自號登洲。通經史，能文辭，博學多聞，從游者數百人。著有《登洲詩集》《登洲文集》。宋亡後拒不仕元，隱居求志。王伯厚即王應麟（1223—1296），字伯厚，號深寧居士，慶元府鄞縣人。宋淳祐元年進士。李文田，參見《李文田日記》。

是書以廣州方言闡釋《三字經》原文，解讀全面細緻，層次分明。釋讀隱含邏輯遞進關係，不僅以淺顯語言逐字逐句釋義，而且爲生字標注易識之音，頗便童蒙；既引經據典，旁搜遠紹，又兼顧教化引導，培養禮儀。人名人稱、典籍書名使用不同標識符號，以示區分。自“孝經通，四書熟”至“述聖言，禮樂備”，書眉處詳列欽定十三經書名及其注疏者名氏。故此書

適合不同程度之初學者。

雖然區適子是否爲《三字經》著者學界存在較大争議，但此書以廣東方言注釋《三字經》，對訓蒙教化和文化傳播起到了一定作用。

見存版本：清光緒二十九年廣州澄天閣刻本　廣東省立中山圖書館

全一册。均分爲上下兩欄。上下欄大字半葉四行，行三字，注釋小字行十九字。白口，四周雙邊，單魚尾。

兵家類

196 順德協左右兩營兵丁操演雜花陣圖式　（清）不著撰人

全書繪陣圖八幅，第一陣名兩儀站隊，第二陣名整肅軍容，第三陣名猛虎出林，第四陣名混元一氣，第五陣名八卦燦陣，第六陣名偃月牌山，第七陣名天圓地方，第八陣名四象歸隊。書前有圖説一篇，簡述八幅圖式的陣名、操演步驟、規則。八陣依次進行，演練結束，帶回歸隊。各圖式爲彩繪形象圖，繪有士兵、領隊、監督、旗幟、城門等。

見存版本：清彩繪本　北京大學圖書館

全一册。半葉十行，行二十二至二十六字。白口，四周單邊，無魚尾。

197 廣東隨營將弁學堂編定新式步兵教練口令　（清）廣東隨營將弁學堂編

廣東隨營將弁學堂位於廣州大東門外，由兩廣總督岑春煊於光緒三十年初創辦，設步、騎、炮、工、輜重等科，共辦五期。光緒三十二年，該學堂與廣東陸軍中學堂合并，改稱陸軍速成學堂。是書録新式步兵教練口令一百餘條，包括步伐訓練口令、隊列訓練口令、持槍訓練口令、刺殺訓練口令、射擊訓練口令、持槍隊列訓練口令。各種口令由易到難，富於變化，尤側重於實戰訓練。

見存版本：清末鉛印本　中國國家圖書館

全一册。小於巾箱本。半葉五行，字數不等。

198 治旅述聞三卷　（清）番禺顧臧譯

顧臧（1871—1926），字君用。早年肄業於廣雅、兩湖二書院。後畢業於日本士官學校。歸國授陸軍部協參領。卒後，同邑商衍瀛爲撰《陸軍部協參領顧君事略》。

是書爲日本士官學校教程，分爲三編，上編爲各種兵戰法原則，凡六章，附圖二十八幅；中編爲野外帥兵法則，講述司令部與軍部隊連繫關鍵、偵探事務、警備事務、行軍、鐵路轉運、船舶轉運、宿營、行李餉給；下編爲臨敵決計通則，講授通論、論攻法、追擊、防禦、臨陣工程、臨陣指揮綱領、臨陣安置傷殘、戰後處置、局地戰、小戰。

見存版本：清光緒二十八年明耻堂鉛印本　中國國家圖書館

殘存二册。每葉十二行，行二十八字。每編前有目次。

199 戰術學教程　（清）兩廣督練公所教練處編訂

兩廣督練公所教練處，參見《歷代名將事略》。

全書分四編，第一編爲總論，論述兵學、戰争、戰争宗旨、戰争與戰鬥并戰略與戰術之區别、戰略戰術上攻防戰之利害；第二編爲戰鬥分别及各隊性能，將戰鬥區分爲遠戰與近戰、密集隊次與散開隊次，詳述步隊、馬隊、炮隊、工程隊、輜重隊各隊性能；第三編爲各隊戰法，主要講解步隊、馬隊、炮隊戰法，尤以炮隊戰法最詳；第四編爲諸隊連合法，分步隊與馬隊、步隊與炮隊、馬隊與步隊、馬隊與炮隊四種連合法。

見存版本：清宣統元年廣東陸軍講武堂鉛印本　廣東省立中山圖書館

全一册。半葉十三行，行三十四字。白口，四周雙邊，雙白魚尾。書前有目録。後有正誤表。

醫家類

診法

200 醫學易知　（清）南海黄瑶圃撰

黄瑶圃，號芝泉。生平待考。

是書爲辨論醫理之書，分初、續二編。《初編》采輯中西醫書，類分爲醫經釋、經絡原、四診則、證治例、方藥核五目，旨在“辨别其迷”。凡直引、轉引之條目均注明出處，前人所論未盡之意則以按語引申之。李宗岱稱其論四診“駁諸家以臟腑分配寸關尺之謬，而引西醫之説以正之，不破裂古人參兩之法，尤爲卓識”。《續編》分四聖法、析疑集、啓悟録三目論述，其析疑集又從審外候、頭面部、膈上部、膈下部、生化質、内外因、軀殼患、解病略分述之，所論尤詳，旨在“剖明其正”。

按，廣州圖書館藏本《續編》三部分依次爲析疑集、啓悟録、四聖法，蓋裝訂順序有誤，據《續編》之《例言》，三部分當以四聖法、析疑集、啓悟録爲序。廣東省立中山圖書館藏本順序正確。另，廣東省立中山圖書館藏本《續編》先自序後序，頁碼顛倒，按照頁碼，當爲序、自序。廣州圖書館藏本頁碼正確。又按，廣東省立中山圖書館官網標注此書版本爲“光緒七年刻本”，蓋依《初編》之牌記“光緒七年歲在辛巳仲冬南海黄氏之齋開雕”而定。其《初編》有光緒八年李宗岱序，《續編》有光緒十九年黄廷輝序，故其版本定爲“光緒間刻本”較妥。

見存版本：清光緒間黄氏自刻本　廣東省立中山圖書館　廣州圖書館

全一册。半葉九行，行二十一字。白口，左右雙邊，單魚尾。《初編》前有光緒八年李宗岱序、黄瑶圃自序、例言六則、目録。《續編》前有黄瑶圃自序、光緒十九年黄廷輝序、例言三則。

201 辨論粵東疔瘕并經驗醫案脉證方法　（清）蔣希曾撰

蔣希曾，號嘯漁，湖南臨湘人。同治初年始習醫。著有《醫驗辨似》《醫驗辨似續編》。

是書初成於光緒十六年，光緒二十年略有增撰。論述粵東疔瘕一症的命名由來、發病地域、氣候因素，分析瘕症不同之成因，詳載内治與外治兩種醫治方法所用方藥及脉證醫案若干則。

按，是書書名各藏書機構著録有别。廣州圖書館官網著録書名作《辨論粵東疗瘋并經驗醫案脉證方法》，蓋以首篇命名。《全國中醫圖書聯合目録》著録書名作《經驗醫案》，蓋取首篇篇名之簡稱。高日陽等主編《嶺南醫籍考》著録書名亦爲《經驗醫案》，所依版本爲廣州中醫學院圖書館藏廣州瑞元堂刻本，據是書所録目次，内容與廣州圖書館藏本同。中國中醫科學院圖書館、義烏市圖書館著録書名爲《嶺南三急症醫方辨論》，版本分别爲清光緒二十年刻本、清瑞元堂刻本，蓋據《春温症》末段命名，末段有云："予來粵十五年矣，每見死亡相繼，多而且速者，莫甚於中寒、疗瘡及春温三症，故作《嶺南三急症》以公同好。"《現代版中醫古籍目録（1949—2012）》著録與以上二館同。吴文清編《嶺南三急症醫方辨論》點校本，所用底本爲中國中醫科學院圖書館藏清光緒二十年刻本。其與廣州圖書館藏本相比，差别較大，一是《春温症》末，點校本有"光緒甲午清和月寄海漁父再著於香山差次""省城西湖瑞元堂藏板"字樣，廣州圖書館藏本則無上述字樣；二是内容上，點校本僅及《辨論粵東疗瘋并經驗醫案脉證方法》《醫案》《寒邪直中三陰證》《春温症》，廣州圖書館藏本除了上述篇名，尚有《産後攻傷氣血似水腫證》等二十則醫案。

見存版本：清光緒至宣統間廣州瑞元堂刻本　廣州圖書館

全一册。半葉六行，行二十字，小字或雙行或單行，字數同。白口，四周雙邊，單魚尾。

方論

202 時疫核標蛇症治法不分卷　（清）李守中編

李守中，里籍不詳，疑爲順德人。

是書由李守中編，高超愚付梓，内容有二，其一爲《時疫核症治法》，述此症成因、病狀及針刺、放血、藥物外敷等治法，附敷核散方、取玻璃針法各一則。其二爲《標蛇症治法》，述此症之别名、性狀、成因、治法。書末附録經驗良方二十九則。文中述及“食物之弊多在煎炒，色焦黑者爲最，黄者次之。況粵中之水土，其熱過於他省耶，而油炸之物，粵人最喜食之，故病不發則已，發則多難治”，可知是書編者亦或爲粵人。

見存版本：清宣統元年羊城澄天閣石印本　廣東省立中山圖書館

全一册。半葉十行，行二十五字，小字雙行，字數不等。白口，四周單邊，單魚尾。書前有宣統元年高超愚序。

203 防治鼠疫新法一卷　［日］北里柴三郎講，（清）香山李翰芬編

李翰芬（1864—?），字顯宗，號守一。光緒二十一年進士，官翰林院編修，出任廣西提學使。著有《鄂軺載筆》《陔蘭乞言集》等。

是書前爲《防治鼠疫新法》，即《日本北里醫學博士演説鼠疫辭》。全文凡五千言，將鼠疫分爲肺百斯篤、腺百斯篤二症，歸本於撲滅鼠族，處置鼠疫原則當“循其正道而施其防禦”，所言詳晣著明。次爲《軍隊防疫試辦章程》，凡四章，第一章爲總則，第二章爲防預要則，下分普通防預法、防遏病毒法、處置患者法、芟除病源法和個人防衛法五節，第三章爲防疫醫院要則，第四章爲清潔及消毒方法。末附惡核良方，由羊城西關怡怡書塾彙輯，録解毒活血湯之配伍、

服法、藥方調整等。

見存版本：清宣統三年鉛印本　中山大學圖書館

全一册。半葉十二行，行三十二字。白口，四周雙邊，單魚尾。書前有李翰芬序、盧靖序。

204 鼠疫及消毒法　新寧伍連德撰，（清）吴鍾瀚譯

伍連德（1879—1960），字星聯，生於馬來西亞檳榔嶼。早年赴英國、德國和法國習醫。回國後曾任北洋陸軍醫學幫辦、南京臨時大總統府侍從醫官、中華醫學會會長等職。抗戰爆發後，辭職返馬來西亞。譯有《夫婦良箴》。編著有《東北防疫處報告大全書》《瘟疫的鬥士》《中國醫學史》等。

是書論述兩種常見鼠疫即核疫和肺疫傳染與人之途徑和方式，以及鼠疫消毒、防治辦法、各種消毒法。書末以總論作結。譯著和刊印此書目的在於“使家喻户曉，遇有鼠疫傳染之時，有所趨避”。

見存版本：清宣統三年上海商務印書館鉛印本　廣東省立中山圖書館　中山大學圖書館　北京大學圖書館

全一册。半葉十二行，行二十七字。白口，四周雙邊，單魚尾。書前有伍連德照片。後有治疫後薰浴消毒照片、版權葉。

205 急救良方　（清）謝衡齋、（清）羅廷熙合編

是書分正、續二編，録醫方數百條，對症治療内科、外科、婦科、兒科、痘科等，重要方子則標注來源、辨證及用法。此編爲作者寓居禪山時所輯著，《嶺南醫學史》著録此書，稱“禪山地名仍需考證”。乾隆《佛山忠義鄉志》卷十《藝文志》録

佛山朱相朋《建茶亭記》，記中云“禪山，東南一巨鎮也”“南路通濟橋爲鎮後門户，當南、順、新三邑要衝。來市於禪者，皆道經於此”。佛山祖廟前殿過亭石柱鎸有撰於咸豐元年對聯一副，其上聯云：“禪山居南海之衝鯨鰐風清快睹龜蛇氣肅。”又此書黄敬祜序末題“南海黄敬祜拜序并書於禪山之妙吉祥館”。綜上，禪山當指佛山，時隸南海。

見存版本：清咸豐十年廣州謝寶善堂刻本（雙門底大文堂藏板） 廣東省立中山圖書館

全一册。半葉十行，行二十六字，小字雙行同。白口，左右雙邊，單魚尾。書前有咸豐十年黄敬祜序、羅廷熙序、凡例五則。

206 療飢良方 （清）佚名輯

是書彙集許真君濟世方、濟生大丹、食生黄豆、大道丸等約三十種療飢藥方，由兩粤廣仁善堂付梓翻刻。其時代背景是光緒二十二年春，兩廣、湖南、甘肅等多處歲歉告糴，百姓面臨嚴重生存危機。所謂療飢方，是飢饉年歲没有辦法的辦法。後附痘核良方四則及戒烟方一則。

見存版本：清光緒二十三年游藝書屋刻本 廣州圖書館

全一册。半葉八行，行二十二字，小字雙行同。白口，四周單邊，單魚尾。書前有光緒二十三年番禺沈東銘序、英文灼序、光緒二十三年南海周頌鑾序、例言十三則。後有光緒二十二年丁仁長跋、沈東銘跋。

207 急救方 （清）佚名輯

是書所録多爲急救藥方，涉及内科、外科、骨科、婦科、産科、兒科、男科、五官科等；亦有治療傳染病、性病藥方；另有少量戒烟方。方名中時見廣州白話，如“産後生腸出，唔收得人”。

見存版本：清末活字本　廣州圖書館

全一册。半葉十一行，行二十二字，小字或單行或雙行，字數同。白口，四周單邊，單魚尾。

208 簡便經驗濟世良方四卷　（清）南海黄兆鸞録

全書凡四卷，卷一、二爲雜症方，録方三十則，内附方十八則；卷三爲婦科方，録方十則，内附方十七則；卷四爲兒科方，録方十二則，内附方并艾火秘法、落火秘法、燈火圖式一幅。另增補救饑方兩則，辟穀救饑符一度，防疫良方一則。

見存版本：清宣統三年刻本（省城慈航洞藏板）　廣州圖書館

全一册。半葉七行，行二十字。白口，四周單邊，單魚尾。書前有宣統三年黄兆鸞序、目録、《經驗良方歌》。

209 天花精言　（清）羊城郭鐵崖撰

郭鐵崖，晚號雙梧園主人。究心痘症之學凡十六年，醫術精湛。

是書爲研究天花痘診專著。所論有原痘，發熱，原氣血，傳經結經，順險逆，頭面周身部位，痘形，痘色，入手、拿手，痘中各症，表裏，隱伏、發揚，攻毒凉血，補氣養血，氣血偏勝，夾疹、夾痧、夾瘢，審機，留漿，倒發，痘痂，痘疤，十日開目無神，各經餘毒，痘目，休息痢，鶴膝，外風、内風，客感陰衝，痘後諸養，痘前諸瘡宜早治，痘症始末，治法等；

又有二十四大症圖説與治法、十小症惡形圖與治法等。末記藥方十一則。

見存版本：清光緒二十九年順德雲路麥爲善堂刻本（羊城翼化堂藏板） 廣東省立中山圖書館

全二册。半葉十行，行二十五字。白口，四周雙邊，單魚尾。卷端署“雙梧主人”。書前有乾隆五十一年浮山張道源序、乾隆十八年郭鐵崖小引、光緒二十九年麥華勳序、目録。

養生

210 衛生淺説二卷壽世真傳一卷 （清）香山梁鏡堂編

是書由二書合訂而成。《衛生淺説》强調飲食、空氣、日光、運動、休息對於衛生之重要性，并開列衛生方五十三則。衛生，頗類今日之養生。《壽世真傳》載録戒洋烟、治驚風、療痔、止咳等各類醫方五十三則。偶見藥方注明來歷者，如耑治小兒三朝七日不食乳方，“順德周良體傳授此方”即其所自。

見存版本：清刻本 廣州圖書館

全一册。《衛生淺説》半葉十二行，行二十六字。白口，四周單邊，單魚尾。卷端署“梁鏡堂”。《壽世真傳》半葉十行，行二十四字。白口，四周單邊，單魚尾。

目録

211 廣東貴寧堂馬百良丸散膏丹藥酒目録 （清）南海馬百良編

馬百良，佛山藥商，嘉慶道光間於佛山鎮豆豉巷大街創立貴寧堂馬百良藥鋪，以研製膏、丹、丸、散、茶、油、酒等成藥聞名，在廣州大南門雙門底下街設有分鋪，民國間在香港、澳門及新加坡、馬來西亞、泰國等東南亞地區開設分號。該藥鋪後納入公私合營。

是書載貴寧堂秘製丸散、膏丹、藥酒之品名及其功效，開列用於内外科、婦科、男科、兒科、温病等症之藥品九十六種。書前冠以官紳贈送之額聯十副，書末雜録各種偏方，以及勸善、育子、養生、延壽等格言、訓語、警示若干篇。

見存版本：清末佛山敬慎堂刻本　廣東省立中山圖書館

全一册。半葉十四行，行二十八字，小字雙行，字數不詳。上黑口，四周雙邊，單魚尾。書前有馬百良序。

天文算法類

212 春秋日官詁四卷首一卷　（清）順德梁僧寶輯

梁僧寶，原名思問，字伯乞，又字彦咏。後居佛山。咸豐九年進士，官鴻臚寺少卿、内閣侍讀學士等職。有《古易義》《尚書涇渭録》《切韵蒙求》《四聲韵譜》《古術今測》《容安室筆記》《餘事草》等著述十餘種。

是書爲表格式，由梁僧寶輯，南海王壽慈校刊。卷首爲《周魯年表》，分上下兩欄，上欄記周，下欄記魯。《春秋日官詁》凡四卷，記事上起魯隱公元年，下訖魯哀公二十七年，計二百五十五年。分爲六欄，第一欄爲“周法”，第二欄爲“魯法”，第三欄爲“證”，以《左傳》爲證，第四至六欄爲“辨”，以杜預《長曆》、陳厚耀《長曆》、顧棟高《大事表》辨之。

見存版本：清光緒二十四年廣東省城西湖街瑞元堂刻本（王氏家塾藏板）　中山大學圖書館

全四册。全書爲表格式。白口，左右雙邊，單魚尾。每卷前有目録。

213 算林必法□卷　（清）香山劉昌言輯，（清）南海吴穎奇增撰

劉昌言，字叶禹。吴穎奇，生平待考。

是書初由劉昌言纂輯，後經吴穎奇增撰，其子兆駒、兆雲同訂。作者以《九章算術》爲研究對象，釋其文義，審其成法，凡其未發者明之，未備者補之，繁蕪者删之，疏略者詳之，訛謬者正之，别其序次，參會諸家之法，附以己得之見，纂集成編。原當爲二卷或三卷，今僅見卷上一卷，藏於廣東省立中山圖書館。内容爲算學淺論、珠算之法、買賣歌訣、九章之論。九章所論者僅見方田章、粟米章、差分章三章。其間穿插問答題以作練習和實操。按，道光《香山縣志》卷八著録爲《算林必法》九卷，稱“此書以古法九章分卷，其起例每能約言之，門徑顯易，切於實用，有功初學”。

檢知中山市檔案館藏本，版心爲雙魚尾，卷端題“南海九江梅圳”字樣，較廣東省立中山圖書館藏本卷端所題“九江梅圳”多出二字。中山市檔案館另藏有手鈔本《學文堂編輯算林必法》，存前三卷。其卷前《算林小序》落款時間爲乾隆三十九年季冬，由是可推知該書修成於較早時間。

見存版本：①清咸豐四年香山吴怡和堂刻本　上海圖書館　中山市檔案館

②清香山吴怡和堂刻本　廣東省立中山圖書館

殘存一册（存卷上）。半葉九行，行二十四字，小字雙行同。白口，或左右雙邊，或四周單邊，或四周雙邊，單魚尾。

書前有《算學小序》。道光及光緒《香山縣志》作九卷。

214 求弦矢通術一卷 （清）南海伊德齡撰

伊德齡，字善卿。鄒伯奇弟子。學海堂專課生。精於天算。

咸豐二年伊德齡學算，初知杜氏求弦矢捷法。觀覽明静庵、董方立、戴鄂士之著述，始悟其法理之精確。繼而獲知項氏求正弦，僅據度分，不必檢弧綫表而求之，因未載其法，故不知其所以然。其師鄒伯奇經過研究，亦得出不用弧綫而求弦矢之法，遂函告德齡，命其依例補數。是書即記録德齡求弦矢之計算過程。“欲於杜法外别立一術，非復重贅爲杜法作解，而反覆互求，竟能與杜法會通，即謂於明、董《圖解》之外，再進一解。”末附割圜法圖書三種全文，以便同好。

見存版本：清同治光緒間刻傳習録本　蘇州大學圖書館

全一册。半葉九行，行二十一字，小字雙行同。白口，四周雙邊，單魚尾。書前有同治元年伊德齡序。

215 微積通詮十六卷 （清）花縣黄啓明撰

黄啓明，字佩星。精於算學。清末賜工科舉人。

是書凡十六卷，卷一論微分明綱、微分明理、微分本義、微分立法；卷二論常函數、圜函數、越函數、曲綫、曲面積、曲體皮、曲體積之求微分法；卷三論流數法；卷四論叠求微係數；卷五論常函數、圜函數、對函數、指函數之級數；卷六論求隱分之定同數、求函數極大極小之數；卷七論求諸曲綫之切法四綫、以切綫考諸曲綫之漸近綫；卷八論漸伸曲綫；卷九至十二爲積分總論，論常函數、實函數、實分數、虚函數、圜函數、對函數、指函數之微分求積分法；卷十三論曲綫求長、曲面求積；卷十四論曲體求皮、曲體求積、雜題類；卷十五、十六論割圓八綫級數、八綫對數級數。

見存版本：清光緒三十一年廣州菁華閣刻本　中山大學圖書館　中國國家圖書館　浙江圖書館

全八册。半葉十行，行二十三字。白口，四周雙邊，單魚尾。卷端署“花縣黄啓明佩星氏學”“番禺譚璣、楊啓泰、張成桂、許延鴻同校”“凌鴻銘繪圖”。書前有光緒三十一年侯官陳平瑛序、番禺張成桂序、例言十則、目録。

術數類

216 陽宅八門精義新書四卷　（清）新寧趙季錫撰

趙季錫（1695—?），字域瑛，號渭陽。乾隆六年選拔入京朝考。其學以儒爲宗，旁及陰陽諸家。

是書由趙季錫撰，其子同沛、同澍編次。“相宅一書，吾儒言之者少，而正宗衍義，秘奥楊例，皆膠固而不通。即八宅乾六天五之文，究未明言其所以然。至於吉凶化裁之理，更多未備也”，作者因此著作是書。八門者，八卦行門之意。卷一録八門起例圖、捷記歌圖、先天圖説、後天圖説、原義總訣、變卦吉凶論、八門變卦圖、東西卦論、八宫諸物、七曜總解附圖、宫星生克、生克出入論、東卦二十八變、西卦二十八變、六十四卦斷、六十四卦撮記、一門兩卦、門路兩岐、大石高樹、觀形察色、弃體從用、進氣轉運、移方易位、制煞化煞、陰陽虚實、主賓相配、培用扶體；卷二録玄機四局、抽爻换象論、廉貞八局、文曲八局、破軍八局、禄存八局、催官二十局、穿宫貫井論、八傳穿宫催官消納、立社歌解、布爻成象、裝卦歌解、八宅裝卦、根身梢論、九星吊白圖訣、吊白八圖、六事歌解、安竈十忌、九星占向例、三匝貪狼圖、諸凶論斷；卷三録立鄉總論、八鄉圖説、徵驗圖説、静宅象卦、動宅象卦、古屋四式、吉圍二式、雜記問答；卷四録五行總論、諸家五行解、二十四山定局、二十四向分金撥砂、黄泉論、八煞論、吉神歌解、凶神歌解、修造宜忌、化解流煞、看宅要言、總歌十三韵。

見存版本：清乾隆二十年刻本（浮山用行堂藏板）　中國國家圖書館　温州市圖書館

全二册。半葉九行，行二十字。白口，四周雙邊，單魚尾。書前有乾隆十八年趙季錫自序、凡例七則、目次。

217 地理條貫十二卷　（清）三水陸文明撰

陸文明，字協謨，號仰山。雍正七年舉人。乾隆十七年始謁選平江知縣。秩滿，引病歸。

是書由陸文明輯著，其長子汝爲參校。名“條貫”者，取批駁紕繆、洞徹精微、條分縷析、融會貫通之意。卷一爲羅經釋義，卷二、三爲總訣，卷四爲龍法，卷五、六、七爲穴法，卷八爲向法，卷九、十爲砂法，卷十一爲水法，卷十二爲補編。馮序云：“其言巒頭也，則有五星、老九星與天機九星；其言理氣也，則有正五行、三合五行與四經洪範五行，一切辨龍審穴、收山納水，以暨穿山透地、八煞黄泉等法，逐一剖抉精微，舉古仙引而未發之藴，條而分之，縷而晰之，一以貫之。”

見存版本：清嘉慶二年重刻本（金玉樓藏板）　佛山市圖書館

全六册。半葉九行，行二十三字。白口，左右雙邊，單魚尾。書前有乾隆三十三年馮成修序、陸文明自序、目次、參考書目、凡例八則。

218 圖書奧義四卷　（清）番禺梁同新輯

梁同新，參見《矩亭遺集》。

是書凡四卷，卷一載河圖圖、洛書、先天圖、後天圖、方圓圖、納甲圖、律吕辟卦圖、天干生成圖、十干化氣圖、地支五行圖；卷二論順逆生克、陰陽變化、相交相生以五、洛書四九二七互易理數、理象數、陰陽象數、五行之生、中五、陰陽消長盛衰、無象有象、畫卦、首艮坤、陰陽顛倒交構、一九、乾坤之策、天地之數、離象、天地無時不子午；卷三論四正四隅、畫卦用三四、揲蓍陰陽、先後天易位卦、三合之説、三元運氣之説、元會運世、河洛象數談、洛書理本先天、禪理參悟、洪範本洛書、洚水洪水、安命法附、星盤法附；卷四附録與姚承輿間問答書函四篇、書姚正甫陽宅正宗序二篇。河圖、洛書、先天八卦、後天八卦四圖和納甲圖，圖後均有梁同新論説。

道光二十三年梁同新和姚承輿相識於京城，二人共談理數，頗爲歡洽。同新歿後，同治元年秋，承輿自同新兄梁綸樞處，獲見是書手稿，遂加以整理、校正、命名，而後付梓。姚序云“梓成，以版付星藩先生珍藏”，“余先刷印百篇，與《陰陽指正》同訂，俾閲者參考，即以補余之不逮”。

見存版本：清同治八年廣州龍藏街大經堂刻本（梁氏家塾藏板）　廣東省立中山圖書館　山東省圖書館

全一册。半葉九行，行二十二字，小字雙行同。白口，左右雙邊，單魚尾。書前有同治二年姚承輿序、同治八年梁綸樞序、目録。

219 天星選擇纂要二卷　（清）新會呂士清參訂

呂士清，號冰臣。生平待考。

是書由呂士清摘各家精蘊，參以己見而成，其子升初、錫麟、錫鑣編次，門人夏席珍同校。卷一載天文兼地理知識，如渾天説、黄赤二道説、南北二極説、太陽出入赤道説、四方子午説、北極出地説、地球説、天地經緯説，論日、月、星諸天體之運行時，輔以圖表解析，如渾天九重圖、四方子午圖、廣東午正太陽高弧度分表、廣東太陽出入時刻表、廣東太陽出入方位表、日蝕三差圖、朔望消長圖等。卷二論七政造命法、選擇摘要、造命集要、七政四餘。其凡例云，是編之作，原備七政選擇之資，卷一之所以詳天文一類，是因爲若九天之運行不明，則七政之躔度自錯。躔度既錯，欲謀合地局之山向必難。故言天文者，乃選擇持源之論。七政者，即太陽、太陰、木星、火星、土星、金星、水星。

見存版本：清同治五年刻本（狀元坊文苑樓藏板）　廣東省立中山圖書館　廣西壯族自治區圖書館（作三卷）

全二册。半葉九行，行二十字，小字雙行同。白口，四周雙邊，單魚尾。書前有同治五年呂士清自序、凡例二十二則、目録。

藝術類

220 蝶戀花一卷　（清）番禺朱啓連撰

朱啓連（1853—1899），字跂惠，一字棣垞，原籍浙江蕭山，因先世僑粤久，遂爲番禺人。朱執信之父。嘗爲兩廣總督張之洞幕僚。工詩文，善草隸。雅好琴，妙達聲律，能以琴音辨人。著有《琴説》二卷、《琴譜》等。

是書爲《蝶戀花》一詞所譜寫的古琴曲譜，立調爲“中吕均宫音”。詞分上下兩闋：“壇坫東南誰是主？風月平分，朱厲同千古。冰雪心腸香一縷，好留手澤綿遺銘。　　回首鬱孤臺下路，十八灘頭，是我曾游處。欲訪往歌來已暮，山青水碧無重數。”乃金武祥爲汪鐵宗《夢香盦詞》所撰之詞。光緒二十四年朱啓連寓居鄂公祠時爲之譜曲。每行詞句在右，曲譜居左，以減字譜記指法。

見存版本：稿本　廣東省立中山圖書館

全一册。有格，半葉六行，行字數不等。

雜家類

雜學雜説

221 半峰録二卷　（明）順德馮昌曆撰

馮昌曆，字文孺，號啓南。萬曆二十九年會試副榜，授寶坻知縣，不赴，設帳授徒。另著有《單傳篇》《一樹齋集》。

是書凡二卷，上卷談論《論語》，録文三十二篇；下卷談論釋、道，録文二十三篇。德清序云，從游衆徒，昌曆根性特利。其“遺書有《半峰録》兩帙，特爲當時問疾諸人偶爾饒舌，而兩家宗趣，揭若日星”，“錢塘馮白季居士特特來徑山，請益且訊予南中道侶。予因舉此録付之，使廣其傳”。此書上卷由邵豳校，下卷由邵國樑校，二人俱仁和人。

見存版本：明萬曆間清響齋刻三先生逸書本　中山大學圖書館

全一册。半葉八行，行十九字。白口，四周單邊，無魚尾。書前有萬曆四十四年德清題辭、萬曆三十九年《半峰語録病言》。

222 公孫龍子注一卷　（清）番禺陳澧撰

陳澧，參見《學思稿》。

是書注《公孫龍子》六篇，即迹府、白馬論、指物論、通變論、堅白論、名實論。文中逐段逐句以小字雙行夾注形式批注解析，兼及古字釋音。全書以仿宋字體寫就，精美如鎸。

見存版本：清稿本（清末付刻底本）　中山大學圖書館

全一册。半葉十二行，行二十八字，小字雙行同。朱絲欄，白口，四周單邊，單魚尾。書前有陳公睦題識。

223 染斫編一卷　（清）順德梁有成撰

梁有成，參見《學庸理鏡》。

以“染斫”名編，取“斫梓染絲，功在初化”之意。是書爲傳授八股文寫作方法之論著，强調八股文寫作要旨爲根本宜立、趨向宜端、四路宜開、工課宜密。重點論述破題、承題、起講、提比、出落、中後，闡明其各自含義、解題方法，并舉例以明之。眉批亦言簡意賅，微言大義。

見存版本：清光緒十年順德梁氏刻本（文蘭閣藏板）　廣東省立中山圖書館

全一册。半葉八行，行二十字，小字雙行同。白口，四周雙邊，單魚尾。書前有梁夔譜序。

224 時務通論一卷 （清）三水何樹齡撰

何樹齡，字易一。師事康有爲。光緒二十二年任上海《强學報》主筆。次年赴澳門參與創辦《知新報》并任主筆。

是書收録作者論書數、論醫教、論時局、論實學、論商等時務類通論十二篇，“皆探本立言，實時務之切要綱領”。作者將人之學問約略分爲三等，以一等爲祈嚮，二等爲梯航，三等爲門面。照此觀點，上述十二篇文，可分别對應一二三等。

見存版本：清光緒間刻本　中山大學圖書館

全一册。半葉九行，行二十五字，小字雙行同。白口，四周雙邊，單魚尾。書前有光緒二十三年陳榮衮序、光緒二十二年四月自序。

225 德育鑑 （清）新會梁啓超撰

梁啓超，參見《美國華工禁約記》。

作者輯録中國先儒學説以成是編。全書分辨術、立志、知本、存養、省克、應用六門。《例言》云：“本編不可以作教科書，其體裁異也。惟有志之士，欲從事休養以成偉大之人格者，日置坐右，可以當一良友，其甄録去取之間，與夫所言進學之涂徑次第及致力受用之法門，自謂頗有一日長。”按，書前題識，引用曾國藩“不爲聖賢便爲禽獸，莫問收穫弟問耕耘”之語，亦可概見作者撰述此書之希冀。

見存版本：清光緒三十一年新民叢報社鉛印本（初印）

廣東省立中山圖書館　中山大學圖書館

全一册。半葉十三行，行三十三字，小字雙行。書前有梁啓超題識、例言、目録。後有版權葉。

雜記

226 談柄擷餘□卷　（清）順德簡福成輯評，（清）順德静虚居士參訂

簡福成，字樞南，一字景熙，號桂邨樵者。光緒七年主萬善堂講席。静虚居士，即霍鎮，號海天。生平待考。爲簡福成之好友，亦爲職業宣講者。

作者采摭叢書，擇録見聞，略加評論以成是書，脱稿於光緒八年。今僅見殘本下卷，未知其全書爲三卷，抑或二卷。卷下録吉人天相、負心禽獸、孝犢捐軀、憐鳥悲鳴等四十則。叙説往事，昭示因果，勸懲之旨，寓意其中。

見存版本：清末粤東佛山絨綫街天禄閣刻本　佛山市圖書館

殘存一册，存一卷（卷下）。半葉九行，行二十字。白口，四周單邊，單魚尾。後有光緒九年簡福成跋。

227 健盦雜記甲乙集　（清）番禺潘廷俊輯

潘廷俊，字健盦。潘仕成之子，潘桂之弟。諸生。年三十七卒。著有《健盦剩草》等。

是書爲考證性小品文集錦。分甲乙二集，録文八十則，所考者多爲稱謂、物件、動物、植物、事物、習俗、娱樂活動之類。

見存版本：鈔本　廣東省立中山圖書館

全一册。半葉九行，行二十五字，小字雙行同。二集前各有目録。書前有佚名手書題簽、作者生平簡述。

雜纂

228 心鏡編十卷　（清）新會譚文光輯

譚文光，號質庵。康熙間貢生，以其子進士譚肇基封奉直大夫。

作者認爲人心如鏡，須勤加拂拭，方不使其蒙翳染惡。故采集前言往行合乎聖賢之旨，兼以醒人目、可爲法戒者裒爲一帙，分敦倫、修身、勤學、積德、治家、居官、涉世、愛物、樂天、養生十類，每類一卷。“顔之曰心鏡，豈以鏡人哉？鏡己耳。”此書雖云用以鏡己，實亦可鏡人，於風化立教大有裨益。

見存版本：清乾隆十二年刻本　祁縣圖書館

半葉九行，行二十一字。大黑口，左右雙邊，單魚尾。書前有乾隆十二年四月譚文光序、凡例十一則、目録。

229 縹緗雜録一卷藤陰小記一卷　（清）香山黄培芳編

黄培芳，參見《書經揭要纂》。

《縹緗雜録》成書於嘉慶十八年，隨筆記録道學風流、英雄兒女等奇文軼事四十二則，因皆散取諸縹囊緗素，故名。《藤陰小記》體例仿《縹緗雜録》，隨筆采録新吾粹語、季氏藏書等三十五則，爲道光二十八年作者養痾於藤陰小室時所輯，故以室名書。“小記”，識小之義。

見存版本：清道光三十年刻本　北京師範大學圖書館

全一册。半葉九行，行十八字，小字雙行同。上下黑口，四周雙邊，雙魚尾。卷端署“粤嶽山人隨筆”。書前有道光三十年杜士煌序、黄培芳《縹緗雜録自序》。

230 六篆樓雜抄三十五種 （清）順德温汝遂輯抄

温汝遂，字遂之，自號竹夢生。温汝适第九弟。不樂仕進。著有《夢痕録》《夢痕續録》等。

是書所録皆漢代至明朝士人或撰或集之譜録，若茶、酒、筭、菌、疏食、菊、梅、牡丹、芍藥、海棠、竹、橘、草木、荔枝、蟹，以及逸聞軼事、筆墨紙硯、文藝評論之類，饒有雅趣。

見存版本：順德温氏六篆樓舊鈔本　廣東省立中山圖書館

全十册。緑絲欄。半葉十二行，行二十字，小字雙行同。上緑口，四周單邊，單魚尾。

231 文鏡不分卷 （清）番禺陳澧撰

陳澧，參見《學思稿》。

是書所録有師弟、尚書、漢書注、詩、書籍、聲韵、外夷、元朝事、婦女、君德可法、著述、文人、字音、字形、書名等文，皆篇幅簡短，内容精要。

見存版本：稿本　廣東省立中山圖書館

全一册。半葉十二行，行二十三字。上下紅口，四周單邊，雙魚尾。卷端鈐“陳澧之印”。

232 讀史解頤六卷 （清）順德賴學海撰

賴學海（1815—1893），字虚舟，又字匯川，道光間人。不治舉業，唯致力於詩。有《讀書小見》二卷、《西游漫解》四卷、《行橱集》二十卷、《虚舟詩草》四卷等著述。

作者采輯歷代史傳及諸子雜著、詩話而成是書，偶有感觸時，則略發數語，以寄感慨。凡六卷，卷一爲周、秦、漢、三國，卷二爲晋、南北朝、隋，卷三、四爲唐、五代，卷五爲宋，卷六爲元、明、清。作者稱此書雖名“解頤”，亦可取讀史之益。

見存版本：稿本　中山大學圖書館

全十册。半葉八行，行二十二字。無格。書前有同治十三年夏賴學海序、凡例八則、目録。

譜録類

233 南方草木狀圖一卷　（清）佚名繪

晋人嵇含撰有《南方草木狀》，分上中下三卷，簡録嶺南草類、木類、果類、竹類等植物及植物製品八十一種。是書依《南方草木狀》之分卷次序，描摹繪畫其中六十八種品物，計草類二十六種，木類二十六種，果類十四種，竹類二種。若干品名與《南方草木狀》命名略異，如那悉茗、訶黎勒、抱香木，《南方草木狀》分别稱作耶悉茗、訶梨勒、抱香履。對於茄，《南方草木狀》僅通記茄類生長特點和種植方式，此書以圖展現茄有荷包茄、青茄、白茄、紫茄、葫蘆茄五個品類。各圖設色準確，繪製精美，摹形狀物，栩栩如生。圖配解説文字，其解説偶爾傳遞出作者細微信息，如楓香一圖配文“楓香，附楓人，蔭館瓊州時，曾於土人家獲見之。相傳嚟峒禁婆往往用以作術云”，可知繪圖者曾客居嶺南一帶。

顧廷龍跋云：“吴雲舊藏，吴大澂題簽。徐作梅先生贈。”吴大澂（1835—1902），字清卿，號恒軒，江蘇吴縣人。同治七年進士，授翰林院編修。光緒間官廣東巡撫。工篆刻，善繪山水，精金石鑒藏。

見存版本：彩繪稿本　上海圖書館

全一册。封面有顧廷龍墨筆題跋。

小説類

234 北夢瑣言二十卷　（宋）孫光憲撰，（清）順德李文田批校

孫光憲（901—968），字孟文，自號葆光子，陵州貴平人。李文田，參見《李文田日記》。

是書記唐武宗以後至五代十國間逸聞軼事、士人言行和風俗民情等，所記時代以唐爲主。雖稱二十卷，但每卷葉數不多，六七葉至十五六葉不等。李文田以雅雨堂本、盧本校讀此稗海本，句讀遍布全書，批語則幾乎每葉均有，多列於書眉，亦有置於文中者，總約四百三十處，或校勘，或訂誤，或删補，或釋義。語句凝練，文字寥寥，少見長篇。

見存版本：明萬曆商濬刻稗海本　澳門大學圖書館

全四册。半葉九行，行二十字。白口，四周單邊，單魚尾。

235 新刻瓦岡寨演義全傳五卷二十回　（清）香山梁朗川撰

是書寫秦瓊、程咬金、楊林、羅成、裴元基、李元霸等瓦崗寨諸英雄故事。凡五卷，厘爲二十回，每卷領四回。作者序

云："此書前已有作矣，予故擇其最熱鬧者而詳作之，爲一小補云。""反山東，占金提，取瓦崗，有似遺臭之萬年者。後至於二秦之治世，舉而用之，則身被堅甲，手執鋭兵，以靖一十八路反國之魔王，而揮六十四處之烟瘴。此又英雄之最快人意者。"

見存版本：①清咸豐十一年省城學院前富經堂刻本　英國國家博物院

半葉十一行，行二十三字。白口，四周單邊，單魚尾。書前有咸豐十年梁朗川序、主要人物繡像、目録。

②清同治十三年福禄大街會元樓刻本　中國國家圖書館

全四册。行格版式與咸豐十一年版本同。書前有同治十三年新刻梁朗川序、目録、主要人物繡像。

236 痛史二十七回　（清）南海吴沃堯撰

題"我佛山人"即吴沃堯（1866—1910），字小允，又字茧人、趼人，號嶺南將叟，又號我佛山人。年二十赴上海謀生。光緒三十二年主編《月月小説》。另有《二十年目睹之怪現狀》《雲南野乘》《劫餘灰》《上海游驂録》《九命奇冤》《發財秘訣》《曾芳四奇傳》《剖心記》《新石頭記》《四大金剛傳》《兩晋演義》《還我靈魂記》《最近社會齷齪史》《電術奇談》等著述二十餘種。

是書以元軍南侵，南宋滅亡爲叙事背景，描述權相賈似道之流欺君誤國、賣國求榮、引狼入室、屠戮同胞諸行徑，文天祥、張世傑等忠臣義士誓死抗元之事迹，意在借古鑒今，警醒世人：没有血性的民族，必將走向亡國滅種。阿英認爲小説中流露出的憤慨情緒，“是在宋代的一些賣國賊以外，兼詛咒那些清朝的漢奸的，是對鴉片戰争到八國聯軍幾十年事件憤慨的總發泄、總暴露”，并稱贊此書是晚清講史中最好的一部。無論是内容上抑或是技術上，都取得了很好成就，在當時影響很大，《仇史》就是受其暗示而作。

知見版本：①清光緒末新小説本

每葉十二行，行三十字。連載於光緒二十九年至三十一年《新小説》。

②清宣統三年上海廣智書局排印本

237 兩晋演義二十三回 （清）南海吴沃堯撰

題“我佛山人”即吴沃堯，參見《痛史》。

此書未完，止於第二十三回，刊載於光緒三十二年至三十三年《月月小説》。初未分卷，因卷帙過繁，不便裝訂，始分卷。寫晋武帝淫逸，國丈楊駿專權。武帝崩，惠帝立，皇后賈氏誅殺楊駿，擾亂朝綱，諸路藩王以勤王入衛爲名，争奪政權，相互殘殺，乃有八王之亂。後惠帝被毒死，成都王司馬穎的部下汲桑、石勒起兵，攻入鄴城。後汲桑投烏桓伏利度，石勒投匈奴劉淵。

序謂“以《通鑑》爲綫索，以《晋書》《十六國春秋》爲材料，一歸於正”。阿英《晚清小説史》評價是書成就“遠不如《痛史》。但仍舊是有不少優點的，寫惠帝昏庸，賈后淫亂，諸王争權奪勢，所烘托出的混亂局面，是極清晰的，且較之一般講史，在史實方面，要真實的多”。

知見版本：①清光緒末月月小説本

每葉十二行，行三十字。書前有自序。

②清宣統二年上海群學社説部叢書排印本

238 法宫秘史前編後編　［法］大仲馬撰，（清）新會伍光建譯述

題“君朔”即伍光建（1867—1943），字昭扆，筆名君朔。光緒十二年畢業於天津北洋水師學堂，入讀英國倫敦大學，專攻理、化、數學。歸國後，歷海軍處顧問、軍樞司司長等職。編著《中學物理教科書》《帝國英文讀本》《英文範詳解》《西史紀要》等。譯著《泰西進步概論》《俠隱記》《法宫秘史》等數十種。

是書爲《歐美名家小説》之一。大仲馬有《俠隱記》，叙述十七世紀法國路易十三時期，達大南和三個火槍手爲完成皇家使命、謀求與鄰國英國之間修得和平所經歷之冒險過程。《法宫秘史》爲續《俠隱記》而作，多寫路易十四王朝的宫廷趣史。《前編》六十七回，《後編》六十六回，前後編各分上下卷。書中頗具哲學思維的阿托士、詼諧幽默的達特安、刁鑽狡猾的阿拉密、憨厚率直的頗圖斯、貪婪吝嗇的馬薩林等形象尤爲鮮活。

知見版本：清光緒三十四年四月上海商務印書館鉛印本（初版）

全四册。每葉十二行，行三十二字。書後有版權葉。

239 宦海潮二卷三十二回　（清）番禺黄小配撰

題“世次郎”即黄小配（1872—1912），名世仲，以字行，别號禺山世次郎，又號世界一個人，筆名黄帝嫡裔。家境中衰後，前往東南亞謀生。光緒二十八年冬，赴香港，創辦多種報

紙。民國元年任樞密部參議。另著有《大馬扁》《廿載繁華夢》《宦海升沉録》《五日風聲》《陳開演義》《岑春煊》等小説約二十種。楊世驥所撰《文苑談往》第一集中肯地評價了黄世仲一生之爲人和成就："他爲人落拓不羈，於初期革命，建功甚偉，私生活或者不免放縱。他死了，有説他冤屈的，也有説他罪有應得的。總之，他的小説皆有所爲而爲者，宛若經天的虹彩，在近代文學史上發放着瑰異的光芒，却是不可否認的事實。"

是書以清末官員張蔭桓爲人物原型，描寫南海籍讀書人張任磐宦海浮沉之際遇。由於屢試不第，張放弃科考，憑藉卑劣伎倆，飛黄騰達，位居侍郎，以至忝列出使三國大臣之顯位，終因"黨案"被斬。初未分卷，刊載於光緒三十三年至三十四年《中外小説林》。此書有幾點特色之處，一則以中立態度對待主人公，藉張氏之遭際，寫宦情淡泊寡營、世事變幻無常；二則故事并非虚構，其情節或來自作者耳聞目睹，或取材於張氏所著日記、著述；三則在描寫人情世故之外，隱寓關注國勢盛衰之情感。

見存版本：清光緒三十四年香港世界公益報鉛印本　浙江大學圖書館

半葉十二行，行三十字。書前有作者叙文一篇、凡例十四則。每回有插圖兩幅，繪圖者爲梁勵、炯堂、蓬萊居士等。

240 宦海升沉録二十二回　（清）番禺黄小配撰

題"黄帝嫡裔"即黄小配，參見《宦海潮》。

是書亦名《袁世凱》，寫袁世凱成爲北洋大臣李鴻章幕僚後於官場榮枯升沉之過程。阿英認爲此書"在當時的暴露官場小説里，是很優秀的"，"在形式上看，似爲專寫袁世凱一人，實則衹是以袁氏爲全書骨幹，寫自甲午戰爭前夜，至光緒、慈禧逝世，十餘年間的中國政治。這十數年間的大事，如甲午中日戰争、維新運動、義和團之變、中俄問題、向英大借款，都一一的寫到，聯繫得很自然，蓋無一事不與袁世凱有關涉也"。

見存版本：清宣統元年香港實報館排印本　中山大學圖書館

書前有宣統元年作者之兄黄伯耀所撰序，記撰寫、出版此書之緣由；目録。

241 大馬扁十六回　（清）番禺黄小配撰

題"小配"即黄小配，參見《宦海潮》。

是書亦名《大馬騙》，將康有爲描寫成一個虚僞叵測、居心險惡的無賴、騙子，竊取他人的《新學僞經辨》，改名爲《新學僞經考》；騙譚嗣同入京，致使譚送命；逃亡日本後又欺詐日本朝野；等等。從目録看，此書原分上下二卷，所見十六回全爲上卷内容，下卷當未成。

見存版本：日本明治四十二年（清光緒三十五年）九月東京三光堂排印本　廣東省立中山圖書館

全一册。每葉十三行，行三十二字。書前有光緒三十四年棱功氏序、上卷目次。後有版權葉。

242 東歐女豪杰五回　順德羅普撰，（清）番禺韓文舉批

題"羽衣女士"即羅普（1876—1949），原名文梯，字熙

明，號孝高，别署披髮生，筆名羽衣女士。師從康有爲。光緒二十年留學早稻田大學。歸國後，任《時報》主編。譯有《十九世紀末世界之政治》《佳人奇遇記》《日本維新三十年史》。題"談虎客"即韓文舉（1864—1944），字樹園，號乘參，又號孔庵，筆名捫虱談虎客。早年入讀萬木草堂。戊戌政變後東渡，執教於横濱大同學校。民國初在廣州創辦南洋公學、覺是學堂。晚居香港。著有《萬國古今善政録》《近世中國秘史》《舟車睡醒録》《樹園詩稿》等。

是書描寫十九世紀俄國虚無黨圖謀刺殺專制君主爲國犧牲之壯舉，以及女豪杰蘇菲亞慷慨義烈之故事，刊載於光緒二十八年《新小説》。阿英評價是書"很富有煽動性。攻擊帝制，不遺餘力。雖以無政府人物作骨幹，而主要目的，却在宣傳推翻中國的專制政體"。

知見版本：清光緒末新小説本

每葉十二行，行三十字，小字雙行。

243 入朝三不問 （清）南海梁紀佩撰

梁紀佩，原名祖修，後改名頌虞，字紀佩，晚號醉眠山人。監生。宣統元年與友人組織悟群著書社。著有《劉華東故事》《葉名琛失城記》《外交泪》《林則徐》《近世黨人碑》《劉二打法蘭西》《陳夢吉歷史》《七載繁華夢》《繪圖李蓮英》《粤東新聊齋》等小説近二十種。

是書以自問自答的形式陳述清初皇室三則野史，旨在披露和宣傳清朝皇室醜聞。其《緒言》更是鮮明表達出對清政府及其效忠者的無限仇視和憤怒："滿賊强踞我中原二百六十七年，僞朝號曰清，禍害始由吴三桂也。滿人功狗曾、左、岑、彭、胡、李甘心自殘同種，以獻媚於僞清政府，爲邀功也。雙料奴隸令許多書之不盡，以我粤最近者前之岑春煊、張鳴岐等是也。近代民賊者李世桂、江孔殷、賀文彪。”作者怒火滿腔，措辭激烈，指名道姓，連連詬駡，在公開出版的文學作品中較爲罕見。

見存版本：清宣統三年羊城嶺南小説社鉛印本　廣東省立中山圖書館

全一册。每葉十二行，行三十一字。書前有目次。後有版權印証。

244 劉華東故事　（清）南海梁紀佩、（清）南海陳穎侶撰

梁紀佩，參見《入朝三不問》。陳穎侶，生平待考。

是書記清中晚期劉華東之傳奇事迹。劉華東生於乾隆四十三年，卒於道光二十一年，字子旭，號三山，番禺人。嘉慶六年舉人。全書凡九章，記少年時代之劉華東、得志時代之劉華東、筆槍上之劉華東、嚇煞政界之劉華東、金錢主義之劉華東、對待盧氏之劉華東、奉革舉人後之劉華東，前爲緒言，後爲結論。第一、四、五、六章由梁紀佩執筆，餘由陳穎侶執筆。

按，晚清至民國初，廣州醉經書局印行《劉華東少傳》，僅將九章改稱爲九部分，内容與《劉華東故事》一致，行距和文字較密，疏於校勘，有若干錯别字。

知見版本：①清宣統元年羊城悟群著書社鉛印本

②清宣統間至民國初香港五桂堂書局鉛印本　廣東省立中山圖書館

全一册。每葉十五行，行約三十字。

245 蘇格蘭獨立記三卷 ［英］不著撰人，新會陳鴻璧譯

陳鴻璧（1884—1966），原名陳碧珍。畢業於上海聖何塞西童女校。另有《印雪簃譯叢》《裴西杰奇案》《女子偵探薛蕙霞》《一百十三案》《盜面》《捕鬼奇案》等譯著。

1296年，勝利者英格蘭人在愛德第一親自率隊下，占領蘇格蘭東南省白力加，焚城邑，掠財産，擄人民，强迫蘇格蘭國王及其臣民納降稱臣。是書講述蘇格蘭民衆在忠義之士和耳士等人率領下，經過長達三十餘年艱苦卓絶之抗争，最終取得獨立戰争勝利的故事。每回後均有“覺我贅語”作點評總結。故事至第二十八回戛然而止，顯然，故事并未完結，後續亦未見推出。該書連載於光緒三十二年至三十四年《小説林》，由陳鴻璧譯，東海覺我校正并潤詞。

見存版本：清光緒三十二年七月上海小説林社排印本（初版） 中國國家圖書館 天津圖書館

全一册。每葉十一行，行二十九字，小字雙行同。書後有示諭、版權葉。

246 警富新書四卷四十回 （清）安和撰

此書是以真實命案爲基礎而創作的長篇公案小説，又名《七尸八命》，講述雍正間番禺梁、凌二姓發生糾紛，而最終釀成七尸八命冤案的故事。凌貴興爲當地富豪，聽信堪輿師所言，將其屢試不第歸因於梁天來宅第衝犯其祖墳，遂出銀三百兩請梁家拆居。遭拒後，頻頻欺凌逼迫梁家，或掘其陰宅，或毁其後墻，或填其魚池，或掠其花園，或渡頭截殺，或鋤其岡芋，或割其田禾，或搶其花梨椅桌，而後更欲置梁家兄弟於死地。

義丐張鳳聞知訊息，潛告梁家，天來兄弟出外躲避。雍正六年七月十八日夜，凌貴興糾集强賊侵入梁家，焚劫烟殺，終致梁家女眷七人斃命，其中一人懷有身孕。因凌貴興以重金賄賂縣、府、臬衙、撫衙官吏，致梁天來上告無門，不得已赴京具狀鳴冤。經刑部重審明白，各犯按其罪行輕重被判以斬、絞、流、徒、杖諸刑。書末寫乾隆年間貴興托生於惠州府，瞽目爲奴，幫凶宗孔成啞口乞丐，梁天來身居貴介公子，體現出作者因果輪迴、報應不爽的思想理念。序稱此書意新詞晰，廢卷難忘，可以鼓舞閲者疾惡奮義之心，存惻隱哀痛之念。後吴趼人亦取此題材創作成《九命奇冤》，又有佚名編爲《七尸八命歌》。

見存版本：①清嘉慶十四年翰選樓刻本　東莞圖書館（殘存一册）　首都圖書館　内蒙古自治區圖書館　英國國家博物院

全四册。半葉十二行，行二十五字。白口，四周單邊，單魚尾。書前有嘉慶十四年敏齋居士序、總目、主要人物繡像。

②清嘉慶十四年省城太平新街以文堂刻本　廣東省立中山圖書館

殘存一册（存卷一、卷二第一回至第十九回）。半葉十二行，行二十四字，小字雙行同。白口，四周單邊，單魚尾。書前有嘉慶十四年敏齋居士序、總目、主要人物繡像。印刷質量不佳，且筆畫隨意减少，以致不少字無法識别，也存在漏字問題。

③清嘉慶十四年廣州古經閣刻本　廣東省立中山圖書館

全二册。半葉十二行，行二十四字，小字雙行同。白口，四周單邊，單魚尾。書前有嘉慶十四年敏齋居士序、總目、主要人物繡像。此版印刷質量差，且存在筆畫隨意减少、亂造簡體字、錯別字多等問題。此本與以文堂本行格、邊口同，主要人物繡像大體相似，細看則着裝、髮飾、頭髮有明顯不同，細節處理方面較以文堂本刻畫細緻。

④清嘉慶十四年廣州守經堂刻本　廣東省立中山圖書館

⑤清嘉慶十四年右文堂藏板　中山大學圖書館

殘存一册（存前二十回）。半葉十二行，行二十四字。白口，四周單邊，單魚尾。書前有嘉慶十四年敏齋居士序、總目、主要人物繡像。

⑥清道光十二年桐石山房刻本　中國國家圖書館　天津圖書館

全六册。半葉八行，行十九字。白口，四周單邊，單魚尾。

⑦清光緒三十一年羊城通藝局石印本　廣東省立中山圖書館

⑧清宣統元年亞東書會石印本　天津圖書館　廣西壯族自治區桂林圖書館

⑨清宣統元年上海錦章圖書局石印本　日本東北大學附屬圖書館

全四册。半葉十八行，行四十字，小字雙行同。白口，四周單邊，無魚尾。書前有宣統元年盡敏齋主人序、不著撰人跋，俱由廣陵堰橋鄉人書寫；主要人物綉像。每卷卷前另有一幅情景插圖。人物綉像摹繪精細、氣韵生動，用字規範。

此外，還有清宣統元年石印本，廣州圖書館藏。清聯益堂刻本，遼寧省圖書館藏。清刻本，中國國家圖書館藏，半葉十一行，行二十一字。白口，四周單邊，單魚尾。

247 九命奇冤三卷三十六回　（清）南海吴沃堯撰

題“嶺南將叟”即吴沃堯，參見《痛史》。

是書講述雍正六七年間發生於廣東的一起重大命案。廣州府番禺縣梁天來、凌貴興本爲表兄弟，因矛盾而漸至成仇。凌家仗勢施暴，於一夜間縱火燒死梁家七口人，其中一人有孕在身。乞丐張鳳仗義作證，却被受賄官吏打死，造成九命冤案。乾隆間廣東巡撫鄂爾泰、刑部尚書徐本之題本中均提及此案，可見此案在當時影響之大。乾隆五十九年，歐蘇所撰《靄樓逸志》卷五《雲開雪痕》記載此事。嘉慶十四年，安和先生編成《警富新書》演述此案。同治《番禺縣志》據《粤小記》等史料記載此事。《九命奇冤》即據《警富新書》及其他史料改編而成。胡適在《五十年來中國之文學》一文中評價此書“可算是中國近代的一部全德的小説”“用中國諷刺小説的技術來寫家庭與官場，用中國北方强盜小説的技術來寫强盜與强盜的軍師，但他又用西洋偵探小説的布局來做一個總結構”，故“在技術一方面要算最完備的一部小説了”。

知見版本：①清光緒末新小説本

每葉十二行，行三十字。

②清光緒三十二年上海廣智書局排印本　香港中文大學圖書館

全三册。每葉十二行，行二十九字。

民國十四年三月上海世界書局訂正印行初版，至民國十五年三月僅一年時間此書局即發行三版，可見是書當時頗受歡迎。

248 發財秘訣十回　（清）南海吴沃堯撰

題“趼人”或“研人”即吴沃堯，參見《痛史》。

是書又名《黄奴外史》，以區丙、花雪畦、陶慶雲、舒雲旃等爲主要人物，以香港、廣州爲區域範圍，揭露漢奸買辦醜聞，譴責其不良行徑。書末評者云：“著者嘗言，生平所著小説，以此篇爲最劣。蓋章回體例，其擅長處在於描摹，而此篇下筆時，每欲有所描摹，則怒眦爲之先裂。故於篇首獨寫一區丙，篇末獨寫一雪畦，自餘諸人，概從簡略，未盡描摹之技也。”書眉刻批語，或點評，或議論。

知見版本：①清光緒末月月小説本

每葉十二行，行三十字。

②清宣統元年二月上海群學社排印本　中山大學圖書館

全一册。每葉十一行，行二十九字。

是書還有其他版本：中新書局於宣統三年二月初版，至民國二年三月再版。

249 上海游驂録十回　（清）南海吴沃堯撰

題“趼”或“我佛山人”即吴沃堯，參見《痛史》。

是書爲《月月小説叢編》之二，描寫某天無數官兵闖進湖南某村莊，四處滋擾百姓，村中一位名叫辜望延的縣學生頗爲憤慨，因言得罪官軍，被當作革命黨抓捕。幸得村人辜忠施手相救，辜望延逃亡上海，走投無路之下欲加入革命黨，但所遇革命黨人的種種劣性令其深感失望。此時他又得知仍被繼續通緝，遂離開上海，東走日本。作者跋中述其寫作動機云：“以僕之眼，觀於今日之社會，誠岌岌可危，固非急圖恢復我固有之道德，不足以維持之，非徒言輸入文明，即可以改良革新者也。意見所及，因以小説體一暢言之。”阿英稱：“在吴趼人所寫的小説之中，《上海游驂録》可説是失敗的一種，也是最足以代表他自己思想的一種。談吴趼人小説的人，很少提到這部書，我想，除掉‘不經見’的理由外，大概就是因爲他的寫作技術的失敗。”

阿英在其《上海游驂録》一文中説，這部小説宣統元年七月才印成單行本，收作群學社刊印的《説部叢書》第二十五種。從目前所見版本來看，此種説法不太確切。

知見版本：①清光緒三十三年月月小説本

每葉十二行，行三十字。

②清光緒三十四年上海群學社排印月月小説叢編本　中國國家圖書館

全一册。每葉十一行，行二十九字。

250 七載繁華夢十五回　（清）南海梁紀佩撰

梁紀佩，參見《入朝三不問》。

是書寫廣東英德秀才蘇大澗由山鋪票公司起家，投機鑽營，不擇手段而成爲巨富、議員，後爲人揭發，被革職羈押，終如黄粱一夢。計其致富、致闊及倒敗前後所歷僅七載，故題曰《七載繁華夢》。二〇一五年《越秀史稿》第二卷稱，梁紀佩“著有《廣東新聊齋》《禁烟偉人林則徐》《蘇大澗七載繁華夢》等，可惜均已散失”。可見此書傳本稀少，在廣東省内罕覓踪迹，僅國家圖書館見藏。

見存版本：清宣統三年刻本　中國國家圖書館

全一册。半葉十二行，行三十一字。白口，左右雙邊，單魚尾。書前有宣統三年鐵城王伯庸序、自序、例言八則、目次。

251 黑籍冤魂二十四回　（清）彭養鷗撰

是書由江蘇吴縣彭養鷗撰，分三編，以林則徐禁烟爲背景，通過描寫廣東富户吴廉一家五代人吸食、販賣鴉片之經歷和遭遇，揭示鴉片輸入給中國社會帶來的嚴重危害。阿英認爲，在宣傳鴉片毒害的文學作品中，“彭養鷗的《黑籍冤魂》是最爲讀者歡迎的”。佛山吴趼人亦創作過同名短篇小説，發表於光緒三十二年《月月小説》。

見存版本：清宣統元年改良小説社説部叢書本　廣東省立中山圖書館

殘存二册（原三册，存初編、二編）。半葉十二行，行二十九字。白口，四周雙邊，單魚尾。書前有目録、主要人物繡像。繡像描摹細緻、栩栩如生。

252 佳人奇遇十六回　［日］柴四郎撰，（清）新會梁啓超譯著

梁啓超，參見《美國華工禁約記》。

是書以東海散士游歷美國費城，奇遇兩位異國佳人爲主綫，藉幽蘭、紅蓮兩位佳人及范卿、波寧流女史等人之口，述美國、西班牙、愛爾蘭、德國、波蘭等國人民反對國内專制、争取民族獨立之鬥争精神，揭示世界國家興亡强弱、利弊得失之因由，旨在喚起弱國民族警醒覺悟，救亡圖存。彼時日本遭受西方列强入侵，内部各種矛盾激化，内憂外患，危機重重。此書一出，即風靡島内，無數人備受感染激勵，對於促成明治維新改革不

無裨益，這也當爲梁啓超翻譯此書之初心。

《佳人奇遇》最初譯出十一卷，陸續刊載於光緒二十四年至二十六年《清議報》。卷端署“柴四郎撰”。其爲《清議報》刊發的第一部漢譯政治小説，梁啓超特撰《譯印政治小説序》一文置於《佳人奇遇》卷一之前，述政治小説的特殊意義和價值。天津圖書館所藏清末鉛印本《佳人奇遇》十一卷，著者題“［日本］柴四郎撰，梁啓超譯述”，或爲《清議報》抽印本。

横濱新民社輯印《清議報全編》卷十三第叁集戊《新書譯叢》第十三重新排版收入此書。全書十六回，卷端署“日本柴四郎著”，將梁啓超所撰《譯印政治小説序》一文作爲序移置於第一回之前，僅末句略作修改。上海圖書館有藏。

因未署譯者姓名，故該書譯者一度較爲模糊。光緒二十七年，上海商務印書館將其收入《説部叢書》，未署譯者姓名；光緒三十二年，中國商務印書館又收其入《説部叢書》，譯述者竟署“中國商務印書館編譯所”。《珊瑚》民國二十一年第一卷第八號刊有《經國美談與佳人奇遇》一則：“光緒二十四年（公曆一八九八年），梁任公創《清議報》，附刊《經國美談》及《佳人奇遇》兩小説，歷三年始完。以無版權，群起翻印，有六七家之多。當時商務印書館曾以此書入《説部叢書》第一集第一第二種，後以版權非屬諸己，乃去之，易以《天際落花》《劇場奇案》二種。”

民國間上海中華書局排印《飲冰室專集》，明確了此書的譯著者爲梁啓超。民國二十五年，本書名葉鐫“新會梁啓超任公著”，版權葉印“著者新會梁啓超”，并於末回末葉鐫編者識：“任公先生戊戌出亡，東渡日本。舟中譯此自遣，不署名氏，書亦久已絶版，近從冷攤中得之，補入集。”民國三十六年本末回末葉所鎸編者識，除了上句表述，更增兩行文字以爲明證：“任公詩《紀事廿四首》之一‘曩譯佳人奇遇成，每生游想涉空冥。從今不羡柴東海，枉被多情惹薄情。’柴東海即原著者柴四郎也。”

亦有譯者爲順德羅普之説。羅普與梁啓超過從甚密，且多次合作，不可否認羅普在此書中當有勞動付出。不過筆者更認同名古屋大學大學院國際言語文化研究科國際多元文化專攻李海在其博士學位論文《梁啓超研究》中的表述：梁啓超“日本に到着した後，彼は羅普の協力を得ながら《佳人之奇遇》を漢訳し，自ら主宰する《清議報》に掲載した”（梁啓超到達日本後，在羅普的協助下將《佳人之奇遇》譯成漢譯，刊登在自己主持的《清議報》上）。

見存版本：①清光緒二十七年上海商務印書館鉛印説部叢書本　中國國家圖書館

全一册。每葉十五行，行四十二字。書前有序。

②清光緒三十二年十一月中國商務印書館鉛印説部叢書本(第六版)　上海圖書館

全一册。每葉十四行，行四十二字。書前有序。後有版權葉。

253 新中國未來記　（清）新會梁啓超撰

梁啓超，參見《美國華工禁約記》。

光緒二十八年作者於日本創作是書，初刊載於同年《新小説》，第三回由平等閣主人批點，第四回由捫虱談虎客批點。該書對六十年後之中國作了憲政黨完成建國大業等若干預言，僅寫完五回。第一回楔子，第二回孔覺民演説近世史，黄毅伯組織憲政黨，第三回求新學三大洲環游，論時局兩名士舌戰，第四回旅順鳴琴名士合并，榆關題壁美人遠游，第五回奔喪阻船兩睹怪象，對病論藥獨契微言。是書爲政治性預言小説，以發表作者政見、商榷國計爲主，其中亦“多載法律、章程、演説、論文等”，故整編“似説部非説部，似稗史非稗史，似論著非論著，不知成何種文體”。

知見版本：①清光緒末新小説本

每葉十二行，行三十字。書前有緒言六則。

②清宣統二年上海教育書店鉛印本　廣東省立中山圖書館

全一册。每葉分上下兩欄，每欄十六行，行十九字。書前有緒言六則。收録前四回。光緒二十八年梁啓超所撰《三十自述》附於書前。

③清宣統三年上海經緯書局鉛印本　中山大學圖書館

全一册。行格版式、緒言、收録回數均與上海教育書店本同。書前爲梁任公《三十自述》。

254 世界末日記一卷　［法］佛林瑪利安撰，（清）新會梁啓超譯，（清）張春帆釋

梁啓超，參見《美國華工禁約記》。張春帆（1872—1935），名炎，以字行，别署漱六山房，江蘇常州人。久寓上海。嘗供職於廣東法政學堂、江北都督府等處。有《九尾龜》《九尾龜續集》《宦海》《黑獄》《新果報録》等代表作。

是書原著者爲法國佛林瑪利安，書名作《地球末日記》。梁

啓超認爲著者“以科學上最精確之學理，與哲學上最高尚之思想，組織以成此文，實近世一大奇著也”，故據日譯本重譯此書，書名更爲《世界末日記》，以“語菩薩”“語聲聞”，用佛教理念解釋基督教之末世，意在警醒國人中貪著、愛戀、嗔怒、猜忌、争奪胡爲之流。

譯稿初發表於光緒二十八年《新小説》第一號，署“哲理小説”“飲冰譯”，末有題識。次年《經濟叢編》第二十一期全文刊發，删去卷端“哲理小説”“飲冰譯”字樣，文末仍保留題識。光緒三十一年新小説社印《説部腋》，將其收入第一輯。宣統三年另版，由張春帆釋文。民國四年上海廣益書局出版，由劍痕評點。

張春帆曾閲讀梁啓超譯本，非常欣賞，“原稿固千古之奇書，譯筆亦千古之奇文”，“哲理至精，譯筆雅馴”，“譯筆之簡練精當，一氣凌踔，當世無出其右者”，遂於宣統三年八月，録梁啓超之原稿原文，僅修改其中一兩處不合文言語體者數十字，而於每一段落後抒發己見，解釋科學之成因。梁啓超原稿五千七百餘字，張春帆新增二千餘言，共七千餘言。因光緒三十一年横濱新小説社印本藏地難覓，無法睹其真容，故退而取用宣統三年張春帆釋本。該本保留了梁啓超原文，加之張對此書的剖析和對梁啓超譯功之稱贊，則從另一種角度豐富了此書的層次，爲其增添了新的價值。

見存版本：清宣統三年上海六藝書局石印二十世紀奇書快睹本　中國國家圖書館

合一册。半葉十五行，行三十字。上下黑口，四周雙邊。書前有張春帆序、梁啓超原序。後有張春帆題識。

255 十五小豪杰十八回 ［法］焦士威爾奴撰，［日］森田思軒原譯，(清) 新會梁啓超、順德羅普重譯

題“飲冰子”即梁啓超，參見《美國華工禁約記》。題“披髪生”即羅普，參見《東歐女豪杰》。

是書原名《兩年間學校暑假》，日本文學家森田思軒由英文譯爲日文，名曰《十五少年》。梁啓超、羅普又據日文本重譯，并命爲今名。首回前作者填詞《調寄摸魚兒》一首，是對全書内容的概括，又於句末寄以深意：“莽重洋驚濤横雨，一葉破帆飄渡。入死出生人十五，都是髫齡乳稚。逢生處，更墮向天涯絶島無歸路。停辛伫苦，但抖擻精神，斬除荆棘，容我兩年住。英雄業，豈有天公能妒。殖民儼闢新土。赫赫國旗輝南極，好個共和制度。天不負，看馬角烏頭奏凱同歸去。我非妄語，勸年少同胞，聽鷄起舞，休把此生誤。”吹萬撰《書〈十五小豪杰〉後》，藉此書鼓舞百折不撓之革命鬥志及表達對時政之希冀：“到底至誠能感動，何嫌黨禍鬥紛紜。君看絶島騰新采，自治原來貴合群。兩載飄蓬劇苦間，家鄉望眼杳難攀。天涯生死無消息，戰勝群魔破浪還。小小垂髫十五人，却從患難見精神。男兒磨折尋常事，民政規模結構新。”

光緒二十八年至二十九年陸續載於《新民叢報》。前九回爲梁啓超譯，後九回爲羅普譯。每葉二十一行，行五十字。四周單邊，無行格。

見存版本：①清光緒二十九年日本横濱新民社排印本 中國國家圖書館

全一册。每葉十三行，行三十三字。書前有目録。後有版權葉。

②清末石印本　復旦大學圖書館

清末上海廣智書局多次刷印，民國間上海世界書局多次訂正出版，民國二十五年上海中華書局收入《飲冰室專集》，并於次年再版。

256 海底旅行　［英］蕭魯士撰，［日］大平三次譯，（清）南海盧藉東譯意，番禺湯叡潤文，順德羅普批

盧藉東，生平待考。題“紅溪生”即湯叡（1878—1916），字覺頓。早年入讀萬木草堂。光緒二十三年赴日本，曾任神户同文學校校長。民國後，歷任財政部顧問、中國銀行總裁等職。袁世凱復辟帝制後，弃職隱居天津。後遭軍閥龍濟光刺殺身亡。譯有《英人强賣鴉片記》《俄土戰紀》。題“披髮生”即羅普，參見《東歐女豪杰》。

是書記述1866年秋，亞細西之南、印度洋之中墺西多羅國之漁夫在東方海岸遭遇海怪，并與之搏鬥的故事，連載於光緒二十八年至三十一年《新小説》。僅刊至第二十一回，未完。

知見版本：清光緒二十八年横濱新小説社印本

全一册。每葉十二行，行三十字。卷端署“英國蕭魯士原著，南海盧藉東譯意，東越紅溪生潤文”。

257 錫山記六十九回　（清）東莞蔡兆華撰

題“冷道人守白氏”即蔡兆華，一作蔡召華，字儀清，號守白，又號吾廬居士、冷道人。道光間副貢生。著有《草草草堂草》《閑居百咏》《夢香居集》等詩文集及《駐雲亭》等小説。

是書寫少年顔少青蒙冤出獄後，入贅箣山，憑藉足智多謀、知人善任，先後網羅山中十六名美艷聰敏、武藝高超的女杰，任用她們爲將爲帥，在她們的輔佐下成就王業的故事。此書面世後，學者評價不一，張慧劍嘗作《箣山記》一文，評價此書頗爲中肯："他的好處有三樁，第一是作法别致，第二是文彩鮮明，第三是善於創造新辭。他的壞處也有三樁，一是造意太怪，二是寫法欠經濟，三是對於某一事物之描寫不盡致，趣味極淡。""這部書的好處全靠着他的文彩，撇開了文彩説，實在没有什麽可看的價值。"今人劉英杰點校此書，評價頗高："全書文詞清麗雋永，情節波瀾奇譎，令人目眩意迷"，并引用陳澧評語"國朝説部之書，《紅樓》外，此爲第一"，推崇備至。

按，小説以雲南蒙化爲地域背景，詹谷豐在所著《一座城池的一百張面孔》第四章"東莞小説的濫觴"中提及此書，認爲"雲南服官三十年的經歷，是寫好一部以雲南爲背景的長篇小説的基礎和前提，然而，民國《東莞縣志·蔡召華傳》中，却没有蔡召華在雲南服官的記載。雲南，成了蔡召華人生的一個疑案，成了《箣山記》地名的一處疑點"。其實作者書尾自記可以解答這一問題，記云："予養疴兩樹園短榻，長晝無以破寂，記和尚之言，交心鬥角，用小説家演義體，飾而記之。"《箣山記》并非蔡兆華實地采風所得，乃其養病期間根據和尚口述創作而成。

見存版本：①清小吾盧鈔本　上海古籍出版社

全書十九卷。半葉九行，行二十二字。下黑口，四周雙邊，單魚尾。書前有目録。書眉多有批語。

②清光緒三十四年上海廣智書局鉛印本　中山大學圖書館

首都圖書館

全三册。共三卷。半葉十一行，行二十九字。書前有版權葉、目録。此版於當年分三次陸續刊印完成。

258 紅茶花十六回　［法］朱保高比撰，（清）三水陸善祥譯意，（清）新會陳紹枚潤文

陸善祥，字慶南。嘗任《南華早報》負責人。創辦《澳門時報》。陳紹枚（1864—1940），字鐵生，又字卓枚，别署精武老鐵。南社社員。精通武術，擅長潭腿與功力拳。宣統元年與陳公哲等創辦上海精武體育會，任秘書長。民國間，在廣州籌組廣東精武會，任廣東省立體育專科學校教授。抗日戰争爆發後，避居澳門。著有《達摩劍》《潭腿》《喉症圖説》等。

是書又名《紅茶花傳奇》，爲法國著名偵探小説，描寫金伯連因美人一盼之故，仗義復仇，最終捐軀殉國的故事。因金伯連有俠士之精神，故此書被視爲任俠小説。陸善祥酷嗜此書，認爲其“運思淵曲，纖悉靡遺。其中描寫科學偵探諸能事，所關於人心世道者甚大”，於是將其譯成中文推廣之。孔昭鋆作序，希冀“讀是書者，先明義務所在，次究教育之由，争自濯，磨共勉，成特立獨行之人格”。書眉偶見批語。

見存版本：清光緒三十一年刊本　廣東省立中山圖書館

全一册。分上下兩欄，上欄鎸批語，下欄爲正文。每葉十三行，行三十字。書前有光緒三十年孔昭鋆序，潘飛聲、賀彝題詞，光緒三十一年自序，回目。

259 劫餘灰十六回 （清）南海吴沃堯撰

題“我佛山人”即吴沃堯，參見《痛史》。

是書描寫南海人陳疇中秀才後，突然失踪；未婚妻朱婉貞被其叔朱仲晦騙賣至廣西妓院，誓死不從，幾經磨難，終返家鄉，細心服侍陳疇父母。十五年後，陳疇携妻蔡氏歸里，方知他當初亦被朱仲晦所騙，賣往香港爲猪仔，後至新加坡，被聘爲家庭教師，復招爲婿。最終朱陳團圓，朱與蔡氏和睦相處。該書曾刊載於光緒三十三年至三十四年《月月小説》。作者在第一回中談到創作緣由：“自從世風不古以來，一般佻㒓少年，衹知道男女相悦謂之情，非獨把情字的範圍弄得狹隘了，并且把情字也污衊了，也算得是情字的劫運，到了此時，那情字也變成了劫餘灰了。我此時提起筆來，要抱定一個情字，寫一部小説，就先題了個書名，叫做《劫餘灰》。”

知見版本：①清光緒末月月小説本

每葉十二行，行三十字。

②清宣統元年上海廣智書局排印本

③清宣統二年上海群學社排印本　天津圖書館

260 電術奇談二十四回 ［日］菊池幽芳氏原著，（清）東莞方慶周譯述，（清）南海吴沃堯衍義，（清）周桂笙評點

方慶周，嘗與馮自由爲同窗。光緒十三年自費赴日留學，入讀高等師範學校。題“我佛山人”即吴沃堯，參見《痛史》。題“知新室主人”即周桂笙（1873—1936），名樹奎，字辛庵，又字桂笙，號知新室，江蘇南匯人。畢業於上海廣方言館，肄業於上海中法學堂。譯著《毒蛇圈》《八寶匣》《飛訪木星》

《海底沉珠》等多部小説。

是書又名《催眠術》，刊載於光緒二十九年至三十年《新小説》。故事寫英國年輕商人喜仲達赴印度辦理礦務，與印度公主林鳳美相識相戀。後仲達隻身返國，鳳美追隨而來，二人相約在倫敦會面。不料仲達被電術所害，突然失踪。歷經種種波折，於小説末尾處，仲達方還魂現身，與鳳美結成美滿姻緣。吴沃堯《附記》云："此書原譯，僅得六回，且是文言。兹剖爲二十四回，改用俗語，冀免翻譯痕迹。""凡人名皆改爲中國習見之人名字眼，地名皆借用中國地名，俾讀者可省腦力，以免艱於記憶之苦。""書中間有議論諧謔等，均爲衍義者插入，爲原譯所無。"

孫寶瑄曾完讀此漢譯小説，在其所撰《忘山廬日記》中評述此書，略云：外國小説敘述至水窮山盡處，善用科學之真理以斡旋之。如《電術奇談》所述，喜仲達之感電而反其腦，後復遇電而正之；《秘密使者》所述，蘇朗笏之目瞽而復明，皆藉科學實理以證之，使讀者反悲爲喜，而略無縹緲難信之談，所以可貴。《電術奇談》别無佳妙處，獨寫天香樓上兄妹二人謀害林鳳美一節，最可喜可快，大有"櫓摇背指菊花開"之妙。

知見版本：①清末新小説本

每葉十二行，行三十字。

②清光緒三十一年上海廣智書局鉛印本

③清宣統三年中亞書局鉛印本

261 紅泪影二十四回　［英］巴達克禮撰，（清）南海吴沃堯譯

題"息影廬主"即吴沃堯，參見《痛史》。

是書譯成於光緒三十三年，凡二十四回，約三十萬字，講述幾對人錯綜複雜的戀愛糾葛：英國貴族安璐環與平民女子阿禮斯相愛，有一私生女名叫妮娜，後改名美儂；美儂與安璐環表侄依歷戀愛并成婚，安璐環與公爵女哈列頓結婚，美儂養母之女阿連又追求其表哥依歷。披髮生認爲是書在體裁上有意仿《金瓶梅》《紅樓夢》二書，并給予其極高評價，稱"雖屬譯本，而構境遣詞匠心獨運，不啻自撰"，"尤妙在善寫外邦風物，令觀之者儼如神游其域，目睹其人"。他認爲此書不但令時人耳目一新，且將開新小説之先河。小説故事情節後被改編爲電影，觀者如潮，也引來不少學者撰寫影評。

知見版本：清宣統元年二月上海廣智書局鉛印本（初版）民國圖書數據庫

每葉十一行，行二十九字。書眉鎸披髮生評點。書前有光緒三十四年嶺南披髮生序、目録、版權葉。

按，宣統元年二月上海廣智書局本在民國圖書數據庫中僅見到卷四，故内容提要參考其他版本撰寫而成。民國間世界書局亦至少重版五次，可管窺此書當時暢銷之程度。

262 多情之豪杰　［日］來城小隱撰，（清）番禺詹憲慈譯

詹憲慈（1871—1942），字菊人，號菊隱。光緒二十九年舉人。曾赴日本宏文師範學校留學，回國後任番禺縣立師範學堂校長，兼主《安雅報》筆政。民國間任交通部秘書。晚年回粤。生平專精小學音韵。編有《小學校管理法》、《訓導之普通語》、《文字學修辭學文選》、《廣州語音本字》（《廣州語本字》）四十二卷等。

是書爲《安雅新小説二種》之一，大體以時代爲序，記述了日本歷史上平安時代末期、鐮倉時代、南北朝時期、戰國時期七位著名武將。每位獨立成篇，分别載録源義經與静，源賴朝與政子，木曾義仲與藤原氏、巴，新田義貞與勾當，楠正行與辨内，新田義興與少將，柴田勝家與小谷的愛情故事及其個人曲折悲壯的人生經歷。文中女性均美麗聰慧，或膽略過人，或忠貞堅毅，或才藝出衆，如静善舞，巴善騎射，勾當善琴。首篇使用第一人稱“余”叙事，仿佛過往歷史之親歷者、見證者，增强了故事的真實感和悲情色彩。

見存版本：清末安雅書局鉛印本　中國國家圖書館

合一册。半葉十五行，行二十八字。白口，四周單邊，雙對魚尾。

釋家類

263 金剛直説一卷　（清）番禺釋成鷲撰

釋成鷲（1637—?），俗名方顓愷，字麟趾。明亡後，削髮爲僧，法名光鷲，法字即山。後易名成鷲，别字迹删，號東樵山人。曾任鼎湖山慶雲寺住持。晚年掩關於廣州大通寺。另著有《楞嚴經直説》十卷、《道德經直説》二卷、《老子直説》、《鼎湖山慶雲寺志》八卷、《鹿湖近草》二卷、《紀夢編年》一卷、《莊子内篇注》等。

是書内容有四，其一爲宗旨，其二爲教义，其三爲經題，其四爲問答。釋成鷲序云：“我佛世尊爲一大事因緣出現於世，直指人心，見性成佛，信口説出三乘十二分教、五千四十八卷一《大藏經》，無法可説，是猶天籟之傳語也。奈諸菩薩地有高下，悟有淺深，垂示方便，護念付囑，大乘小乘，隨機接引，必如其量，滿其願而後已。雖云直指，早已曲矣。”“老病無聊，目誦心在，於是乎有得。爰依經文，約略大義，著爲《直説》，以示吾徒，非敢雷同於比竹也。不直則道不見，我且直之。”

見存版本：清乾隆三十七年海幢寺經坊刻本　中山大學圖書館　日本國會圖書館

全一册。半葉十行，行二十字，中字單行同，小字雙行同。白口，左右雙邊，單魚尾。卷端題“金剛般若波羅蜜經”。書前有迹删《金剛直説序》、凡例六則。

264 四分律名義標釋四十卷　（清）釋弘贊輯

釋弘贊（1611—1685），號在犙。原籍新會，俗姓朱，其父游陽江，因入籍其地。崇禎六年訪道端州，於鼎湖山蓮花洞闢地建庵，創立精舍。迎栖壑大師主鼎湖後，遂孤笠芒鞋，度嶺而北，遍參諸方後歸鼎湖。

是書由廣州沙門釋弘贊輯，新安沙門釋弘麗校訂。鑒於宋代以來，禪律競分，見解不同，資受訛謬，以致後進無門，初造失序，展卷不識其名，循文更不知義，弘贊遂遍覽三藏群章，“稽彼西天之梵言，釋此東華之音議，端取《曇無德律》所有文句難通者，僅標其名，纘釋其義，傍采諸家之辯，正述經論之玄”，纍數年之功力，以成是書。每卷前有分卷目録，每卷末有音釋。弘麗贊此書“比經按論，義諦無差”。

見存版本：清康熙十七年刻嘉興楞嚴寺方册藏經續藏經本

臺灣圖書館

半葉十行，行二十字，小字雙行同。下黑口，四周雙邊。書前有崇禎三年弘贊序、《鼎湖法彙》書目、總目。後有崇禎十六年弘麗跋。各卷前有分卷目録。

265 持誦準提真言法要一卷 （清）釋弘贊編

釋弘贊，參見《四分律名義標釋》。

是書由廣州寶象林沙門弘贊在犙輯。記作此法要之緣由，詳述持誦之真言和咒語，持誦時之手勢、跪姿與坐姿，持誦步驟，持誦時間，持誦須知，持誦之作用。後附供齋儀、音釋。

見存版本：清康熙十三年刻嘉興楞嚴寺方册藏經續藏經本　臺灣圖書館

全一册。半葉十行，行二十字，小字雙行同。下黑口，四周雙邊。

266 天然昰禪師語録十二卷 （清）番禺釋函昰撰，（清）番禺釋今辯重編

釋函昰（1608—1685），字麗中，法號天然。俗名曾起莘，字宅師。崇禎六年舉人。次年往廬山參空隱禪師，削髮爲僧。嘗開堂於廣州光孝寺。國變後，住雷峰，復住廬山栖賢、歸宗諸寺。有《楞伽心印疏》四卷、《楞嚴疏》、《金剛疏》、《禪醉》、《焚筆》、《似詩》及語録等十餘種著述。釋今辯，字樂説，俗姓麥。順治十七年師事雷峰天然和尚。康熙二十四年天然圓寂，遂主海雲、海幢兩刹。後從浙入閩示寂於長慶。著有《四會語録》《菩薩戒經注疏》等。

康熙五年臘月，函昰被迎請住持丹霞，開壇講法，時出新篇佳什，山中高弟以其法語彙録成編。是書集函昰語録，由其門人今辯重新編排，依類而分，卷一爲上堂，卷二、三爲小參，卷四、五爲晉説、茶話，卷六爲室中垂示，卷七、八爲舉古、問答頌、問答、頌古，卷九爲贊、偈、銘，卷十爲書問，卷十一、十二爲雜著、佛事。陸世楷序曰："是録也，推原心性，利濟人天，有以佐吾儒道德齊禮之所不及。"

見存版本：清末民初與木石居舊鈔本　加拿大不列顛哥倫比亞大學圖書館

全五册。半葉十行，行二十字。朱絲欄。四周雙邊，白口，無魚尾。書前有總目、崇禎十五年函修序、順治五年梁殿華序、康熙九年陸世楷序、湯來賀所撰塔志銘、今辯所述行狀。

267 解惑編二卷　（清）釋弘贊編

釋弘贊，參見《四分律名義標釋》。

是書由廣州南海寶象林弘贊編。作者參稽佛經、佛典、佛史、方志、歷代正史、儒學典籍、諸子撰述、别集、家訓、石刻等五十餘種著作及十餘篇文章，輯録并闡釋其中與佛教、佛理、佛論、佛緣有關的歷史人物或論述，以時代爲序，上自春秋，下至明末，系統闡述了佛教與中國歷史文化的淵源關係。末附唐釋道宣撰《簡諸宰輔叙佛教隆替狀》、晋釋慧遠撰《三報論》《三報證驗》。

知見版本：①清鈔本　南開大學圖書館

全四册。半葉十二行，行二十二字，小字雙行同。

②明萬曆十七年至清乾隆間刻　北京市法源寺

③清康熙間刻本

半葉十二行，行二十二字，小字雙行同。下黑口，四周雙邊。書前有尹源進序、目録。此本於康熙二十二年由陳啓就捐資梓行。

④清嘉慶十三年重刻本（粵東海幢藏板）

⑤清道光十一年刻本　民族文化宫圖書館　首都圖書館　澳大利亞國家圖書館

全一册。行格、邊口樣式與康熙本同。書前有尹源進序、目録。此本由紅螺山資福寺僧於道光十一年校對重刊。

⑥清光緒二十六年鼓山涌泉禪寺刻本　紹興圖書館

⑦清刻本　英國倫敦大學圖書館

268 戒殺文一卷　（明）番禺黎遂球撰

黎遂球（1602—1646），字美周。天啓七年舉人。師事空隱禪師，法名函美，法字于斯。任南明兵部職方司主事，提督兩廣水師義軍，援贛州。順治三年十月城破，與其弟同殉節。

作者作短文六則，分别從舉動之宜戒、自養之宜戒、宴會之宜戒、祭祀之宜戒、養老之宜戒、相噬之宜戒六個方面，勸戒世人發好生之心，勿癡迷於殺戮。

見存版本：①清康熙三十四年至三十六年霞舉堂刻檀几叢書本　廣東省立中山圖書館　華南農業大學圖書館　中國國家圖書館等

合一册。半葉九行，行二十字。白口，四周單邊。

②清康熙間錢塘王氏霞舉堂刻乾隆間印檀几叢書本（第四帙墨）　中國人民大學圖書館

③清蘇州掃葉山房翻刻本　湖北省圖書館

269 漁樵問答一卷　（清）番禺釋成鷟撰

釋成鷟，參見《金剛直説》。

是書藉漁夫與樵者之一問一答，表達感悟和見解。如道不可言，“凡有言者，皆障道之具”；道亦可言，反諸己、察諸人、適於時、達乎勢，而後可言。天圓地方，非指天地本體形狀，“日月經緯，循環無端，而以爲圓”，“東西南北，方隅定位，而以爲方”。由日月星辰、雷電雨露、雲霜水火、山澤潮汐、人體構造、草木魚獸等事物及其情狀，寓言過猶不及、禍福倚伏、韜光養晦、剛柔并濟、在上不陵在下不援、人貴踐形、允執厥中、順受其正、輕財重義等處世哲理。

冼玉清《廣東釋道著述考》有按語云：“此書設爲漁樵問答凡二十四例，皆導帶事物，而以儒者之言答之。成鷟自號東樵，居廣州大通烟雨間，遂以白鵝潭漁者爲問也。”漁樵問答可視作成鷟之自問自答。是書仿《漁樵問對》《漁樵閑話録》，以漁樵名書，漁者、樵者均爲世俗之人，樵者所論之理皆在四書五經範疇，成鷟已遁入空門，故震澤楊復吉對書中人物設定、説理角度均頗有微詞，其跋曰：“迹删爲九谷先生弟，中歲披緇，而所著詩文仍不事宗門派别，即此書可概見也。顧篇中皆談理之言，乃必踵康節、東坡漁樵舊名，殊爲拘泥鮮通，豈欲附于儒家者流，亦必循其門徑耶！”清康熙耕樂堂刻《咸陟堂文集》卷二十、清道光二十五年刻《咸陟堂文集》卷二十收録《南華問答》，而均未收此書，蓋以此故。

見存版本：①昭代叢書稿本　中國科學院文獻情報中心

②清道光間吴江沈氏世楷堂刻昭代叢書本　華南師範大學圖書館　華南農業大學圖書館　中國國家圖書館等

半葉九行，行二十字。白口，左右雙邊，單魚尾。後有康熙五十二年震澤楊復吉跋。

③清道光間吴江沈氏世楷堂刻光緒二年印昭代叢書本　北京大學圖書館　遼寧大學圖書館　河南大學圖書館　武漢大學圖書館　四川大學圖書館

道家類

270 粤境酬恩不分卷　（清）不著撰人

是書分正續二刻，載録廣東地區祀奉的孫真人、醫靈大帝、華陀先師等四十九位神明，或單獨，或二三組合，分三位天醫表、天后元君表、三陽帝君表、兩霞先師表、春恩師表等三十二表，記其誕生日或成道日、禱祝辭等。正刻内另有賀誕通用表。

見存版本：清光緒十六年康寧堂刻本　廣東省立中山圖書館

全一册。半葉九行，行二十一字，小字或雙行或三行，字數同。白口，四周雙邊，單魚尾。書前有目録。

基督教附

271 聖經徵據不分卷　（清）南海何進善撰

何進善（1819—1871），後改名何福堂。畢業於香港英華書院。道光二十五年授封爲牧師，爲香港首位華人牧師，長期在香港和廣州布道。

咸豐四年，何進善爲《新約全書注釋》撰寫序言，闡述了《聖經》的作者和成書過程、内容和教義、語言和傳播、預言和應驗、對個人和社會的積極影響，重點論説《聖經》被視作上帝啓示其證據有五：對遠古歷史記載準確、種種預言均能實現、耶穌之異迹、各國民衆翕然宗之、崇奉耶穌之效力。香港英華書院將此序單獨刊刻，命名爲《聖經徵據》，又名《聖經證據》。

見存版本：①清同治六年香港英華書院鉛印本　日本國立公文書館内閣文庫

全一册。半葉十行，行二十二字。白口，四周雙邊，單魚尾。

②清同治九年福州太平街福音堂鉛印本　美國哈佛大學哈佛燕京圖書館

全一册。此版行格、邊口、魚尾及文字旁所用標識符號與同治六年香港英華書院鉛印本同，字體也較爲接近，細察則有差異。

272 羊城土話人靈戰紀二卷　［英］本仁約翰撰，［美］容懿美譯

是書由英國耶穌教徒本仁約翰原著，美國浸信會信徒容懿美譯。全書以廣州白話寫就，分上下二卷，每卷各領九章。講述原真神有好生之德，鑒觀下民俱被魔誘，將來盡遭審判，要受沉淪之苦，故憐斯世人，特遣其獨生愛子臨世，以生死贖人罪愆，乃戰勝魔王而釋放被擄之民，令人與己復親的故事。中有《門前吹角》《立魔王形象》《門外打將》《太子接稟》《打破耳門》《剥魔王盔甲》等圖十四幅。文中有關史迹、典故、條款俱標引其出處。序云，康熙年間本仁約翰著有《天路歷程》一

書，以比喻之方式引導人們正確行路以抵達天堂境地。是書立意，頗類於此。“惟語言雖若興兵構怨，亦不過罕譬而喻。第味其旨，乃至真至誠”，“是書之著，冀讀者識得真神深恩耶穌救主大功，當如何謹慎，從善拒惡，弃假歸真，是誠人靈戰紀之要也”。“予因常覽是書，大益身靈，故特將此書釋成中土文字、羊城土話，俾讀者了於口而亦明於心，實欲其同步永生之路焉。”

見存版本：清光緒十三年刻本（浸信會藏板） 美國哈佛大學哈佛燕京圖書館

全一册。半葉十行，行二十五字，小字雙行同。白口，四周雙邊，單魚尾。書前有光緒十三年美國容懿美原序。

273 羊城土話天路歷程五卷 ［英］本仁約翰撰，譯者闕名

是書爲英國耶穌教徒本仁約翰所著，講述“我”在夢中看到一位名叫基督徒的人正在閱讀一本書，“我”驚恐地知道自己居住的城市將遭天火焚毁。此時，一位叫傳道者的人指點“我”逃離自己的家鄉，前往天國。背負世界重擔的基督徒，掙脱妻子的羈絆，勇敢踏上艱難險阻的歷程，并最終獲得靈魂的救贖。書中以設喻方式闡述《聖經》之理，教導世人如何信上帝道，如何賴耶穌功，當如何着力，如何謹慎，以通達天路。至咸豐三年，英國賓先生與中國士子將其譯成中文。同治八年於北京按原文重譯爲官話，文中旁加小注，注明見聖書某卷某章某節。兩年後又譯爲羊城土話，內有《指示窄門》《救出泥中》《將入窄門》《灑掃塵埃》《脱下罪任》《唤醒癡人》等插圖三十幅。文中亦刻小注，有關史迹、典故、條款俱標引其出處。序云：

“是書誠爲人人當讀之書，是路誠爲人人當由之路。苟能學基督徒，離將亡城，直進窄門，至十字架旁，脱去重任，不因艱難山而喪厥志，不爲虚華市而動厥心，則究竟可到郇山，可獲永生。”

按，作者 Bunyan John（1628—1688），有譯作班揚約翰者，今依原序譯名作本仁約翰。

見存版本：清同治十年羊城惠師禮堂刻本　廣東省立中山圖書館　加拿大不列顛哥倫比亞大學圖書館　美國哈佛大學哈佛燕京圖書館

全三册。半葉十行，行二十四字。白口，四周雙邊，單魚尾。書前有原序、同治十年惠師禮堂序。牌記爲英文。

274 羊城土話續天路歷程　［英］本仁約翰撰，譯者闕名

是書接續《天路歷程》之故事，講述幾年後“我”因事順便來到基督徒妻兒所在村莊附近，在一片樹林裏睡着了，又做了一個夢，夢見一位名叫多智的老人。藉助老人之口，提及那位名叫基督徒者現在天上郇山，過着富足快樂的生活。基督徒之妻受神明感召，幡然醒悟，遂帶領四個孩兒追隨其丈夫，走上朝拜天國之路。沿途遭遇無數坎坷磨難，亦結識若干同道中人。在“我”夢醒之時，女基督徒已進入天城。中有《憶夫訓子》《欲阻行程》《始行天路》《扶起心慈》《私摘惡果》《顧上忘下》等插圖二十八幅。文中刻小注，有關史迹、典故、條款俱標引其出處。

見存版本：清同治九年羊城惠師禮堂刻本　澳大利亞國家圖書館　美國哈佛大學哈佛燕京圖書館

全一册。半葉十行，行二十四字。白口，四周雙邊，單魚尾。牌記爲英文。

275 羊城土白新約全書 不著撰人

全書包括《馬太福音》二十八章，《馬可傳福音書》十六章，《路加傳福音書》二十四章，《約翰傳福音書》二十一章；《使徒行傳》二十八章；《保羅達羅馬人書》十六章，《使徒保羅達哥林多人》前書十六章、後書十三章，《保羅達加拉太人書》六章，《使徒保羅達以弗所人書》六章，《使徒保羅達腓立比人書》四章，《使徒保羅達哥羅西人書》四章，《使徒保羅達帖撒羅尼迦》前書五章、後書三章，《使徒保羅達提摩太》前書六章、後書四章，《保羅達提多書》三章，《使徒保羅達腓利門書》一章，《使徒保羅達希伯來人書》十三章，《使徒雅各書》五章，《使徒彼得》前書五章、後書三章，《使徒約翰》第一書五章、第二書、第三書，《使徒猶大書》，《使徒約翰默示録》二十二章。以廣州白話寫就。無序，無從獲知其編纂者、編纂背景、目的、意義等情况。

見存版本：清光緒二十六年上海大美國聖經會鉛印本　美國哈佛大學哈佛燕京圖書館

新學類

276 新民叢書六十二種 （清）新會梁啓超編撰

梁啓超，參見《美國華工禁約記》。

是書分論説、學説、時局、政治、教育、歷史、傳記、地理、學術、宗教、軍事、法律、叢談、文苑、小説等十五類，每類收録若干種著述。半數以上爲梁啓超所撰。

見存版本：清光緒二十九年味新學社刻本　蘇州大學圖書館　湖北省圖書館　義烏市圖書館

277 力學二卷　（清）新會伍光建編

伍光建，參見《法宫秘史》。

作者供職於上海南洋公學（今上海交通大學）時，獨立編寫了《力學》《水學》《氣學》《聲學》《熱學》《光學》《磁學》《静電學》《動電學》九種物理教材，經學部審定，被列爲中學物理學教科書，由商務印書館承印。此書爲《力學》，凡二十章一百六十四節，論述物性、本源么匿、直動、奈端動例、合力、合動、奈端吸力通例、地心吸力、時擺、墜物、抛物之動路、相稱之力、助力器、重心、物之僻性、簡諧動、直碰、斜碰、功能諸力學原理。末附課題一百則。書中有插圖多幅。

見存版本：清光緒三十二年五月上海商務印書館鉛印本（第三版）　中山大學圖書館

全一册。每葉十三行，行三十一字。四周雙邊，無行格。書前有目録。後有版權葉。此爲第三版，首版刊印於光緒三十年九月，再版於光緒三十一年十二月。

278 水學　（清）新會伍光建編

伍光建，參見《法宫秘史》。

全書凡五章七十八節，論述壓力試驗、重率、密率，壓力演算、壓力心、直壓力、平安點，求重率法，細管吸力、面牽力、交滲、交流，流水力學、水力機器諸水學原理。末附課題六十四則。有插圖多幅。

見存版本：清光緒三十二年正月上海商務印書館鉛印本（首版）　中山大學圖書館

全一册。每葉十三行，行三十一字。四周雙邊，無行格。書前有目次。後有版權葉。

279 氣學　（清）新會伍光建編

伍光建，參見《法宫秘史》。

全書凡五章七十節，論述氣質之性、空氣、空氣表，氣質漲力、波勒例、壓力表、多爾頓例，空氣浮力、氣球，抽氣機、抽水機，空氣表求高法、氣漲圖、流動質過管壓力諸氣學原理。末附課題四十二則。有插圖多幅。

見存版本：清光緒三十二年六月上海商務印書館鉛印本（第二版）　中山大學圖書館

全一册。每葉十三行，行三十一字。四周雙邊，無行格。書前有目録。後有版權葉。是書初印於光緒三十二年正月。

280 聲學　（清）新會伍光建編

伍光建，參見《法宫秘史》。

全書凡七章九十七節，論述震動、聲浪、聲之速率，迴射、折射、震動次數，弦管，條片之震動，以光顯聲浪、寫聲機、留聲機，感聲、助聲、分音機、合音機、拍音、聽官，音律、中國古音律解、中西音律比較諸聲學原理。末附課題三十則。

見存版本：清光緒三十二年三月上海商務印書館鉛印本（首版） 中山大學圖書館

全一册。每葉十三行，行三十一字。四周雙邊，無行格。書前有目次。後有版權葉。

281 熱學 （清）新會伍光建編

伍光建，參見《法宫秘史》。

全書凡十三章一百二十八節，論述漲縮略論、寒暑表，實質漲率，流質漲率，氣質漲率，變質、蒸氣，燥濕，引熱之理，熱之傳射，熱量、隱熱，寒熱之源，動熱相生之數，汽機，原熱諸熱學原理。末附課題六十三則。書中有插圖多幅。

知見版本：清光緒三十二年四月上海商務印書館鉛印本（第三版） 民國圖書數據庫

全一册。每葉十三行，行三十一字。四周雙邊，無行格。書前有目次。後有版權葉。是書初版於光緒三十年仲秋。

282 光學 （清）新會伍光建編

伍光建，參見《法宫秘史》。

全書凡十章一百六十七節，論述像影、光之速率、光濃率，返射、返光鏡，單折射、離角、限角、折射指數，透光鏡、演算，光帶、色差，色虹、磷光、弗光，光器，視官、欺眼法、眼鏡，光浪、光浪生剋、折射，雙折射、極光、晶顆色環諸光學原理。末附課題四十四則。書中有插圖多幅。

見存版本：清光緒三十四年八月上海商務印書館鉛印本（初版） 廣東省立中山圖書館 中山大學圖書館

全一册。每葉十三行，行三十一字。四周雙邊，無行格。書前有目次。後有版權葉。

283 磁學 （清）新會伍光建編

伍光建，參見《法宫秘史》。

全書凡六章八十九節，論述磁性、賦磁法、磁力例、地磁、鋼鐵磁性、磁性物諸磁學原理。末附課題二十四則。

知見版本：清光緒三十一年四月上海商務印書館鉛印本（首版） 民國圖書數據庫

全一册。每葉十三行，行三十一字，小字雙行同。四周雙邊，無行格。書前有目次。後有勘誤表、版權葉。

284 静電學 （清）新會伍光建譯

伍光建，參見《法宫秘史》。

全書凡十一章一百六十六節，論述電之推吸，電力例，感電、電之分布，發電機，蓄電器，電平、電力，量電表，電量、通感係數，放電之效、電能，空際之電，電源諸静電學原理。末附課題六十八則。有插圖多幅。

見存版本：清光緒三十一年七月上海商務印書館鉛印本（首版） 中山大學圖書館

全一册。每葉十三行，行三十一字。四周雙邊，無行格。書前有目次。後有勘誤表、版權葉。

285 動電學　（清）新會伍光建編

伍光建，參見《法宮秘史》。

全書凡十四章二百一十六節，論述電池，流電表，阿穆例，流電量法，電溜生熱，熱電，流電動學，電磁、量安表、電報，流電化功、副電池、電鍍，電磁發感、電瀾、自感係數，總論么匿，德律風、感電圈、負極光、朗根光、鐳光，代那模、模托、調平器，電浪、無綫電報諸動電學原理。末附課題八十三則。有插圖多幅。

見存版本：清光緒三十二年四月上海商務印書館鉛印本（初版）　中山大學圖書館

全一册。每葉十三行，行三十一字。四周雙邊，無行格。書前有目次。後有版權葉。

286 理學鈎玄三卷　［日］中江篤介撰，（清）南海陳鵬譯

陳鵬，字孟起。生平待考。另譯有《希臘三大哲學家學説》等。

全書分三卷，卷一領十四章，内容有理學解釋、理學諸説、法蘭西學官所立之虚靈説、性理、感觸情、反省之智與反省之覺、斷之機能、精神、論理、法式、神理原理學、世界之害惡、道學、人心不滅。卷二領七章，分别論述感覺説，精神、道德政術等，意象説，康德之法式，神物一體説等，斯邊塞道德等，神人感合説等。卷三領九章，闡述實質説、宗教并諸種虚靈説之原本，因果意義、無神説、基督宗教之害，實質，世界、星辰之世界、地球，生物體機之浸化，人、感覺、記憶，推理之能、智慧、决斷、心之自由，道德利害，懷疑説。

見存版本：清光緒二十八年上海廣智書局鉛印本　廣東省立中山圖書館　中國國家圖書館　首都圖書館　復旦大學圖書館　湖南圖書館　重慶圖書館

全二册。半葉十二行，行三十一字。白口，四周雙邊，單魚尾。書前有光緒二十八年示諭兩條。後有版權葉。

287 哲學論綱四篇　［法］李奇若撰，（清）南海陳鵬譯

陳鵬，參見《理学鈎玄》。

是書第一篇爲序論，講述哲學之定義、哲學之目的、哲學之區别。第二篇爲論理學，講述論理學之定義及其目的、論理學之區别、思想、判斷、論法、方法、真理七章。第三篇爲形而上學，講述實體學、宇宙學、心理學、神學。第四篇爲倫理學，講述目的、人間的行爲、情、法則、義務。篇下分章，部分章下又細分若干節，論述較爲全面。

見存版本：清光緒二十九年上海廣智書局鉛印本（初版）　山西省圖書館　内蒙古自治區圖書館　上海圖書館　鹽城市圖書館　蘇州大學圖書館　瑞安博物館　香港中央圖書館

全一册。半葉十二行，行三十一字。白口，四周雙邊，單魚尾。書前有目録。後有版權葉、光緒二十八年示諭。

288 哲學要領二編　［日］井上圓了撰，（清）番禺羅伯雅譯著

羅伯雅，字潤楠。康有爲弟子。嘗任廣東陽山縣知事。另譯有《歷史哲學》等。

井上哲次郎所著《哲學講義》，僅略述希臘哲學之歷史，井上圓了以此爲基礎，補充了西洋哲學、東洋哲學及近世哲學的

内容，系統梳理出古今東西哲學之大綱。是書分前後二編。《前編》凡十一章五十九節，第一章爲緒論，論述哲學的義解、範圍、目的、疑問、學派和分類；第二章爲東洋哲學，論述其歷史、種類、性質和事情；第三章爲中國哲學，論述其歷史、比較、孔老和盛衰；第四章爲印度哲學，論述其歷史、比較、種類、婆羅教和釋迦教；第五章爲西洋哲學，論述其歷史、分類和性質；第六至八章爲希臘哲學，分總論、組織、結論三部分，論述其起源、發達、學派、結果，并對其評論，重點分析愛阿尼、瑣格拉底、柏來圖、亞里斯多德、詭辨、懷疑等十種學派；第九至十一章爲近世哲學，分總論、組織、結論三部分，論述其起源、發達、學派、結果，并對其評論，側重於闡述倍根、笛卡兒、斯比諾薩、洛克、來布尼、伯科里等十七種學派。《後編》凡十二章六十三節，第一章爲物心二元論，第二、三章爲唯物無心論，第四章爲非物非心論，第五、六章爲無物無心論，第七、八章爲唯心無物論，第九章爲有物有心論，第十、十一章爲物心同體論，第十二章爲結論。《前編》論説哲學外部之關係，《後編》闡明哲學内部之組織，二者互爲表裏。

見存版本：①清光緒二十八年十一月上海廣智書局鉛印本（初版）　中國國家圖書館　首都圖書館　天津圖書館等

②清光緒二十九年八月上海廣智書局鉛印本（再版）　復旦大學圖書館

全二册。半葉十二行，行三十一字。白口，四周雙邊，單魚尾。《前編》前有井上圓了序、目録。《後編》前有井上圓了序、目録。後有版權葉、光緒二十八年示諭。

289 東語正規三卷　香山唐寶鍔、戢翼翬撰

唐寶鍔（1878—1953），字秀豐，生於上海。光緒二十二年公費赴日留學。二十九年入早稻田大學學習法律。嘗任洋務局會辦、國會衆議院議員、大總統府顧問、律師。有《日本明治維新概要》《中國與國際法之關係》等多種著述。戢翼翬（1878—1908），字元丞，湖北房縣人。與唐寶鍔同年留日。獲賜政治經濟科進士出身，任外務部主事。光緒三十一年冬，隨五大臣出洋考查憲政。因政見不合，遭袁世凱構陷，死於武昌。嘗主持創辦《譯書彙編》《國民報》等月刊。

是書凡三卷，卷一爲語法，卷二爲散語、問答，卷三爲語訣，涉及日語的語音、詞彙、語法、會話等方面。末附泰西哲言十三則。

知見版本：①清光緒二十九年七月上海作新社鉛印本（第六版）

全一册。每葉十三行，行二十七字，小字雙行。書前有光緒二十七年著者序、凡例九則、目次。

按，是書爲第六版，前五版以日本明治年號紀年。初版於明治三十三年（即光緒二十六年），次年再版，明治三十五年三月發行第三版，同年五月發行第四版，同年十二月發行第五版。

②清光緒三十二年一月上海作新社鉛印本（第十版）　日本首都大學東京圖書館

290 英文範詳解四卷　（清）新會伍光建編纂

伍光建，參見《法宫秘史》。

爲便於初學者，作者嘗删繁就簡、避難趨易編著《英文範

綱要》一書，初次刊印於光緒三十四年。後考慮到“文法之繁難，有非趨避所能繞越者，必部署得宜，批導有法，窮源溯流，究其沿革，然後其紛錯異同，乃得而理”，故又作此詳解之書。是書博采諸名家之説，而以馬氏、納氏、德氏爲依歸。分四卷，卷一爲正書，卷二爲字論，卷三爲句法，附造句通例、析辭點頓，卷四爲習句，附造句之題。

見存版本：清宣統元年正月上海商務印書館鉛印本（初版）　中山大學圖書館

全一册。書前有光緒三十四年伍光建序、例言六則、目録、正誤表。後有版權葉。

291 帝國英文讀本卷首　（清）新會伍光建撰

伍光建，參見《法宫秘史》。

此書初名《帝國英文讀本卷壹》，是經過學部審定之英文讀本。其内容遵照循序漸進的教學規律，首先爲印刷體、手寫體示範二十六個英文字母大小寫法，六個元音字母及其書寫體；其次爲五十個要點，介紹長、短元音，c、g 的清濁輔音，兩個字母的單詞，三個字母的單詞，四個字母的單詞，簡單句子；再次爲七類標記；最後爲課程，共有五十課。末附五十課程詞彙表。

見存版本：①清光緒宣統間上海商務印書館鉛印本（第七版）　廣東省立中山圖書館

②清宣統三年上海商務印書館鉛印本（第十五版）　廣東省立中山圖書館

全一册。書前有版權葉。此爲第十五版，初版於光緒三十二年正月，有英文前言，後經十餘次修訂出版。

292 澳門番語雜字全本　佚名編

全書收録與日常生活密切相關的澳門番語雜字，分十六門類，每類下轄若干詞彙，計天地類九十五個、人物類七十三個、身體門五十五個、言語通用一百三十七個、買賣問答六十六個、穿着門三十四個、食用門存六十七個，物件門、綢緞門、顔色門、洋貨門、銅鐵門、數目門、丈尺門、斤數門、担斗升門九門類因殘缺未知數量。每一詞語上記中文，下記中文音譯。

見存版本：刻本（省城第七甫五桂堂藏板）　德國國家圖書館

共一册，殘本，存封面及前十葉。半葉八行，行二十一字，小字雙行同。白口，四周單邊，單魚尾。

293 國家學綱領一卷　［德］伯倫知理撰，（清）新會梁啓超譯

題“飲冰室主人”即梁啓超，參見《美國華工禁約記》。

是書爲《政治學小叢書》之一。全書凡五章二十七節，系統論述國家之改革、國家之主義、國家之建立沿革及亡滅、立國之淵源、國家之凖的。梁啓超在《論學術之勢力左右世界》一文中論及伯倫知理時説：“自伯氏出，然後定國家之界説，知國家之性質、精神、作用爲何物，於是國家主義乃大興於世。前之所謂國家爲人民而生者，今則轉而云人民爲國家而生焉，使國民皆以愛國爲第一之義務，而盛强之國乃立，十九世紀末世界之政治則是也。而自今以往，此義愈益爲各國之原力，無可疑也。”這或許是梁啓超譯介此書之要因與目的。

見存版本：清光緒二十八年上海廣智書局鉛印政治學小叢書本　廣東省立中山圖書館　中山大學圖書館　中國國家圖書館　北京大學圖書館　北京師範大學圖書館　中國人民大學圖書館　上海圖書館　南京圖書館　湖南圖書館　陝西省圖書館

全一册。半葉十二行，行三十一字，小字雙行，字數不詳。白口，四周雙邊，單魚尾。

294 近世歐洲四大家政治學説　（清）新會梁啓超輯譯

題“飲冰室主人”即梁啓超，參見《美國華工禁約記》。

歐洲四大家指十七八世紀的英國霍布士、陸克和法國盧梭、孟德斯鳩，作者認爲此四大政治家“眼光心力曠絶千古”，十九世紀歐洲“新國之所以立，憲法之所以成，政府之所以鞏固而安全，人民之所以康樂而仁壽”，全仰賴此四大家學術思想帶來之深刻影響，故輯譯四人政治學説而成是書。全書分四部分，四人學説各占其一。

見存版本：清光緒二十八年上海廣智書局鉛印本　廣東省立中山圖書館　中山大學圖書館

全一册。每葉十二行，行三十字。書前有版權葉、光緒二十八年示諭兩條、光緒二十八年梁啓超自序、例言五則、目録。

295 現今世界大勢論附滅國新法論　（清）新會梁啓超譯撰

題“飲冰室主人”即梁啓超，參見《美國華工禁約記》。

全書十二節，論述民族主義之進步、民族帝國主義之由來、英吉利帝國主義、德意志帝國主義、俄羅斯帝國主義、美利堅帝國主義、今日世界競争之點集注於中國、各國經營中國之手段、殖民政略、鐵路政略及傳教政略、工商政略，以結論收尾，末附《滅國新法論》。

此書初名《論民族競争之大勢》，發表於光緒二十八年《新民叢報》，作者題“中國之新民”。正文前有梁啓超識，識云：“本論宗旨，在綜覽現今世界各國之大勢，推原其政略所從出，及其所以集勢於中國之由，而講求吾國民應變自立之道。篇中取材，多本於美人靈綬氏所著《十九世紀末世界之政治》、潔丁士氏所著《平民主義與帝國主義》、日本浮田和民氏所著《日本帝國主義》《帝國主義之理想》等書，而參以己見，引伸發明之。”

廣智書局印行此書，核心内容無改，但做了以下變動：作者題“飲冰室主人”；削去題識、附記；梳理内容，厘爲十二節，添加節名；末附《滅國新法論》，該文原載於光緒二十七年《清議報》第八十五、八十六、八十九册。

見存版本：①清光緒二十八年刻本　中國人民大學圖書館　吉林省圖書館　上海圖書館

紹興圖書館版本作“清光緒二十八年上海廣智書局刻本”，嘗見上海廣智書局排印本第三版、第四版版權葉上有“光緒二十八年四月二十初版”字樣，故疑光緒二十八年本當爲此初印本。

②清光緒二十九年刻本　中國人民大學圖書館

③清光緒三十年四月上海廣智書局排印本（第四版）　廣東省立中山圖書館

全一册。半葉十三行，行三十三字，小字雙行同。書前有版權葉、光緒二十八年飲冰室主人自叙、示諭兩條、叙目。

296 共和政體論二卷 ［法］納岌爾布禮撰，（清）番禺羅伯雅重譯

羅伯雅，參見《哲學要領》。

是書由羅伯雅重譯，易季服參訂，分上下二卷，凡十六章。上卷論共和政體、秩序、國步、遵法、憲法、立法權、行政權、各省責任、議院改選、集權及分權。下卷論小學教育、高等法院、政教分離、租税、結社集會出版三自由權、都府。自序云："故當予出版時，一任反對論者之傲慢，且飾以不正不當之言辭，駁擊不遺餘力，乃余毅然不憚再公布此書於世上。第余之必欲出版者，本非馳於虚論，流於空理，而入於不可思議之非想像説。予衹就今日迫切緊要之議論研究之，以探求如何政體爲最適於正理，與夫憲法帶如何性質，又研習目前所實行之改革，由如何方術而可，以此數因，故亟欲公刊此書也。"

見存版本：①清光緒二十九年上海廣智書局鉛印本　廣東省立中山圖書館

全一册。每葉十二行，行三十一字，小字雙行，行約四十字。書前有光緒二十八年三月示諭兩條、自序、納岌爾布禮略傳、總目録。後有版權葉。

②清光緒三十四年上海廣智書局鉛印本　廣東省立中山圖書館

297 十九世紀末世界之政治不分卷 ［美］靈綬撰，順德羅普譯

羅普，參見《東歐女豪杰》。

全書分五編二十二章。第一編民族帝國主義，下分五章：

自民族主義一變而爲民族帝國主義、民族帝國政略之手段、列强之殖民、殖民政略與帝國主義之關係、民族帝國主義政略之結果。第二編中國開放門户，下分三章：中國之政俗、列國所占中國利權、中國之現在及未來。第三編中國有關於地球全局，下分四章：俄國之帝國政略、東方形勢影響及於西歐、東西文明之接觸、中國開放影響之所及。第四編德國之帝國政略，下分五章：俾斯麥之民族主義與維廉第二之帝國主義、德國在非亞兩洲之利害、德國之南美殖民、德國帝國政略之特質、帝國主義之影響於内政。第五編美國在東方局面，下分五章：美國在東方之利害、國際政略影響及於政黨、行政部勢力之增長、帝國政略影響及於美國内政、帝國主義影響及於美國之國際關係。顧燮光輯《譯書經眼録》評價此書時説："全書專論近世各國形勢及關係中國之處，而以民族帝國主義發明之。其言中國民質原美，導之得人，足爲世界實業之中心；而商人崇尚信義，尤足欽佩西人，未可遽以激烈手段處之，所言尤有至理。"

見存版本：清光緒二十八年上海廣智書局鉛印本　中國國家圖書館　吉林省圖書館　上海圖書館　華東師範大學圖書館　南京圖書館　寧波市天一閣博物院

全一册。半葉十三行，行三十六字。白口，四周雙邊，單魚尾。書前有目録。後有光緒二十八年特示、版權葉。

298 政治泛論二卷後編二卷　［美］域魯威爾遜撰，順德麥鼎華譯

麥鼎華（1887—?），字公立。麥孟華三弟。畢業於日本早稻田大學法科，歷任北京政府司法部僉事、河北保定地方法院

院長、安徽蕪湖地方法院院長、山東青島地方法院院長等職。另譯有《歐洲十九世紀史》、《今世歐洲外交史》、《埃及近世史》、《俄羅斯史》二卷、《中等教育倫理學》等。

《政治泛論》分上下二卷，凡七章，論述政治之起原、政治之發達、希臘及羅馬之政治、羅馬之領地及羅馬法、中古焦特紐種族之制度及政治、法蘭西之政治、德國之政治。該書出版後，《新民叢報》即發布紹介新書欄，稱其“自古代之希臘、羅馬，以至近世歐美諸大國，其政治制度，無不條分國别，詳爲論述。於諸國之憲法、行政法、地方制度，靡不遠窮其發生之源，近徵其現行之制，而於其變遷沿革之間，尤爲精審詳盡。務詳其政制變革之迹，以著其國家盛衰之故。本精確之學識，輔以詳密之考證。故讀是書者，非但可以知政治學之原理，且可以比較各國制度之得失，洵稱杰構。譯文尤正確雅暢”。

《政治泛論後編》分上下二卷，凡九章，所論有瑞士之政治，墺地利與匈牙利、瑞典與挪威雙立君主國政治，英倫之政治，合衆國之政治，憲法及行政之發達，政府之性質及其形體，法律之性質及其發達，政府之職掌，政府之目的。

見存版本：清光緒二十九年上海廣智書局鉛印本　廣東省立中山圖書館　中山大學圖書館　首都圖書館　北京大學圖書館　北京師範大學圖書館　復旦大學圖書館　嘉興市圖書館　寧波市天一閣博物院　温州市圖書館

全四册。半葉十三行，行三十六字。白口，四周雙邊，單魚尾。前後編各有目録。

299 十九世紀歐洲文明進化論不分卷 ［日］民友社撰，（清）順德陳國鏞譯述 **附二十年來生計界劇變論一卷** ［日］田尻稻次郎撰，（清）順德陳國鏞譯

陳國鏞，字侶笙。光緒二十二年師從康有爲。戊戌政變後逃亡日本。光緒三十三年參加政聞社，爲書記科成員。

作者翻閲民友社所著《平民叢書》時，見其中有一小册子，書名題曰《十九世紀之大勢》，作於明治二十六年，縱論百年來之歐洲，言婉而意微，心平而理直，讀而愛之。故執筆譯出，定爲今名，推介給國人共讀之。全書分十九世紀前紀、十九世紀二章，凡十九節。十九世紀前紀論述歐洲十八世紀之地位、革命時代、殖產界之革命、思想界之革命、道德之革命、法國革命之危機；十九世紀論述物質進步之於文明、英國之物質進步、物質進步之於思想界、物質進步之功德、物質進步之於貧富懸隔、十九世紀文明之前途、法國革命之影響、平民大勢、政治界之平民主義、法國革命之反動、有望時代。

作者考慮到近來生計界變動皆由於物質文明之進步，故又擇譯田尻氏所著《二十年來世界經濟之景況》，命名爲《二十年來生計界劇變論》。是篇述 1873 年以來，生計界古今所未有之劇變。公司倒閉，民衆失業，困苦艱難，不可言狀。作者經分析認爲，生計界之所以有此劇變，根源在於蘇彝士河之疏鑿、通信輸運之發達、鐵價之低廉、機器之進步等。變動之範圍，雖以西洋爲主，而東洋諸國，亦往往受其餘波。作者譯著此書目的在於提醒談生計之學者，當注意此劇變及其影響。

見存版本：清光緒二十八年上海廣智書局鉛印本　中國國家圖書館　北京師範大學圖書館　上海圖書館　南京圖書館

蘇州大學圖書館　寧波市天一閣博物院　紹興圖書館　福建省圖書館　湖南省社會科學院圖書館　廣西壯族自治區圖書館　陝西師範大學圖書館

全一册。半葉十三行，行三十三字。白口，四周雙邊，單魚尾。書前有叙例四則、目録。封底爲版權葉。

300 教育學史上卷　［日］金子馬治撰，（清）順德陳宗孟譯

是書爲《教育叢書》第二種，分古代教育學史、中代教育學史、近代前半期教育學史三編。篇首之總論述教育學史之範圍、概念，教育學史研究之必要，教育學史之分類。第一編分希臘之教育、羅馬之教育、基督教徒之教育三章，第二編分前半期之教育、後半期之教育二章，第三編分文學復興期及宗教改革時代之教育、宗教的兼文藝的教育、自然派及現實派之教育、陸克及盧梭之教育四章。每章又分若干小節細細闡述。

見存版本：清光緒二十九年上海廣智書局鉛印本　中國國家圖書館（縮微文獻）

全一册。每葉十二行，行三十七字。

301 政群源流考二卷　［美］韋爾生撰，（清）李維格、（清）新會伍光建譯

李維格（1867—1929），字一琴，吴縣人。光緒十三年留學英國，因學費不足而輟學。初任漢陽鐵廠通事翻譯，後升爲總稽核會辦、漢陽鐵廠總辦、漢冶萍公司協理。伍光建，參見《法宫秘史》。

是書凡二卷，亦稱二章，每章分若干節，凡一百五十九節。

第一章爲原治，下分種族、治出於親親、原家、自家群至國群等四十二節，前有釋題，後有總結。第二章爲希臘政體，下分政治天演、父権之治議政、折獄、家長主祭等一百一十七節。作者撰寫此書目的在於宣傳新思想，即求變方能進化，維新乃進化之機。卷一後附折衷原群諸家書目三十三種，引用群約家書目四種。卷二後附引用書目十一種，希臘史目六種。每種書記著者、版本，亦有記簡介者。上述書目對後之學者開展相關研究亦有啓發和參考作用。

見存版本：清光緒二十八年南洋公學譯書院鉛印本　中山大學圖書館　中國國家圖書館　北京師範大學圖書館　上海圖書館　南京圖書館　蘇州大學圖書館

全一册。半葉十二行，行三十二字。上黑口，四周雙邊，單魚尾。各卷前有目録。卷二末葉末行鎸“卷三以下續出”，可知是書未完。書末有版權葉、刊誤。

302 人群進化論　［日］有賀長雄撰，順德麥仲華譯

麥仲華（1876—1956），字曼宣，號璱齋、璱庵、曼殊主人。麥孟華之弟。師從康有爲，入讀萬木草堂。戊戌政變後流亡日本。民國間歷任司法儲才館秘書、香港電報局局長、廣州電政監督等職。編有《戊戌奏稿》等著述。

是書爲系統闡述人群進化理論之專著。全書分人群發生篇、人群發達篇、國家盛衰篇三部。篇首爲總論，述人群學釋義、人群學之握要。部下分章，章下分節，三部共計十八章八十一節。采西國之成説，論述人群發生之外部要質、内部要質、相互要質，人群體形之成長，人群體制、統率部、

供給部、通運部之開展，人群發達之限際，國家盛衰之理，君主專制之起原與破壞，教權一統及破壞，法律一統及破壞，哲學之起原等諸多方面。麥仲華自序言其翻譯動機概略如下：中國人群成立最早，又是地球極大之群，却以四萬萬人之大國，落後於歐西諸邦；昔日號稱之文明，今日逐步退化，是進種改良未得其術？物競天擇，適者生存。中國亟需擴大競争力，以免重蹈印度覆亡、羅馬崩敗之覆轍。觀日本有賀長雄博士所著《人群進化論》，晰人群之公理，詞詳義備，深切著明，故譯介之，以資感發國人。凡例稱，有賀長雄所著原名《社會進化論》，分社會進化論、宗教進化論、族制進化論、儀式進化論、産業進化論五卷，作者擇譯其第一卷，更名爲《人群進化論》。光緒二十九年《新民叢報》刊發紹介新書欄，評此書“於優勝劣敗之理，與夫群治進發之故，反覆推闡，淵淵入微，而挈領提綱，條分縷析，使繁頤深奧之學理，燦若列眉，言約理博”，“譯者久學東邦，素優文學，故譯文雅潔透達，援證歷史，尤爲深切著明”。

見存版本：清光緒二十九年上海廣智書局鉛印本　廣東省立中山圖書館

全一册。每葉十二行，行三十一字。書前有光緒二十六年麥仲華自序、凡例六則、目録。

303 歷史哲學前編後編　［美］威爾遜撰，（清）番禺羅伯雅譯

羅伯雅，參見《哲學要領》。

是書由羅伯雅譯著，元和蔡俊鏞參訂。全書分前後二編，

《前編》包含埃及文明論、西亞利亞文明論、希臘文明論、希臘盛衰論、羅馬文明論五章；《後編》含中世史論、宗教改革論、英國革命論、佛國革命論、美國革命論、今世紀史論六章。

見存版本：清光緒二十九年上海廣智書局鉛印本　廣東省立中山圖書館　北京大學圖書館　北京師範大學圖書館　清華大學圖書館　蘇州大學圖書館

全二册。半葉十二行，行三十一字。白口，四周雙邊，單魚尾。書前有二編目録。後有版權葉。

304 美國憲法志　順德盧信譯

盧信（1885—1933），字信公，筆名梭功。光緒二十九年任香港《中國日報》記者，加入興中會。後在日本、檀香山創辦《大江日報》《自由新報》《大聲雜志》等報刊，宣傳革命思想。宣統三年回香港任《中國日報》第四任社長。民國後，歷任廣東臨時參議院副議長、北京政府司法部總長等職。著有《不徹底原理》《不徹底意義》《黨争救國論》《自由言論》《人道》《革命真理》等。另譯有《美國憲法釋義》。

全書分十七篇，論述内容包括亞美利加殖民地之政府，上下議院，上下議院之選舉權力、義務、特權，議定律例之方法，議院、非議院之權，限制各省之權，第九總統，司法部，各省對於合衆國之義務、每省對於他省之義務，增補憲法，省、縣、鄉、市政府。自序述譯介此書緣由，其略云：亞美利加合衆國以其完備的憲法使得人民享有較爲完備的自由；合衆國推行共和政治，使得國内治安狀况良好。因中美兩國在土地廣大、物産富饒、多民族雜處三方面存在類似國情，故譯此書以資我國效仿。

見存版本：清宣統三年日本東京秀光社鉛印本　廣東省立中山圖書館

全一册。每葉十三行，行三十二字。書前有宣統元年盧信序、凡例四則、目次。後有版權葉。是書初版於宣統元年，此爲第三版。

305 歐洲財政史　［日］小林丑三郎撰，順德羅普譯

羅普，參見《東歐女豪杰》。

是書分三章，篇首爲緒論，認爲財政爲立國之大本，凡欲論一國之財政，必先詳各國之財政，欲詳各國之財政，必先考各國財政之歷史。故第一章古代希臘羅馬之財政、第二章中世之財政，集各國歷史事實有關財政者，以年代爲次，分國述之，以考其沿革大略。第三章爲近世之財政，此章又分十七世紀以前之財政、十八世紀之財政、十九世紀之財政三節。末附最近統計表。

見存版本：①清光緒二十八年上海廣智書局鉛印本　廣東省立中山圖書館　中山大學圖書館　中國國家圖書館　北京師範大學圖書館　南京圖書館　常州圖書館　湖南圖書館　青海省圖書館

全一册。半葉十二行，行三十一字，小字雙行，字數不詳。白口，四周雙邊，單魚尾。書前有目録。封底有版權葉。

②清光緒二十八年上海商務印書館鉛印政學叢書本　遼寧省圖書館　南京圖書館

集　部

别集類

唐代别集

306 曲江集考證二卷附年譜一卷　（清）順德温汝适撰

温汝适（1755—1821），字步容，號篔坡，别號慵訥居士。乾隆四十九年進士，累官至都察院副都御史、兵部右侍郎。工詩詞，嗜藏書。著有《携雪齋詩鈔》《携雪齋文鈔》《咫聞録》《韵學紀聞》《日下紀游略》等。

是書分上下二卷，略仿《韓文考異》之例，徵引史籍、方志、文集、雜記、書目及序跋文章等數十種文獻，采輯與張九齡有關且足資考據者，於傳聞異辭及省文脱誤處時出按語，或予以辨正，或闡明己見。温汝适識云："余刻是書未二十年，板已殘缺。嘉慶丁丑之春增入四十餘條，以類相從。"後附《曲江年譜》，記張九齡自唐高宗儀鳳三年出生，至開元二十八年五月卒於韶州之事實。

見存版本：清嘉慶二十二年珍恕堂刻本　中山大學圖書館（有岑仲勉批注）　北京師範大學圖書館

全二册。半葉十行，行二十一字，小字雙行同。白口，四周雙邊，單魚尾。《考證》前有乾隆五十七年温汝适序、温汝适識。《年譜》前有嘉慶二十一年温汝适序，後有温汝适跋。

307 杜詩矩四卷　（清）番禺汪後來、（清）南海吴思九同注

汪後來（1678—?），字白岸，號鹿岡，别署白岸道人。康熙四十一年武舉人，任佛山千總。嘗倡結汾江詩社。乾隆元年以武員薦鴻博，稱疾不赴。有《畫史》一卷、《王右丞詩箋》二卷、《汾江社詩選》等著述。吴思九，字握文。生平待考。

是集專注杜詩五言、七言近體律詩，所注之各詩必搜其淵源，指其規矩，以質同人，亦備參考，故題書名曰《杜詩矩》。卷一注七律一百零七首，卷二至四注五律四百八十八首。每首於題目之下先標其大旨，次詳考地理、職官，有托物寓言者，亦先提出本意。於詩句之下則先拈出起承開闔之法，次解古典，次引前哲歌咏。於章後總括大義及其字句精工、格法變换之妙。吴思九序云："詩之可以垂範後學者，首推杜少陵，蓋其情趣渾厚，格律森嚴，特匪淺學所能窺尋其妙。余與友人鹿岡汪君素有杜癖，殘膏剩馥沾丐良多"，故聯手"互相考訂，寒暑屢更，逐字討出來歷，每篇標出指歸，箋釋注解"。

見存版本：清刻本　廣東省立中山圖書館

全三册。半葉八行，行二十二字，小字雙行同。下黑口，左右雙邊，單魚尾。書前有南海吴思九序、汪後來序、凡例十則、《杜工部年譜》、目録。

308 新刊五百家注音辯昌黎先生文集 （唐）韓愈撰，（宋）魏仲舉輯注，（清）番禺陳澧批點

韓愈（768—824），字退之，河南河陽人。自稱郡望昌黎，世稱昌黎先生。唐貞元八年登進士第，後歷任節度府推官、監察御史等職。操行堅正，鯁言無忌。因論宫市之弊被貶爲陽山縣令，後遇赦調任。元和十四年因諫迎佛骨被貶爲潮州刺史。晚年官至吏部侍郎。卒謚文，故稱韓文公。倡導古文运动，主張"文以載道"，被尊爲"唐宋八大家"之首。有《昌黎先生集》四十卷、《昌黎先生外集》十卷等。魏仲舉，名懷忠，建寧府建安人。以崇正堂爲坊號，從事刻書活動。南宋寧宗慶元間編印《五百家注音辯昌黎先生文集》四十卷、《五百家注音辯唐柳先生文集》四十五卷等文獻多種。陳澧，參見《學思稿》。

全書四十卷，卷一爲賦、古詩、琴操，卷二至七爲古詩，卷八爲聯句，卷九、十爲律詩，卷十一至十四、三十六爲雜文，卷十五爲書啓，卷十六至十九爲書，卷二十、二十一爲序，卷二十二、二十三爲祭文，卷二十四至三十五爲墓志碑銘，卷三十七至四十爲狀、表狀。自卷十一始有陳澧批語，内文句讀、綫批以藍筆爲主，間以朱筆，或朱藍筆相間，偶見墨筆綫批；眉批以墨筆爲主，間以藍筆，偶見朱筆。墨批爲校讎，藍批爲評點，朱筆爲引文。

見存版本：清乾隆四十九年觀樓氏依宋本重刊　中山大學圖書館

全八册。半葉十行，行十八字，小字雙行，行二十三字。左右雙邊，白口，雙魚尾。

309 李長吉集四卷外集一卷　（唐）李賀撰，（明）黄淳耀評，（清）順德黎簡批點

李賀（790—816），字長吉，福昌人。自幼聰慧，工辭章樂府。因父名犯諱，不得應舉。薦授太常寺奉禮郎，三年後辭官。其詩瑰麗奇特，有“詩鬼”之稱。有《昌谷集》四卷。黄淳耀（1605—1645），字藴生，號陶庵，嘉定人。崇禎十六年進士。順治二年嘉定城陷，自縊。黎簡（1747—1799），字簡民，又字未裁，號二樵。乾隆五十四年拔貢。著有《莊子韵》《五百四峰草堂詩鈔》《五百四峰草堂文鈔》《藥烟閣詞鈔》《芙蓉亭樂府》等。

是集爲黄淳耀評本，經黎簡批點，共批點李長吉詩二百餘首，解析李賀賦詩時之心境、詩句用字遣詞之妙處等。眉批俱爲朱字，文中句讀、批語等朱墨兼有。朱墨燦然，點評細緻，頗爲可觀。乾隆四十八年黎簡朱字題識云：“余幼好長吉，非長吉詩不讀，且學爲之，甚肖也。向有手記一本，朱藍墨三通矣，毁於灾。今於兹刻，復以己意稍論之。”葉衍蘭跋云：“李長吉詩如鏤玉雕瓊，無一字不經百煉，真嘔心而出者也。二樵詩學胎息於斯，故其評語最爲精當。此黄陶庵評本，二樵加墨其上，吕石騆得之，後歸陳蘭甫師。余從孝直世兄處假歸，課餘無事，一一録出，石騆間有附識，亦并録之。”從葉跋可知，番禺吕堅於此書亦有一定貢獻。

見存版本：①清光緒十八年番禺葉衍蘭寫刻朱墨套印本　廣東省立中山圖書館　中山大學圖書館　北京大學圖書館　遼寧大學圖書館　吉林大學圖書館　復旦大學圖書館　河南大學圖書館

全一册。半葉九行，行二十字，小字雙行同。白口，四周單邊。

②清宣統元年上海掃葉山房石印本（朱墨套印） 中山大學圖書館

全二册。行格、邊口與光緒十八年刻本同。書前有杜牧序。後有光緒十八年葉衍蘭跋。

③清末民初據清光緒十八年羊城刻本影印本 北京大學圖書館

宋元别集

310 白石道人四種八卷 （宋）姜夔撰，（清）香山黄紹昌批校并過録，（清）番禺陳澧批語

姜夔（約1155—1209），字堯章，號白石道人，饒州鄱陽人。工書，善詩詞，通音律。黄紹昌（1836—1895），字芑香。光緒十一年舉人。少師事番禺陳澧。嘗爲學海堂、菊坡書院、豐山書院講席。著有《三國志音釋》《秋琴館詩文集》《秋琴館詩話》《帶花倚劍堂詞》《佩三言齋駢體文》等。陳澧，參見《學思稿》。

全書多有陳澧朱墨筆批注。陳澧長於詩，其於《白石道人詩集》兩卷中批語頗多，有贊有彈。批語中偶見陳澧對自己行踪的記録，如於《送王孟玉歸山陰》處批云“壬子小暑後八日長江舟中苦熱讀此”，壬子年爲咸豐二年，此年農曆六月陳澧舟行於長江上，值讀此書，此可補入《陳澧先生年譜》《陳東塾先生年譜》。

陳澧兼善音律，其於《白石道人歌曲》四卷批點尤豐，不僅眉批蔚然可觀，文中亦有不少批語。所批涉及版本比勘、考

證，亦有揚有抑。《白石道人逸事》《白石道人詩集自叙》等處散見眉批數條。《白石道人歌曲》卷一末尾有題識云："同治十三年五月，蘭甫先生屬將此曲譜入七弦，并改其誤。摩挲逾月，始克竣事。"

外封處題識略云：初以爲《姜白石集》乃黄芑香先生批校本，嗣細閲之，讀《齊天樂·蟋》詩句批語，乃知此書爲陳東塾批而芑香過録者。

見存版本：清同治十年野水閑鷗館刻本　澳門大學圖書館

全二册。半葉九行，行二十一字，小字雙行同。白口，左右雙邊，單魚尾。書名《白石道人四種》爲陳澧所題。外封有題識。

311 希吕集一卷　（元）新會羅蒙正撰

羅蒙正，字希吕，其先廬陵人。弱冠從肇慶羅斗明學詩，盡得其法。任教於古岡書院，從游者甚衆。嘗就高州學正、南恩州教授。

是集收録《春日聞鶯》《寄謝何東道》《登圭峰懷蘇長公》《次韵余太常觀國招撫江南航海至新會》《獨秀峰即事呈都閫諸公》《寄黄尚書》《甲子年九月二十五日西寇犯高凉戰於坡山》《高州寄友人》《初秋》《寄恩平吴奏記》《和白石馬教授》《懷馬教授》詩，凡十二題二十一首，以七律爲多。書前有蒙正小傳，稱其詩"格調頗高，五言律句音響尤工"。

見存版本：①清康熙五十九年長洲顧氏秀野草堂刻元詩選本　中國國家圖書館　厦門大學圖書館　美國哈佛大學哈佛燕京圖書館

合一册。半葉十三行，行二十三字。白口，左右雙邊，雙魚尾。

②清康熙刻嘉慶光緒間增修元詩選本　厦門大學圖書館　四川大學圖書館

明代别集

312 番禺稿　（明）吕誠撰

吕誠（？—1397），字敬夫，昆山人。淹貫經史，尤長於詩。詩格清麗，風流俊采。有《來鶴亭詩》九卷《補遺》一卷，以及《既白軒》《竹洲》《歸田》諸稿，皆散佚。

是稿録五絶五首、七絶三十三首、五律一首、七律十七首，起自《南海道中》，訖於《秋日南歸舊隱》。其中《湞陽峽山飛來寺》《番禺謾興》《南海口號》《越樓觀燈》《粤王臺懷古》《游白雲諸山》《訶林光孝寺方丈》等詩篇抒寫廣東之見聞感懷。

見存版本：清初鈔本　臺灣圖書館

全一册。半葉九行，行十七字，注文小字雙行同。

313 甘泉先生文集外編十二卷　（明）增城湛若水撰

湛若水，參見《聖訓約》。

是集前十卷爲文，後二卷爲詩。卷一録章疏八篇、雜著二十四篇，卷二至五録序八十九篇，卷六録記八篇、傳七篇，卷七録書三十六篇，卷八録文十七篇、表志銘十一篇，卷九、十録碑志表二十六篇，卷十一録五絶七十四首、五律六十五首、五排十二首、六言詩十八首，卷十二録七絶一百三首、七律一百五首、七排三首。

《廣州大典》所收《湛甘泉先生文集》三十五卷，爲萬曆七年吴淪刻本。經比對，此《外編》與其有較大不同：《外編》卷一章疏八篇，《湛甘泉先生文集》均未收録；《外編》雜著二十四篇，中有十七篇《湛甘泉先生文集》未收；《外編》序八十九篇，中有七十三篇《湛甘泉先生文集》未收。

見存版本：明刻本　中國國家圖書館

全六册。半葉十行，行二十一字。白口，左右雙邊。卷端署“門人江都沈珠、綿州高簡類編校正，瓊山陳思誠同校，江都火增刊行”。書前有目録。

314 甘泉先生續編大全三十三卷　（明）增城湛若水撰

湛若水，參見《聖訓約》。

全書三十三卷，卷一至三爲序四十六篇，卷四至六爲記三十九篇，卷七至九爲書簡一百七十五篇，卷十爲墓表十三篇，卷十一、十二爲墓志銘二十四篇，卷十三至十五爲祭告文一百六十二篇，卷十六、十七録五言古詩三百零一首，卷十八録七言古詩十三首、五絶七十首，卷十九、二十録七絶二百六十六首，卷二十一録七律十一首，卷二十二録歌類四十一首、辭類四首、贊類十九首，卷二十三、二十四録雜著一百零八篇，卷二十五至二十八録答問二百五十三條，卷二十九、三十爲《湛子約言》，卷三十一爲《心性書》，卷三十二爲《非老子》，卷三十三爲《岳游紀行録》、《跋何于逵氏所藏古翁墨迹》（此篇有目無文）。郭應奎序云：“《甘泉先生大全》若干卷，嘗刻于羊城，先生官大司馬以前之集也。今其續編若干卷，則先生致政以後之集，中丞周潭汪公始莅虔臺即請于先生刻之。”嘉靖十九年十月，甘泉先生致仕歸里，三十九年四月卒，是集所收詩文大體産生於這一時段。

《廣州大典》未收録湛若水之全集，而别收文集和詩選集。比對其第四二二册所收萬曆七年《湛甘泉先生文集》，《續編大全》中有三十一篇序、二十五篇記、二十三篇墓表墓志銘、一百四十二篇祭告文該《文集》未收入。《廣州大典》第八七册所收《湛甘泉先生文集》三十二卷，爲同治五年刻本。據粤東督學樊澤達序，是集“得之兵燹之餘，僅存什一於千百”，其卷七爲書，經比對，《續編大全》中有一百六十篇書札該《文集》未收。又，《廣州大典》第四二一册收《甘泉湛子古詩選》五卷，經比對各體詩篇，《續編大全》所收與其互有有無。

見存版本：明嘉靖三十四年刻萬曆二十一年修補本　湖南圖書館　臺灣圖書館

全三十二册。半葉十行，行二十字，小字雙行同。白口，四周雙邊，單白魚尾。版心下鎸刻工名。書前有嘉靖三十四年泰和郭應奎序、目録。

315 矩洲文集四卷續一卷　（明）南海黄衷撰

黄衷（1474—1553），字子和，號矩洲，别號病叟。弘治九年進士，歷官至工部右侍郎兼僉都御史、兵部右侍郎。另有《矩洲詩集》《矩洲奏議》《矩洲雜咏》《海語》等著述。

是書標爲五卷，末卷即卷五實爲續編。卷一、二爲序，録書序、贈序五十六篇；卷三録記八篇、敕建碑文一篇、墓碑二篇、墓表三篇、志銘九篇、行狀三篇；卷四録祭文二十四篇、書簡三十三篇、雜著六篇；卷五爲文集續編，録贈序、書序十二篇，碑文二篇，記一篇。張岳稱此集“渾雄而不浮，詳贍而有則”，“其辨析事情，該貫物理，至於是非邪正、興衰理亂之際，反覆懇切，務爲實用”。陳洪謨贊其詩文“意邃而不詭，語奇而有則，敘事則紆委而質，歸宿則渢渢乎有餘味”。龐嵩評曰：“備諸作之體，集百家之成。理至詞郁，卓有古風。述始末者存乎序，詒永久者存乎記，宣大美者存乎碑表，志以識之，銘以明之，雜著以附之，以交神人事，綢居祝簡之辭則備矣。”

見存版本：明嘉靖二十六年序刻本　日本國會圖書館

全三册。半葉十行，行二十字。白口，四周雙邊，無魚尾。書前有嘉靖二十六年張岳敘，嘉靖二十一年陳洪謨、翁溥序，嘉靖十九年龐嵩序。各卷前有目録。

316 五鵲别集二卷　（明）南海盧寧撰

盧寧（？—1561），字忠獻，又字獻子，號冠巖。嘉靖二十三年進士，累官南京户部員外郎、南京刑部郎中、山東登州知府。另著有《獻子講存》《五鵲臺集》《盧子偶存》。

盧寧官南京刑部郎中時，於新泉精舍與諸生講學論道之餘，喜賦詩撰文，“或鎸諸公署，或刊諸騷壇；又或古刹崇岩，或華堂麗館，連篇累牘，條軸横批”。嘉靖三十六年，其門人程子明謀刻其集，遂抄録各處見刻之詩文，以及自友人處所采訪，得近體詩、古詩、排律、序記文狀等若干篇，類編爲二卷，付之棗梨。因盧寧先已有《五鵲臺集》，故此以别集名之。及嘉靖三十八年盧寧官登州知府時，所屬黄縣知縣劉珙又重刻之。是書上卷爲詩，收録五言近體詩六十三首、七言近體詩一百四首、五言古體詩十四首、七言古體詩十一首、五絶十五首、六絶十一首、七絶三十六首、五排二首、七排二首；下卷爲文，收録序十一篇、記六篇、雜文二篇、祭文九篇、行狀一篇。

見存版本：明嘉靖三十八年劉珙重刻本　中國國家圖書館　上海圖書館

全二册。半葉九行，行十八字。白口，四周單邊。書前有程子明小引、嘉靖三十八年劉珙叙、總目。

317 樾墩集七卷　（明）新會陶益撰

陶益（1520—1599），字允謙，一作維謙，號練江，别號江門迂客。嘉靖三十五年以歲貢任江西永新訓導。未幾，以目疾乞歸。與王漸逵等講明陳白沙理學。另著有《練江子》一卷等。

樾墩書屋爲陶益講學及藏書之處，因以名集。是集前二卷約撰成并刊刻於嘉靖四十一年之前。四十三年由吉安門人王子充，永新門人張復初、劉朝噩校正重刊。後五卷大體成於隆慶六年之後。全書七卷，以時間爲序録五古、七古、五絶、七絶、五律、七律諸體詩凡四百七十二首，以寫景、即事、抒懷、憑吊、唱和、寄贈、送别、交游、題畫等題材爲主。何熊祥讀此集以爲得五柳宗風。

按，是書卷數史載與實際所見不同，萬曆《新會縣志·藝文略》作二卷，康熙《新會縣志·人物志》、乾隆《新會縣志·人物志》、道光《新會縣志·藝文》、光緒《廣州府志·藝文略》均作二十卷。又按，《樾墩集》卷二末有新會許炯題識、嘉靖四十三年吉安門人題識，其吴章題識云：“練江子生於白沙陳子之鄉，嘗與善山何子、青蘿王子講學於黄雲紫水間。”陶益爲三廣公陶魯之孫、宣威將軍陶梁民之子，祖籍鬱林州，隨父附籍新會，萬曆《新會縣志》卷四、康熙《新會縣志》卷十二、乾隆《新會縣志》卷九、道光《新會縣志》卷八均爲之立有傳。

見存版本：明嘉靖末萬曆初刻本　中國國家圖書館

全二册。半葉十行，行二十二字。白口，四周單邊。書前有嘉靖四十四年倫以詵序，練江先生像，嘉靖四十三年周祉、黄礱、蕭文元所撰像贊，陶益傳，陶益居所圖，練江陶仲子小影，王漸逵、關于政題詩，倫以詵等題辭，目録。每卷卷前有目録。

318 粤吟稿一卷　（明）傅汝舟撰

傅汝舟，字木虚，號丁戊山人，又號磊老，侯官人。晚年弃家出游。有《丁戊山人詩集》。

作者於嘉靖萬曆間遠行嶺南，在廣州結識南園後五子黎民表、李時行、歐大任、梁有譽、吴旦，繼與黎民懷、歐大命、潘光統、鄺元陽等其他嶺南名士熟識。其在嶺南拜訪故交，寄贈親友，參與名公雅集，游覽名勝古迹，俱形諸詩，編爲斯集，題《粤吟稿》，記其嶺南之游。共録詩二百三十四首，以贈答詩居多。

見存版本：明刻丁戊山人詩集本　日本國立公文書館内閣文庫

合一册。半葉八行，行二十字，小字雙行同。白口，四周單邊，單白魚尾。版心下鎸刻工名。

319 慶曆稿不分卷 （明）南海曾仕鑑撰

曾仕鑑，字人倩，又字明吾，號洞庭。萬曆十三年舉人，官至户部主事。因便南還，不復出。著有《皇明大政纂》、《兩粵鎮乘》、《粵東雜識》、《綸音草》、《嶺南逸史》、《公車稿》一卷、《洞庭稿》、《羅浮稿》、《和杜稿》、《南槎記》、《醫方》、《兵略》、《軍門志》、《西清暇筆》等近二十種。

是集收録作者於萬曆乙亥、丙子兩年份所賦詩凡八十二首。乙亥年七十一首，内有五律二十三首、五絶一首、七律二十三首、七絶十七首、五古四首、七古三首。丙子年十一首，其中五律三首、七律七首、七古一首。張邦燮稱其詩“意淵以宏，詞悲以壯，格峭以厲，調高以古，自開户牖，自立區畛”。

見存版本：清康熙四十四年刻本　廣東省人民政府文史研究館

全一册。半葉八行，行十九字，小字雙行同。白口，四周雙邊，無魚尾。書前有康熙三十七年張邦燮序、康熙三十八年順德馬中奇《羅浮稿序》、《江上和杜集序》、曾仕鑑傳、同郡潘益之撰傳。

320 寒窗感寓集三卷附録一卷 （明）新會李以龍撰

李以龍（1540—1630），字見所，一字伯潛。嘉靖三十七年舉人。潛心於理學。著有《進學書》《師説》《省心録》等。

是集收録隆慶元年至天啓間作者所撰詩文，凡三卷，卷一録各體詩六十首，以感懷、憑吊、步韵、贈别類爲多；卷二爲序、記、引、跋、讀後、墓志銘、祭文諸體文十九篇；卷三爲雜著，録論説十一篇。附録王命璿所撰《請謚疏》。自序云“隱几寒窗之下，寓言宇宙之間，志有在也”，故以《寒窗感寓》名其集。王命璿讀其詩文“覺忠孝之性發乎其詞，理學之要存於當題，信足以續江門之緒而溯洙泗者”。

見存版本：清乾隆嘉慶間覆明萬曆四十六年刻本　臺灣圖書館

全一册。半葉八行，行十九字。白口，四周雙邊，單魚尾。書前有萬曆四十六年王命璿序、萬曆三十五年李以龍自叙、目録。

按，《廣東宋元明經籍槧本紀略》稱此書另有萬曆三十五年家刻本，書名卷數同，無附録。

321 偶然堂遺集三卷附録一卷年譜一卷　（明）順德梁元柱撰

梁元柱（1589—1636），字仲玉，又字森琅。天啓二年進士，官陜西道御史。因忤權監遭削職。歸隱廣州，築園於粤秀山南，所居名偶然堂。崇禎元年以原職召還，途中補福建道御史。另有《梁侍御疏要》四卷等。

是書卷一爲文，録奏疏三篇、序五篇、小引二篇、祭文二篇、贊七篇；卷二、三爲詩，録樂府四首、五古四首、七古四首、五律二十六首、七律五十七首、五排三首、七排二首、五絶四首、七絶二十一首；卷四爲附録，録天啓四年熹宗制敕，進士羅孫耀所撰墓志銘，崇禎十二年進士吴元翰所撰行狀，梁元柱傳五篇，區龍正、梁兆陽所撰原序各一篇，鄭時達、梁善長所撰重刻原序各一篇，羅天尺、陳懷所撰像贊各一篇，魁星贊後跋，廣東文獻按語，鄺露、羅天尺等所撰詩九首。附録後有嘉慶二十五年梁廷枏所撰年譜。梁廷枏跋稱，《偶然堂集》四卷初刻於崇禎十四年，因李自成農民起義之故，板片散佚，海內流傳絶少，故《明史·藝文志》不著録。“廷枏家舊藏本，則乾隆三年鄭明經時達暨先大夫燮菴公所同輯”，“秋宵多暇，因更略爲輯補，析詩文爲三卷。益以附録，别作一卷，依原目數也”。

見存版本：①清鈔本　廣東省立中山圖書館

全二册。半葉十行，行十八字。朱絲欄格式稿紙。欄外下方墨筆題“藤花亭校”。書前有總目，卷三後有梁廷枏跋。

②清刻本　日本國立公文書館内閣文庫

全二册。半葉八行，行十八字。白口，四周雙邊，雙對魚尾。版心下鎸“藤花亭校”。書前有總目，卷三後有梁廷枏跋。

322 臨雲集十卷　（明）香山伍瑞隆撰

伍瑞隆（1585—1666），字國開，又字鐵山，晚號鳩艾山人。崇禎十年副榜，累遷户部員外郎。出任河南巡道，以病歸。著有詩集十餘種，多散佚。

是集前五卷爲詩部，後五卷爲文部。詩部録賦四篇、銘二篇、四古五首、五古二十二首、七古二十八首、五律一百二十七首、七律八十九首、五排十四首、七排二首、五絶五十六首、七絶八十三首、雜體詩十二首，附蕭譜一首。文部録序十九篇，記四篇，家譜類譜序一篇、譜圖一篇、分居譜一篇、家傳三十九篇、外傳二十六篇、人物傳八篇，啓四篇，祭文六篇，行狀一篇，墓志銘一篇，墓表一篇。李孫宸贊此集“無體不厚，無氣不沉，無骨不古，無力不勁，無格不高，無法不比，而冲然泊然，絶無體氣骨力格法之可尋”。

見存版本：明天啓四年序刻本　日本國立公文書館内閣文庫

全五册。半葉八行，行十七字。白口，四周單邊，無魚尾。書前有天啓元年歐必元敘、天啓四年李孫宸序、目録。

323 赤鸚鵡詩箋注　（明）南海鄺露撰，（清）番禺崔國佐撰注

鄺露（1604—1650），字湛若，號海雪。嘗游歷廣西，後縱游吴楚、燕趙間。明亡後回廣東。永曆時，授中書舍人。清順治七年奉使回廣州，值清兵臨城，遂死守十餘月。城陷，不食，抱琴而死。能文，工詩，善琴，精鑒藏，兼擅書。著有《赤雅》三卷、《嶠雅》四卷等。崔國佐，字守秩。崔弼之父。生員，以孫連升貤贈武信騎尉。

《赤鸚鵡》詩是七律咏物組詩，共十二首，崇禎間鄺露創作於揚州鄭氏影園。據屈大均《廣東新語・詩語》載，此組詩出，一時士人傳誦，爲鄺露贏得“鄺鸚鵡”之雅稱。清海雪堂刻《嶠雅》本，收録此詩，詩名作《赤嬰毋》。《赤鸚鵡詩箋注》由崔國佐撰注，崔弼校刻。先過録原詩，而後徵引正史、字典、文選、地理志、詩文、雜録等文獻，或解釋詩中典故來歷、詞語含義，或標示字詞音義，或批注地名之建置、位置之所在。最後從主旨、内涵、遣詞、修辭等方面予以綜評。

見存版本：清精鈔本　美國華盛頓大學圖書館

全一册。半葉九行，行二十五字，小字雙行同。

324 鐵橋山人詩稿補遺　（明）東莞張穆撰

張穆（1607—1683），字穆之，一字爾啓，號鐵橋道人。布

衣。喜游歷，所到之處，皆有紀游詩。善繪馬及禽鳥。晚歲好道。

是編參輯陳銘珪《浮山志》卷四、《明詩綜》、《東莞詩録》等文獻，采集《鐵橋山人詩稿》中所未收詩，得五絶十一首、五律六首、七絶三首、七律十一首、五排一首、七排一首，多爲張穆崇禎二年至順治十四年間所作。

見存版本：清鈔本　美國柏克萊加州大學東亞圖書館

合一册。半葉八行，行十六字。

325 張文烈公遺詩一卷　（明）東莞張家玉撰

張家玉（1615—1647），字玄子，號芷園。崇禎十六年進士，授庶吉士。國變後一直追隨南明政權。永曆元年，毁家招兵抗清。奉表桂王，進兵部尚書，提督嶺東軍務。在增城與清兵血戰，兵敗受傷，赴水而死。有《大易纂義》《歷年帝王世説》《歷代名臣論贊》《百將妙略》《張太史奏疏》《詞林館課》《燕山吟》《西征集》《讀史詩》《南游草》《名山集》等著述。

是編未分類，但分正録、附録兩部分。正録收録五絶、五律、六絶、七絶、七律諸體詩八十餘首，以紀事詩、感懷詩和贈答詩居多，間有少量憑吊懷古詩和若干題詩。附録爲《軍中遺稿》，録七言詩七十六首。

見存版本：①清光緒二十九年東莞寓園刻本　廣東省立中山圖書館　中國國家圖書館　北京師範大學圖書館　天津圖書館　南京圖書館

全一册。半葉十行，行二十二字。上下黑口，四周雙邊，雙對魚尾。卷端署“邵村校刊”。書前爲邑志中張家玉傳。

②清光緒三十三年上海國學保存會鉛印國粹叢書本　廣東省立中山圖書館　華南農業大學圖書館　中國國家圖書館　首都圖書館　北京大學圖書館　上海圖書館　華東師範大學圖書館　四川大學圖書館等

全一册。半葉十二行，行二十九字。白口，四周雙邊，單魚尾。

清代别集

326 蘭湖詩選十五卷　（清）南海釋願光撰

釋願光，字心月，康熙間人。住法性禪院。輯《蘭湖倡和集》一卷。與周大樽等合輯《唐詩絶句英華》十四卷。

是書以詩體分卷，卷一録五古十首、七古四首，卷二至五録五律一百四十一首，卷六録七律十六首，卷七、八録七絶五十二首。以上八卷爲康熙三十三年檐蔔樓刻本。卷十録五古十一首，卷十一録七古九首，卷十二、卷十三、又卷十三録五律一百零二首，卷十四録七律二十首，卷十五録七絶二十二首。以上七卷爲康熙末刻本。是書缺少卷九標卷，而有“卷十三”“又卷十三”。願光與南海梁佩蘭、岑徵、周大樽、吴文煒、吴韺、梁佩蘭甥曾秩長，番禺梁無技、蘇孟起等時常交游酬唱，故其詩以寫景咏物、酬答贈寄爲多。不少詩篇末有梁佩蘭批語，點評詩之風格、布局、特色、内容等。梁佩蘭稱願光之詩“精鋭入冥，天骨自張”。

見存版本：清康熙間釋願光檐蔔樓借瓮堂刻本　中國國家圖書館

全二册。半葉七行，行十九字，小字雙行同。上下黑口，四周單邊，單魚尾。書前有梁佩蘭序、目録。卷十前有周大樽序。

327 過嶺集 （清）龔鼎孳撰

龔鼎孳（1615—1673），字孝升，號芝麓，合肥人。崇禎七年進士，官兵科給事中。降清後，歷官至刑、兵、禮三部尚書。卒謚端毅。有《定山堂集》等。

是集自吴門雪後舟行記起，録奉使嶺南數月間見聞、感懷詩二百八十二首，其中直寫嶺南者一百零八首，“凡珠江月海，文禽異卉，綺嵐複嶺，冥榛鬱樹，分谿别壑，雨霽烟褰之景，登高望遠之情，無不寓之於詩”。嶺南獨特的風土民情令作者詩風爲之一變，由絶麗化爲“天静神閑，意言俱泯”。文中點評多以小字雙行夾注形式，點評者以徐泰時爲主，紀映鍾、杜濬、鄧漢儀、余懷、胡介亦與其事。

見存版本：清初三十二芙蓉齋刻本　中國國家圖書館

全一册。半葉十行，行二十二字，小字雙行同。白口，四周單邊。書前有紀映鍾序、余懷序、杜濬序、目録。

328 不去廬集十四卷 （清）順德何絳著

何絳（1627—1712），字不偕，號孟門，又號北田。明末動亂，初隱羅浮，後入西樵，又游歷中原。晚年歸隱北田，爲“北田五子”之一。著有《何氏族譜》《皇明紀略》等。

何絳故後，其孫輯刻其遺稿，新會胡方爲之序。乾隆二十三年書版毁於火，其曾孫謀重刻之，復從族中耆老及各處徵輯得各體詩文并入集内，較前版更加完備。是集分文集和詩集兩部分，凡十四卷。卷一、二爲文，收録議、叙、序、記、傳、傳贊、書諸體裁文章十六篇；卷三爲四言詩二首；卷四爲五古二首；卷五爲七古若干首；卷六至八爲五律若干首；卷九爲七律若干首；卷十爲五絶若干首；卷十一至十三爲七絶若干首；卷十四爲詩餘六首。清春暉堂刻本《廣東文獻》收録《何徵君不去廬集》一卷，僅選録議、序、傳、贊四類文五篇，四言、五古、七古、五律、七律等體詩四十四首。另中國國家圖書館藏《不去廬集》十三卷，清烏絲欄鈔本，附其逸文逸詩。

見存版本：清刻本　廣州圖書館

全四册。半葉九行，行十九字。白口，四周雙邊，無魚尾。書前有蘇珥序，彭士望《贈北田五子序》，總目，原刻校訂姓氏，新、舊邑志中何絳傳。

329 珠江杲山草三卷　（清）釋德洪撰

釋德洪，字若涵，號杲山。生平待考。

全書三卷。卷一爲咏梅花詩，録其所和天然和尚梅花詩二百四十首。卷二首爲咏植物詩四十五首，描寫三十餘種嶺南植物及花卉；次爲《和十九秋詩》；末爲《嶺南銷夏詞》十首，以《南鄉子》爲詞牌，吟咏嶺南十種特色物産，吴瀠評其詞“疏中有密，重出見輕”。卷三以山居、水居爲題材，録山居詩五律八首、七律八首、五絶二十首、七絶二十首、六言仄韵十二首；因缺葉之故，水居詩所見僅五律四首。吴瀠稱其各體詩皆“真率處時露天機，陶寫處能超俗韵”，“真至性至情之詩”。

見存版本：清康熙三十八年刻烏絲欄本　上海圖書館

共一册。半葉十一行，行二十一字。白口，左右雙邊，單魚尾。書前有康熙三十八年吴瀠序、自序。

330 三巴集一卷 （清）吴歷撰

吴歷（1632—1718），字漁山，號桃溪居士，又號墨井道人、墨井野老，常熟人。明亡絶仕爲遺民，以志節自勵，人稱吴高士。康熙初逃禪，托迹僧寺。後改奉天主教。康熙十九年赴澳門，於聖保禄神學院研習西學。

是集又名《墺中雜咏》，録詩三十首，描寫澳門山形地勢、風土氣候、花卉水果、樓宇景觀、商貿情形，以及疍家人、葡萄牙人和黑種人的日常生活等。每首句末有小字雙行注釋。詩中所寫均爲作者所親見親歷，有真實生動之感，寫澳門及葡人生活者多引用其詩句以爲佐證。

見存版本：①清康熙五十八年陸道淮飛霞閣刻本　中國國家圖書館　北京大學圖書館　上海圖書館　南京圖書館

附刻於《墨井詩鈔》之後，由受業陸道淮編，嘉定戴範雲校。半葉八行，行十九字，小字雙行。白口，左右雙邊，單魚尾。書前有序。

②清同治十三年虞山顧氏刻小石山房叢書本　上海圖書館　北京大學圖書館　遼寧大學圖書館　華東師範大學圖書館　浙江師範大學圖書館　福建省圖書館　河南大學圖書館

合一册。半葉十一行，行二十二字，小字雙行同。上下黑口，左右雙邊，雙魚尾。

③清刻本　廣東省立中山圖書館

331 水厓詩集二卷 （清）順德陳份撰

陳份，字于吼，號古郙。乾隆元年舉人。屢試進士不第，寓省會廣州教書爲業。

是集分上下二卷，收録作者所撰諸體詩凡五百一十一首。卷上録賦三首、古樂府二十九首、五古三十首、七古二十一首，卷下録五律一百首、七律一百二十七首、五絶二十首、七絶一百八十一首。末附詩餘四首。

見存版本：①鈔本 暨南大學圖書館

②清乾隆三十四年重刻本（慕荆樓藏板） 天津圖書館

全二册。半葉八行，行十八字。上下大黑口，左右雙邊，雙魚尾。初刻於康熙末年，此版由其侄陳蘭芝重梓。書前有乾隆三十四年順德梁景璋序，陳華封序，康熙六十一年樓儼原序，乾隆七年許遂序、佘錫純序。

332 使粤草八卷 （清）張宸撰

張宸（？—1678），字青瑚，號平圃，華亭人。順治間由諸生入國子監。考授内閣中書舍人，累官至員外郎。

是書凡八卷，卷一爲擬風雅體；卷二爲五古三十三首；卷三爲七古十九首；卷四爲五律五十九首；卷五爲七律六十二首；卷六爲五排四首、七排一首；卷七爲五絶三十首；卷八爲七絶三十三首。詩中多有吟咏廣東景物及與廣州友人交游之詩。

見存版本：①五石齋鈔本 中國科學院文獻情報中心

②雲間張氏鈔本 北京大學圖書館

全二册。半葉十行，行二十四字，小字雙行。書前有康熙二年程可則序、目録。此鈔本由其弟張宿校核，六世從孫張第過録。

333 珠江集二卷　（清）陶元藻撰

陶元藻，字龍溪，號篁村，晚號鳧亭，浙江會稽人。諸生，以詩聞，工書善畫。

乾隆間作者赴嶺南游歷，於五嶺之間，見山海雄肆，林巒峭異，至於風雨蕭摵，懷舊思鄉，憑吊古人，悉皆發諸筆端，形成斯集。集中所載“不始於粤，不止於粤，而莫不因乎粤”，故以“珠江”名此集。其中五十餘首書寫廣東或寫於廣東。

見存版本：清乾隆間刻本　中國國家圖書館

全一册。半葉十行，行二十一字，小字雙行同。白口，四周雙邊，單魚尾。書前有乾隆二十五年陶元藻序。

334 可圃詩存　（清）徐廷發撰

徐廷發，號襄武，雍乾間浙江人。以游幕爲生。

作者於乾隆五十二年赴粤，至嘉慶四年返鄉，在粤地生活十有三年。是集收録五絶、五律、七絶、七律、七排諸體詩約百十篇，其中有不少寫於廣東或者爲吟咏廣東風物之詩。盧元偉稱其詩“氣味醲郁，體格雅正，不矜張，不奔放，不雜僻”。是書初刻於嘉慶十五年，由徐秉壿校刻於廣東，蔣攸銛相國、盧元偉觀察各爲之序。徐秉壿，號醇夫，又號映霞，爲徐廷發之孫。嘉慶六年番禺舉人。四十年後即咸豐元年，徐廷發曾孫徐繼鏞等於宜賓重刊此書，李惺作序。徐繼鏞，號笛雲，番禺人。又四十年後，徐廷發玄孫番禺徐灝謀再刻，并於光緒十七年撰《可圃詩存跋》。

見存版本：①清嘉慶十五年刻本　上海圖書館

②清咸豐元年刻本　廣東省立中山圖書館

全一册。半葉十行，行二十二字，小字雙行同。白口，左右雙邊，單魚尾。書前有鄧廷楨、費丙章題贈詩各一首，盧元偉序，李惺序。

335 嶺南詩鈔二卷　（清）吴錫麟撰

吴錫麟（1740—1806），字上麒，號竹泉，浙江嘉興人。乾隆三十年舉人。另著有《自怡集》八卷。

是書卷一記嘉慶四年至七年間詩一百三十六首，卷二記嘉慶八年至十一年間詩一百三十三首。廣東諸多名勝，如飛來寺、峽山寺、南華禪寺、光孝寺、海珠寺、六榕寺、清遠峽、五羊觀、貪泉、趙佗城、鷄籠山、惠州西湖、羅浮山、拱北樓等，均入諸詩。嶺南之獨特氣候、特色佳果、民風民俗、中外貿易、社會現象，詩中亦有反映。《寄懷三弟》中“舊聞粤東多藏書，數月搜訪耳食虚。朝朝手版趨公府，咿哦積習痛掃除”，更是呈現出清末廣東版刻印刷業的繁榮。

見存版本：清嘉慶十二年刻本（惠連居藏板）　中國國家圖書館　内蒙古自治區圖書館

全一册。附刻於《自怡集》十二卷之後。半葉十行，行十九字，小字雙行同。上下黑口，左右雙邊，單魚尾。

336 黎二樵未刻詩一卷　（清）順德黎簡撰

黎簡，參見《李長吉集》。

是稿收録黎簡未刻詩共八題十一首，其中五言五首、七言六首。據自記可知，黎簡於乾隆四十二年客居佛山，《喜雨》二首作於是年清明節，《夜雀》作於是年五月廿四日。

此書由上海巢元瑞購買并收藏，後歸上海圖書館。元瑞名鳳初，生活於清末民國間。通醫術，善書畫，精篆刻，富收藏。

見存版本：稿本　上海圖書館

全一册。半葉四行，行六字，小字雙行，行十餘字。有巢鳳初墨筆題識。書名據外封著録。

337 五百四峰堂續集二卷　（清）順德黎簡撰

黎簡，參見《李長吉集》。

是集卷上録嘉慶元年古今體詩六十七首，卷下録嘉慶二年古今體詩十四首。微尚齋汪兆鏞題識云："黎二樵先生《五百四峰堂詩鈔》編刻至乾隆六十年止。先生卒於嘉慶五年，曩在友人許見其手稿，嘉慶元年、二年詩凡二卷，篇首有'二樵山人手存'六字。移録一過，置篋衍中，恐日久散佚，兹付剞劂，以續前編。"雖爲民國版本，以其可續《詩鈔》，有收入之價值和必要性。

見存版本：民國十五年微尚齋刻本　廣東省立中山圖書館　中山大學圖書館　華南師範大學圖書館　佛山市圖書館　復旦大學圖書館　華東師範大學圖書館　南京圖書館　澳門大學圖書館

全一册。半葉十一行，行二十二字。黑口，左右雙邊。卷首爲目録及民國十五年汪兆鏞題識。

按，是書雖通標"微尚齋刻本"，實由廣州九曜坊韓元樓書籍鋪承刻刷印。

338 紅荔山房詩稿一卷　（清）增城湛祖貴撰

湛祖貴（1760—?），字仁昭，號東塘。主粤秀、越華書院講席。乾隆四十六年進士。嘗任永寧、浮梁知縣，署定南廳同知及永豐縣事。另著有《式古堂文集》。

是册收録乾隆中後期至嘉慶初期作者所撰四言集《詩經》長句一首、五絶四首、五律十七首、五言多句五首、七絶五十一首、七律三十六首、七言多句六首，凡一百二十首，以寫景即事、題贈寄懷爲多。或作於家鄉，或作於宦地，或作於途次。詩中時見雙行夾注。書後附湛祖貴小傳一篇，爲民國二十九年恩平聶崇一據《嶺表詩傳》所補録；大埔饒慶捷《送湛東塘》七律二首。

見存版本：清同治七年百忍草堂鈔本　天津圖書館

全一册。半葉九行，行二十字，小字雙行同。

339 鳳園詩鈔　（清）順德潘鳴岐撰

潘鳴岐（?—1810），名祖鸞，號儀亭，又號鳳園，以字行。嘉慶六年舉人，歷任國子監學正、助教。

作者於嘉慶六年中舉，七年、十年、十三年嘗三赴禮闈，此書内容多爲其北上赴試途中所作叙事詩、咏物詩、寫景詩、感懷詩、憑吊詩、送别詩、寄人詩，共收録五古、七古、五律、七律、五絶、七絶諸體詩一百零二首。龍南溟序云：“先生之詩寓變化於正大，雜流麗於端莊，亦若是而已。惜其詩隨手散軼。甲戌冬，其孫惠子搜輯遺佚，得數十首，附於先生尊甫華蒼公

《鶴墅詩鈔》之後。”

見存版本：清嘉慶十九年刻本（藜光閣藏板） 中山大學圖書館

全一册。半葉九行，行十八字，小字雙行同。白口，四周雙邊，單魚尾。書前有嘉慶十九年龍南溟序。後有蘇獻琛所撰墓志銘。

340 粤東游草一卷 （清）歐陽厚均撰

歐陽厚均（1766—1846），字福田，號坦齋，湖南安仁人。嘉慶四年進士，歷户部主事、郎中、浙江道御史等職。後主岳麓書院近三十年。著有《易鑑》三十八卷、《岳麓詩鈔》三十五卷、《岳麓文鈔》十八卷、《來諗堂詩草》二卷等。

嘉慶二十一年秋月，作者自家鄉赴廣東遠游，取道郴嶺，泛瀧江，歷湞水，過中宿峽，抵達羊城。停留休整後，又自惠州前往潮州，繼往嘉應州。後自羊城返鄉。舟車輾轉，往還計一百二十日。所過之處，見聞所及，觸景生興，形爲諷吟，成若干首，都爲一編。大體以行程經歷爲序，録詩一百零二首，附刊於《來諗堂詩草》二卷之後。

見存版本：清道光間刻本 廣東省立中山圖書館 中國國家圖書館 華東師範大學圖書館

全一册。半葉九行，行二十一字，小字雙行同。白口，左右雙邊，單魚尾。書前有道光十六年吴榮光叙、嘉慶十二年自序、目録。

按，廣東省立中山圖書館藏有據刻本之影印本，蓋依據吴榮光叙，版刻時間定爲道光十六年；華東師範大學圖書館藏本或缺書名葉，故根據自序末所題“時丙子臘月，坦齋自識於來諗堂”之“丙子”，誤爲光緒丙子，而定版刻時間爲“光緒二年”。中國國家圖書館藏有三個複本，其中一本或有書名葉而無序，故版本時間定爲“嘉慶二十一年”。

341 粵游吟一卷　（清）陳本直撰

陳本直（1773—1842），字畏三，號古愚，元和人。嘉慶十九年歲貢。著有《覆瓿詩草》。

是集與《潮州百咏》一卷合刻，集中有《峽山寺》《花船行》《聞歌偶成》《歌舞岡》《越王臺》《登鎮海樓》《五仙觀》《踏歌行》《光孝寺菩提樹歌》《六榕寺》《珠江竹枝詞》《發廣州》等吟咏廣州古迹、風情之詩約三十首。

見存版本：清同治十二年廣州刻本　中國國家圖書館

全一册。半葉十行，行二十一字，小字雙行同。白口，四周雙邊，單魚尾。

342 小倉山房詩集注三十六卷　（清）袁枚撰，（清）番禺謝有仁注

謝有仁，字静山。師從侯康。少習舉業，屢試弗售。嘗於宅院築屋，旁植梅花，號曰梅花詩屋，以爲藏書之所，時與諸名流觴咏其中。

作者積十數年之力，精研、解讀袁枚詩集而成是書。凡三十六卷，注袁詩三千九百零八首。原詩在前，題名低二格，詩句均頂格。注釋均低二格，小字雙行作注。參稽并徵引輿地諸志、傳記文獻、正史、詩文，於地名、古迹則注其地理位置所

在；於人物、人名則注其逸聞軼事；於事件、典故則注其用典來源；等等。張維屏序云：“用事必究其原，引書必著其目，詳而不失之煩，略而或免於漏。”

見存版本：①清道光二十八年刻本　廣東省立中山圖書館

②清咸豐元年序刻本　日本東京大學東洋文化研究所

全十六册。半葉十一行，行二十一字，小字雙行同。白口，單魚尾，左右雙邊。書前有咸豐元年番禺張維屏序，道光二十八年謝有仁《題隨園先生八十自壽詩後》，薛起鳳原序，蔣士銓、趙翼等《讀隨園詩題辭》，李憲喬《隨園詩贊》，總目，卷一目録。

343 粤東宦游草　（清）佚名撰

是書收録作者宦游廣東時所作詩百餘首，多爲與友朋同僚唱和贈酬之詩、行旅詩。

按，是書雖未署作者姓名、里籍，但詩中提及之人，多與廣東有關。如“劉曙園農部”，即户部郎中劉光熙，與南海謝蘭生相識，《常惺惺齋日記》道光元年九月十五日條載“劉曙園來拜”；劉曙園亦與番禺張維屏交好，張維屏有《贈劉曙園農部光熙》一詩。又如汪孟棠，名雲任，盱眙人。嘉慶二十二年進士，嘗任廣東三水、番禺知縣。孟棠與張維屏亦有交往，在上述贈劉曙園詩中，有“聽雨衙齋同剪燭”句，小注云“孟棠明府禺山官舍”。再如何沛雲，沛雲和孟棠均與南雄知州戴錫綸及嘗任東莞、南海等縣知縣之仲振履熟稔。仲振履晚年寓居廣州，道光二年卒。其有《雙鴛祠》傳奇，卷首有戴錫綸題詞，提及廣東綺春班演出之《雙鴛祠》一劇，戴本人及其同僚何沛雲、汪孟棠客串其中。故是集作者與廣州文人、官員圈内彼此熟識。

集中有《于役佛山復勘新修涌河有作》，小注云："余于庚辰三月代庖斯上，辛巳五月六日即篆。"庚辰即嘉慶二十五年。《諸昆次第羊城聚（時梅林五兄已咨留粵東）》一詩，也反映出作者及其諸位兄長與廣東、廣州的關係。

見存版本：清末鈔本　中國國家圖書館

全一册。黄絲欄格式稿紙。半葉八行，行十八字或十九字。白口，四周雙邊。

344 嶺海樓詩鈔不分卷　（清）香山黄培芳撰

黄培芳，參見《書經揭要纂》。

是集收録作者咸豐五年新近詩作九首、咸豐七年所作《有感并叙》，以及《擬古風并序》。張維屏評曰："老樹着花必無醜枝，古琴奏音自具微旨。前半諸篇和平温厚，後半近作慷慨激昂。蓋境因乎時，亦詩通乎史也。披覽數過，率臆加丹，其未丹者佳處固不少也。"黄崇奎記云："此南山太年伯評論大父《嶺海樓詩鈔》卷十二總批也。"

黄培芳所撰《嶺海樓詩鈔》十一卷，刻於道光二十一年，崇奎所言"卷十二"，或謂此鈔本如若刊刻，將接續十一卷而成爲卷十二之意。

見存版本：清末鈔本　廣州圖書館

全一册。半葉九行，行二十五字，小字雙行同。末録咸豐八年張維屏評點、黄崇奎題識。

345 萬松山房詩鈔五卷首一卷　（清）番禺潘正亨撰

潘正亨（1779—1837），字伯臨，一字河渠，號耕烟散人。

潘有爲從孫，清末廣東十三行之同文行行商。由貢生捐刑部員外郎。

是書依體分卷，卷一録五古四十二首，卷二録七古三十三首，卷三録五律一百二十八首，卷四録七律一百一十二首，卷五録五絶、七絶七十二首，凡三百八十七首。陳曇稱其“於詩體大而思精，虚懷而集益”。此書是全集本，光緒二十年所刻《番禺潘氏詩略》中有《萬松山房詩鈔》不分卷，是從全本中選録而成的，僅八十首，較全本少三百零七首。

見存版本：①清道光間鈔本　暨南大學圖書館

②清道光十三年番禺潘氏松蔭堂刻本　廣東省立中山圖書館　中山大學圖書館　暨南大學圖書館　中國國家圖書館　北京大學圖書館　山東省圖書館

因裝訂不同，或全一册，或全二册。半葉十行，行二十一字，小字雙行同。上下黑口，左右雙邊，雙魚尾。書前有自序，道光十二年陳曇序，宛平楊振麟、番禺陳曇等所贈詩文若干篇。

346 竹�書屋吟草二卷　（清）南海陳華澤撰

陳華澤（1788—1857），號礪甫。諸生。總督阮元調離廣東時，華澤與黄喬松等人製成《德政紀實詩畫册》相贈。

是編分上下二卷，録五排、五律、七絶、七律等體詩約一百九十首，其中《沙灣漁父詞》四首、《廣州竹枝詞》八首、《嶺南竹枝詞》四首、《悼亡》六首等組詩别具特色。

見存版本：清同治九年刻本　廣東省立中山圖書館

全一册。半葉九行，行二十字，小字雙行同。白口，四周雙邊，單魚尾。書前有咸豐三年黄培芳序。

347 陳禮部文集一卷　（清）番禺陳其錕撰

陳其錕（1792—1861），字吾山，號棠溪。道光六年進士，官則例館協修。父喪母老，遂不復出，任羊城書院主講二十六年。有《陳禮部稿詩》十六卷等著述。

是書收録序十三篇、記五篇、傳五篇、墓志銘二篇、跋三篇，凡二十八篇。其中《羊城課藝序》《羊城課藝續刻序》《增修貢院號舍碑記》《重修廣州考棚碑記》《穗城書院蔣公二碑書後》，可用作研究羊城書院教育教學、歷史變遷及廣州科考制度之史料。張維屏序中云，咸豐六年春間，陳其錕將所作散體文、駢體文百數十篇見示，而此文集見刻者僅二十八篇，或非全本。序中還稱其錕“不專一家，不守一轍，時而規模兩漢，時而效法唐宋，駢體則擷秀於六朝，取材於諸史，合而論之，經以義理，緯以卷軸，用法而不拘於法，學古而不泥乎古，洵文囿之通材，藝林之哲匠”。

見存版本：清同治十年刻本（無所住齋藏板）　中山大學圖書館　中國科學院文獻情報中心

全一册。半葉十行，行二十一字。上下黑口，左右雙邊，單魚尾。書前有咸豐六年張維屏序。

348 戊申粵游草一卷附録一卷續附録一卷　（清）黄爵滋撰

黄爵滋（1793—1853），字德成，號樹齋，宜黄人。道光三年進士。歷官至禮部右侍郎、刑部左侍郎兼左副都御史。著有《奏議》三十卷、《海防圖》二卷、《仙屏書屋文録》、《仙屏書屋詩録》等。

道光二十八年，作者赴廣東，游覽鎮海樓、白雲山、海幢寺諸名勝。是集載其與當地名士張維屏、鮑俊、温訓等交游唱和之詩及吟咏廣東風情之詩若干首，秩林詩若干首，附録若干首。

見存版本：清道光二十八年刻本　廣東省立中山圖書館　中國國家圖書館

全二册。半葉九行，行十八字，小字雙行同。白口，四周雙邊，單魚尾。書前有黄爵滋序。

349 西藏詩稿　（清）新會唐金鑑撰，（清）曾棣華選

唐金鑑，原名唐金釗，字時鳴，號二羅。道光十三年進士，歷任四川南川、儀隴、遂寧知縣。因病去官，歷主新寧、三水、香山及新會書院講席。著有《西藏詩文略》《羅浮山羅漢洞唱和詩》《琴理山房集》《入蜀集》等。曾棣華，字次棠，成都人。

作者約於道光十七年至二十三年間督理拉里、察木多兩臺糧務，是書録其任期内所作五言、七言各體詩四十餘首，内容有懷人、題畫、賦物、紀事、寫景等，有多首描寫異域宗教、物産、風俗、景物。詩中時見注釋。詩末有沈增熠、曾棣華等簡要評語。書眉亦有多處批語。曾棣華跋云："時一披覽，覺衛藏圖宛在指掌間，以爲風俗通也可，即以爲方輿記也亦無不可。適有華陽孝廉沈增熠南村先生取稿賞玩，擊節不置，因共勸付梓。"

見存版本：清道光二十三年刻本　廣東省立中山圖書館　四川大學圖書館

全一册。半葉九行，行十八字，小字雙行同。白口，單魚尾。書前有道光二十三年曾棣華跋。

350 鰲山存真集詩鈔一卷 （清）三水鄧章撰

鄧章，字絅堂，號鰲山。道光二十五年官江西泰和縣丞，在任十餘載。善理争訟。

是集由其侄達珩、達琛編次，其孫家珍校刊。以時間爲序，載録道光二十五年至同治十年間鄧章所撰五絶、七絶、七律諸體詩五百七十餘篇，間録親友唱和詩百餘首，以與其詩相呼應。其詩多爲感懷、和贈、寫景、咏物詩，體現出“繫懷骨肉，眷念知交”的濃厚親情、友情與鄉情。末附《如意軒詩》十首，爲其侄孫賢楨柏緣所撰。

劉繹序云：“絅堂少弃舉業而獨好詩，每與諸名士游，互相酬咏。”中年宦游江右，“公餘耽咏，大有崔丞松下長哦風。既而解組，尤以詩歌自樂”。鄧瑶稱其詩“寄懷庶績，軫念閭閻。任雖小而志願極於安懷，官雖卑而抱負等諸燮理。至於契同岑、懷同根、訓示蘭玉，皆藹然具長心於刻羽引商之下”。

見存版本：清同治十年鴻文堂刻本　廣東省立中山圖書館　中國國家圖書館　首都圖書館

全四册。半葉六行，行十六字，小字雙行同。緑絲欄格，四周花邊。書前有同治二年黄贊湯序、同治六年梁大昕序、林燕典序、劉繹序、同治六年鄧瑶序、賀玨序、馮湘題七律四首、徐元任序、同治七年王鑑心題七絶一首、同治九年潘斯濂序、同治十年冼冠魁序、同治五年自叙。後有咸豐五年陳丹榮跋。

351 師竹山房文集二卷 （清）三水歐陽鍇撰

歐陽鍇，字雙南。道光二十九年舉人。同治間兩任東臺知縣。

是集收録序、書、記、傳、策、論、議、説等體文凡三十九篇。何紹基題辭曰："雙南賢友，乃余道光己酉秋使粵時所得士也。近出宰東臺，政聲洋溢。昨謁余於金陵旅邸，以其所著《師竹山房文集》請正。撿閲一過，措詞命意迥異尋常，洵屬廬陵繼起。"

見存版本：清光緒十七年刻本　廣東省立中山圖書館　中山大學圖書館

全二册。半葉六行，行二十字，小字單行同。上下大黑口，四周單邊。書前有同治七年何紹基題辭、目録。

352 東岸草堂詩鈔一卷附試帖一卷　（清）順德廖亮祖撰

廖亮祖，字伯燮。道光十九年舉人。教書三十餘年，縣令張琮贈以"人範經師"匾，以表其德。著有《東岸草堂隨筆》。

作者年近而立之時，頗喜賦詩。鄉試中舉後，四上公車，六試禮部，南北往返，中有見聞感觸，輒形諸歌咏。是集之《詩鈔》多爲客旅途中所賦之寫景、叙事、寄人、憑吊、懷古、咏史、咏物諸詩。《試帖》録賦得體詩二十三首。末附《文鈔》，録乾隆五十七年至嘉慶二十二年所撰文四十篇，《廣州大典》已經收録。

見存版本：清光緒三年順德廖氏東岸草堂刻本　中山大學圖書館

全二册。半葉十行，行二十二字，小字雙行同。白口，左右雙邊，單魚尾。書前有光緒三年廖亮祖自序。

353 定盦文集二卷餘集一卷 （清）龔自珍撰，（清）番禺陳澧批校

龔自珍（1792—1841），字璱人，號定盦，浙江仁和人。道光九年進士，官禮部主事。有《定盦文集》。陳澧，參見《學思稿》。

是書爲經陳澧先生批校之龔自珍文集。卷上《寫神思銘》有段墨筆眉批，云："余在京師，時吴紅生約與定盦共飲而未果。過杭州，曹葛民邀同訪之而不遇。未幾，定盦死矣，遂未謀面。觀其文如見其人耳。"這或爲陳澧批校此書之一因。全書眉批，多爲墨筆，間或朱筆，批語多爲評論，偶見校改。文中亦多有墨筆、朱筆劃綫及句讀；亦有少量訂正之處，以墨筆或朱筆徑改之；偶見綫批。陳澧批語以批判居多，且措辭犀利、尖鋭，如批其文病在贋古，又病在纖仄；用詞不合古韵；不必作而强作；個别語句稚極俗極。由此或可概見陳澧爽直不私的性格特點。

見存版本：清道光三年自訂初刻本　中山大學圖書館

全一册。半葉十行，行二十四字，小字雙行同。白口，四周雙邊，單魚尾。書前有《定盦初集總目》《定盦文集目録》。卷端鈐"陳氏蘭浦"朱文方印。

354 東塾類稿一卷 （清）番禺陳澧撰

陳澧，參見《學思稿》。

是書收録作者所撰説、解、釋、跋、序諸體文二十九篇。自序云："余自弱冠，始知讀書，賦性淺躁，多好而善忘，都無所得。今行年四十，所著書皆未成，其餘散帙，稍稍删改。感

念平生師友，半爲古人，未及質正，聊録一通，欲就今日二三知己，定其得失。其篇幅粗完者爲一集，總其零雜，别爲札記。”

見存版本：①清鈔本　中山大學圖書館

全一册。有圖。半葉十行，行二十一字，小字雙行同。書前有道光二十九年自序。

②清道光二十九年刻本　清華大學圖書館　南開大學圖書館

全一册。半葉十行，行二十一字，小字雙行同。白口，左右雙邊，單魚尾。書前有道光二十九年自序。與清鈔本略有不同。

③清光緒間刻本　中國國家圖書館

全一册。半葉十行，行二十一字，小字雙行同。或黑白或白口，左右雙邊，單魚尾。

355 證真畫齋詩鈔一卷　（清）香山陳子清撰

陳子清（1810 或 1811—1889），字季腴，號瓊壺，原籍順德，後遷香山。道光二十六年舉人。僑居縣城，以售賣書畫自給。另著有《書學正傳》等。

是書以體分類，以類繫詩，録四古十五首、五古五十三首、七古七首、五律三十三首、七律三十首、五絶二十四首、七絶五十首。子清卒後，同里劉熽芬整理其詩，付之棗梨，并贊其詩雖不多作，而“出口玄妙”，“清而不枯，澹而實腴”。

見存版本：①清光緒二十六年寶宋書樓刊本　廣東省立中山圖書館　中山大學圖書館

全一册。半葉九行，行二十一字。上下黑口，四周雙邊。書前有光緒五年劉熽芬序。

②清光緒三十四年刻本　廣州圖書館

附刻於李遐齡撰《勺園詩鈔》四卷之後。

356 甲辰典試粵東闈中即事八首一卷　（清）龍啓瑞撰

龍啓瑞（1814—1858），字輯五，號翰臣，廣西臨桂人。道光二十一年狀元，授翰林院修撰，累官至江西布政使。

是册又名《粵闈唱和集》。道光二十四年，龍啓瑞以翰林院修撰充甲辰恩科廣東鄉試考試官，其間撰《粵東闈中即事》七律八首，韵脚依次爲知、萊、機、夫、波、伸、朝、音，耆英、程矞采、劉晸昌、白從瀛、馮雲路、章學源、郭汝誠、王銘鼎、毓雯、丁秉賢、番禺梁信芳俱步其原韵各和詩八首。

見存版本：清道光二十四年刻本　廣東省立中山圖書館　佛山市圖書館

全一册。半葉六行，行十六字，小字雙行同。朱絲欄。下朱口，四周單邊。書後有道光二十四年丁秉賢跋。

357 梅窩詞鈔一卷梅窩遺稿一卷梅窩詩補遺一卷　（清）陳良玉撰，（清）番禺潘飛聲編并補遺

陳良玉（1814—1881），字朗山，駐防廣州漢軍鑲白旗人。道光十七年舉人，官至廣西知縣。以足疾歸。任學海堂學長、同文館主講。潘飛聲（1858—1934），字公次，號蘭史。官國子監典籍。光緒十三年游學歐洲。晚年寓居上海。

《梅窩詞鈔》録詞四十七首，《梅窩遺稿》録詩六十五首、

詞十一首，《梅窩詩補遺》録詩十九首。其詩詞或吟咏廣州名勝古迹，或記與廣州友朋交游之事，對於研究陳良玉在廣東之活動軌迹和雅集酬唱較有參考價值。

《梅窩詞鈔》原名《虞苑東齋詞鈔》，一卷，有同治十一年萃文堂刻本，後改今名。孔昭仁跋云：同治十三年秋，“仁執業朗山夫子門下，撰杖之暇，得讀所爲詩詞。惜兵燹之餘，半多散失。今所存者，大抵皆四十歲前後之作”，“删訂編次，仍請夫子自定，并前伍氏所刻詞鈔復合刻焉”。

朱啓連爲《梅窩遺稿》作跋，述此稿刊刻始末，略云：光緒七年春，啓連首次拜望陳良玉，并獲命携待刻詩詞請汪瑔點定。次年良玉殁。迨至光緒十九年，啓連從良玉後人處索得原稿，刊於《梅窩詞鈔》之後。

《梅窩詩補遺》由番禺潘飛聲編，南海黄裔鈔。黄裔(1879—1959)，字慕韓，南海人。善詩詞，精鑒藏。此稿刊刻年份或爲宣統間，或晚至20世紀二三十年代。

見存版本：①清光緒羊城西湖街富文齋原刻民國劬學齋增刻本　中國國家圖書館　華東師範大學圖書館　香港中文大學圖書館

全一册。《梅窩詞鈔》半葉十行，行二十二字。上下黑口，左右雙邊，雙對魚尾。書前有山陰汪瑔序、番禺陳璞序、南海譚宗浚序、目録。後有同治十一年順德伍仲贊原跋、光緒元年南海孔昭仁跋。《梅窩遺稿》行格版式除了四周雙邊，餘與《梅窩詞鈔》同。末有朱啓連跋。《梅窩詩補遺》半葉十行，行二十一字，字體爲寫刻體，與《梅窩詞鈔》微異。

按，華東師範大學圖書館藏本刊刻時間著録爲光緒十九年，蓋以《梅窩遺稿》朱啓連作跋年份而定。國家圖書館藏本著録爲“清光緒南海黄劬學齋刻本”，是以劬學齋增刻《梅窩詩補遺》來定版刻時間。《梅窩詞鈔》末葉有明確刊刻者，即羊城富文齋，且此書由三集構成，每集行格板式不盡相同，故此書版刻時間和刊者不宜固定爲同一年份或同一刊者。

358 使粤吟三卷　（清）何桂清撰

何桂清（1816—1862），字叢山，號根雲，又號冏卿，昆明人。道光十五年進士。歷任兵部、户部、吏部侍郎，浙江巡撫，兩江總督等職。

道光二十四年五月，作者奉命赴廣東主持鄉試。沿途所經，見聞興感，發爲歌咏。全書分上中下三卷，分録集杜七律、集杜五律、集杜雜咏凡約九十首，其中吟咏關涉廣東、廣州者有三十五首。張維屏盛贊是書爲“前此集杜者所未有”，“詩必有題，題必有事；因題選句，句必切題；因事遣辭，辭必切事”。

見存版本：清道光二十四年粤省西湖街正文堂刻本　中國國家圖書館　首都圖書館　北京大學圖書館　鄭州大學圖書館　雲南省圖書館　美國哈佛大學哈佛燕京圖書館

全一册。半葉九行，行二十二字，小字雙行同。白口，左右雙邊，單魚尾。書前有道光二十四年臨桂白從瀛序、番禺張維屏序、同考官張書璽等合序。後有道光二十四年季秋程喬采跋、自跋。

359 半園尺牘二十五卷補遺六卷　（清）嶺南李紫珊撰

題“静福山人”即李紫珊。

是書分正編和補遺兩部分。正編按類編排，凡二十五卷，卷一、二爲祝壽類，卷三爲升遷類，卷四爲爵銜類，卷五爲賞賚類，卷六爲奏凱類，卷七爲慶賀類，卷八爲賀任類，卷九爲履任類，卷十爲年節類，卷十一爲午節類，卷十二爲秋節類，卷十三爲巡閲類，卷十四爲迎送類，卷十五爲公牘類，卷十六爲薦托類，卷十七、十八爲叙悃類，卷十九爲通候類，卷二十爲軍務類，卷二十一爲雜存類，卷二十二爲閨閣類，卷二十三爲饋謝類，卷二十四爲借助類，卷二十五爲唁慰類。補遺六卷，卷一至四爲補遺類，卷五爲僧道類，卷六爲青樓類。函札接收者多爲兩廣總督，廣東巡撫，廣州知府，粤東糧道，粤東運臺，惠潮嘉道，廣協，南海、新會、新寧、清遠、增城、順德、三水、番禺、新安、香山、從化、佛岡等縣知縣或其親屬，以及粤秀山長、羊城山長等。自序稱其“弱冠即操此道，遨洊公卿大夫之門，迄今十有餘年，撰稿不下數千百紙，而自維譾陋，每多散失不存。兹返自都門，從篋笥中檢獲若干，前經梁石泉方伯撰叙，有未彙集者，兒輩分類而編輯之，特請弁言以留衣鉢”。是書初刻於咸豐十年，疏於校核，頗多舛誤。同治四年校刻，舛誤減少。光緒五年重新校刻，仍存少量疏誤，甚至有改正爲誤者。

按，此書各版本於目次篇名、序言用字、序言次序稍有差異。所見光緒五年本均有缺卷，故以咸豐十年本叙其内容。

見存版本：①清咸豐十年羊城維經堂刻本　中國國家圖書館　黑龍江省圖書館　南京圖書館（缺一册）　河南大學圖書館（缺三册）　新疆維吾爾自治區圖書館

全二十册。半葉八行，行十八字，小字雙行同。白口，左右雙邊，單魚尾。書前有同治四年吴保瀚序、道光二十九年梁星源叙、咸豐二年静福山人自序、凡例十六則、總目。各卷前有分卷目録。

②清咸豐十年刻同治四年校印本　萍鄉市圖書館

③清光緒二年刻本　紹興圖書館　義烏市圖書館　日本國會圖書館　韓國漢城大學圖書館

④清光緒五年刻本（靈蘭堂藏板）　廣東省立中山圖書館　石家莊市圖書館　湖南圖書館　陝西省圖書館

全本當二十册，均有不同程度殘損。半葉十行，行十八字，小字或單行或雙行，字數同。白口，左右雙邊，單魚尾。梁石泉鑒定。書前有咸豐二年静福山人自序、道光二十九年梁星源叙、同治四年吴保瀚序、凡例。各卷前有分卷目録。

⑤清刻本　廣州圖書館

殘存十一册二十七卷，即卷五至二十五、補遺六卷。

360 劍生遺草二卷　（清）新會何應圖撰

何應圖，字春華，號劍生。咸豐元年恩科舉人。《柳堂師友詩録》載其著有《何應圖遺草》一卷。

是書收録五律、七律、五古、七古、七絶諸體詩一百二十首，其中卷一有六十九首，卷二有五十一首。作者長於咏物寫景，嶺南樹木、花卉、景觀、用物等俱入詩中；兼擅咏史，以《嶺南咏史》《嶺南四賢咏》爲代表作。其間亦有對點名、歸號、封門、交卷等科考流程細節的記述。宋炳垣贊其詩“艷而不入於靡，清而不流於滑，婀娜而不鄰於弱，剛健而不同於粗”。

見存版本：清咸豐十一年星海堂刻本　中山大學圖書館

全一册。半葉十行，行二十一字，小字雙行同。白口，四周雙邊，單魚尾。書前有咸豐三年吴興宋炳垣序。

361 甘泉北軒詩鈔一卷　（清）順德蔡雲緗撰

蔡雲緗，字竹生，號伯子。咸豐四年冬，因紅巾軍之亂，避居香山。

是書録作者所撰諸體詩九十四首，有近五十位友朋之名號記入詩題中，可清晰看出作者的交游對象、内容、方式、地點及彼此關係，其中與黄泮生、黄侶賓互動尤多。

見存版本：清咸豐五年刻本　廣東省立中山圖書館　中山大學圖書館

全一册。半葉八行，行十九字，小字單行同。白口，四周單邊，單魚尾。書前有咸豐五年鄧其鑣叙、黄鏞題辭、目次。

362 還讀齋稽古集六卷　（清）順德潘廷元撰

潘廷元，號昆泉。官光禄寺典簿，陝西即補通判。

是集專爲懷古咏古而作，由潘廷元撰，羅惠敷箋釋，潘錞元校訂，龍元僖鑒定。作者選取各地歷史上於忠於孝於道德風範之巔者，以之與屬地之關係，厘爲名宦、人物、流寓三類，并附載直省名山、名水等古迹。名宦、人物及流寓均各爲其立小傳，并各繫七律詩一首，古迹亦各賦七律一首，或於詩前或於詩題中記其位置、典故。全書凡六卷，録直隸、江蘇、安徽、江西、浙江、福建、湖北、湖南、河南、山東、山西、陝西、甘肅、四川、廣東、廣西、雲南、貴州名宦一百人、人物一百七十九人、流寓十一人，古迹六十八處，共爲之立傳二百九十篇，賦詩三百五十八首。

見存版本：清光緒二年桂洲裹村陳英文刻本　廣東省立中山圖書館

全三册。半葉九行，行二十一字，小字雙行同。下黑口，雙對黑魚尾，四周雙邊。書前有龍元僖題詞、光緒二年自序。各卷前有分卷目録。

363 子青詩鈔六卷　（清）新會莫芝雲撰

莫芝雲，字子青。諸生。咸豐二年赴京兆參加順天鄉試。能詩，工書法。

是書爲莫芝雲著，其侄孫莫劍秋校訂，其子勳建、勳銘、勳炳、勳編校。凡六卷，每卷一集，次第爲序，略依編年之例。卷一爲《囊穎集》，記道光十一年至咸豐元年間讀書、求學事，録古今體詩一百三十五首；卷二爲《日邊游草》，記咸豐二年至三年間參加京兆鄉試事，録古今體詩一百四十四首；卷三爲《警枕雜編》，記咸豐四年至七年間紅巾圍城事，録古今體詩六十首；卷四爲《水石吟草》，記咸豐間持續至同治四年間强宗訟田事，録古今體詩九十一首；卷五爲《春暉集》，記府君見背，廬墓守喪事，録古今體詩一百一十五首；卷六爲《書畫餘吟》，記慈母謝世，書畫寄情事，録古今體詩若干首。潘飛聲稱其詩“亦唐亦宋，有聲有情，懷賢吊古則激越蒼凉，感事抒情則淋漓慷慨”。

見存版本：清同治十二年莫氏購石居刻本　中山大學圖書館　中國社會科學院文學研究所

全二册。半葉九行，行二十一字，小字雙行同。白口，四周雙邊，單魚尾。書前有咸豐九年張維屏序，同治十二年陳殿蘭序，同治十一年莫淀之序，新會李昕、伍元亨題詞，同治十一年莫芝雲自叙，總目。張維屏序末有潘飛聲手録《藝談録》中一段。

364 嶺海詩存十四卷　（清）林直撰

林直（1827—1873），字子隅，福建侯官人。同治二年起游粤十餘年。以軍功奏保道銜，分發廣東補用知府。嘗集里中同好，創南社以治詩。

作者嘗梓其二十九歲以前詩，即《壯懷堂初稿》十卷。繼編《壯懷堂二稿》四卷，爲從軍閩浙所作。三集斷始於同治三年，爲入粤以後所作，即《嶺海詩存》。卷一爲《觀海集》，卷二、三爲《籌帷集》，卷四至七爲《端居集》，卷八爲《越游集》，卷九爲《端居續集》，卷十、十一爲《北征集》，卷十二爲《東官集》，卷十三、十四爲《南武集》。各集名後標有干支紀年，收録同治三年至十二年間所作五律、五古、七絶、七律、七古體詩約略六百首。作者游歷嶺南各地，賞覽嶺南名勝，多誦之以詩。詩中題贈酬唱類亦多，尤與番禺李光廷往還最密；舟車驅馳、檄參軍事於詩中時有體現；園居生活、思念親故亦有提及。宋壽昆稱其第三集“精煉清老，學養深粹，而由絢爛以漸歸平淡”。

見存版本：清光緒三十一年羊城刻本　廣東省立中山圖書館　湖南圖書館　福建省圖書館　廣西壯族自治區圖書館

全四册。半葉十行，行二十一字，小字雙行同。上下黑口，左右雙邊，單魚尾。書前有李光廷序，同治十年謝章鋌序，鄭獻甫、秦緗業等題詞。

365 鄧和簡公墨寶六卷　（清）順德鄧華熙撰

鄧華熙（1826—1916），字筱赤。咸豐元年舉人，歷官刑部郎中，監察御史，雲南迤南道道員、按察司使，湖北布政使，安徽、山西、貴州巡撫。卒謚和簡。著有《納楹書屋偶存》《公餘雜録》《説文擇録》等若干種。

是書凡六卷，收録鄧華熙所撰試帖詩六十首，義、移文、論、序、箴、銘、説等體裁文章六十餘篇。以四書義爲多，有二十餘篇。作者長於議論，是書録其治安、治民、治學、法令、爲政、邦交、尊親、五常諸論計三十篇。文末或書眉有黄華農、楊榮緒諸家批語。鄧華熙生於道光六年，於咸豐元年中舉，故一般認爲是書所録爲其道光間所撰課藝。

見存版本：清稿本　廣東省立中山圖書館

全六册。半葉六行，行十八字，偶見行二十六字者。

366 羊城竹枝詞　（清）馮向華撰

馮向華，字杏林，天津人。咸豐九年恩科舉人。由教習授内閣中書。光緒五年任赤溪直隸廳同知。

是書收録作者吟咏羊城之竹枝詞二百四十七首，以凝練、通俗的語言描寫廣州乃至廣東特有之樹木、果品、花卉、景物、氣候、族群、風俗、民情，以及飲食、用度、建築構造、交通用具等衣食住行用。其對女性及女性舉止有頗多觀察和關注，對賭博、違法犯罪等不良民風習氣也有較多記述。

見存版本：清末刻本　中國國家圖書館　天津圖書館

全一册。半葉九行，行二十字。白口，四周雙邊，單魚尾。

367 韵古樓拾遺詩　（清）南海桂文熾撰

桂文熾（1831—1884），字子蕃，又字海霞，室名鹿鳴山館。出同邑譚瑩、番禺陳澧之門，文史兼通。道光二十八年補博士弟子員。盧坤督粤時，爲學海堂專課生。著有《鹿鳴山館詩稿》二卷、《鹿鳴山館駢體文》二卷。

是集收録作者所撰五古、七律、七絶詩一百六十六首，以咏物詩爲最多，其次爲咏古懷古詩，此外還有若干寫景詩、感懷詩。其《和尤西堂外國竹枝詞》尤稱特色，分咏安南、廣南、暹羅、真臘、港口、滿剌加、吉蘭旦、緬甸、烏土、鑾里喇、葛剌巴、三寶壠、北膠浪、萬丹、武乞氏、亞齊、三佛齊、中印度、東印度、西印度、南印度、北印度、布路亞、大吕宋、荷蘭、意大里、耶馬尼、伊揖、綏沙蘭、彌利加、英吉利、俄羅斯等三十二地。

見存版本：稿鈔本　廣東省立中山圖書館

全一册。半葉八行，行二十三字，小字雙行同。

368 養餘山房詩鈔　（清）香山劉珩撰

劉珩（1833—1922），字少荆，又字錫元。光緒十八年歲貢。

是集收録作者所撰四言詩八首、五絶二首、五律三十四首、五言多句詩三十一首、七絶四十二首、七律一百三十四首、七言多句詩二十首。詩多寫景咏物、抒懷題贈。從中可見作者與張菊人、梁震東、瓊峯、僧樹因上人及三浦一竿等唱和互答甚密。梁震東，即梁誠（1864—1917），字義裒，震東爲其號，番禺人。嘗任駐美出使大臣等職。蓋通過他，劉珩結識了日本文人三浦一竿。詩中也記録一些時事和新事物。

見存版本：清光緒間大馬站播文印刷埸鉛印本　廣東省立中山圖書館

殘存一册（存下册）。半葉十行，行二十一字，小字雙行同。白口，四周雙邊，雙魚尾。

369 嶺海游草不分卷　（清）楊惟均撰

楊惟均（1833—?），字厚生，吴江人。

是集録咸豐八年至同治二年作者游幕粤東期間所撰近體詩一百四十二首，尤以感懷、紀事詩居多。其驅馳奔波，足迹所至及於陽江、陽春、新興、肇慶、德慶、封川、開建、東安、廣州、佛山、新會、香港等地，詩中多有描寫。

見存版本：清鈔本　上海圖書館

共一册。半葉八行，行二十一字，小字雙行同。

370 香草齋文甲集十一卷乙集一卷三集不分卷續集十卷史論管見不分卷附杜詩分纂不分卷選鈔古文不分卷　（清）番禺李邁庸撰

李邁庸，字旌渠。李光廷長子。光緒間歲貢生。年七十餘卒。另著有《香草齋評選史記》。

是編《香草齋文》四集、《史論管見》爲自著，末附爲選録他作。《甲集》凡十一卷，卷一、二爲讀後十七篇，卷三、四爲史論十一篇，卷五至八爲書後十九篇，卷九、十爲序、贈序、壽序、記十五篇，卷十一爲傳、墓碣銘、墓表、哀辭八篇。其中史論、書後、記體時有陳古樵、陳朗山、家青城、許湅文、孟微等人所撰評語。《乙集》收録序、壽序、引、論、銘、碑等體文章十一篇。《三集》收録論、書後、序、跋、書、墓志銘、頌諸體文三十四篇。《續集》凡十卷，卷一至三爲史論十四篇，卷四至六爲書後十九篇，卷七爲序五篇，卷八、九爲記、書、答問、墓銘十篇，卷十爲檄、疏、考、議五篇。光緒二十九年，作者受大良龍氏之聘，任塾師，爲龍氏子弟主講論策寫作，次年撤塾家居後，過録成册，名爲《史論管見》，述史論之法。

《杜詩分纂》選録杜甫五律、五排、七律、五古、七古詩若干首。《選鈔古文》選元好問、虞集、宋濂、錢謙益、姚鼐、曾國藩、陳璞等記、序諸體範文二十九篇。

見存版本：清光緒間稿本　中山大學圖書館

共七册。半葉九行，行二十五字。書前有作者自記、光緒二十四年凌鶴書序、佚名序、光緒十九年李邁庸自題、甲集目録。外封有民國二十三年容肇祖題識。内封有作者墨筆自記。

按，此套書紙張寬度一致，高度不一，紙質不同。字體亦非出一人之手。目録中有者正文中未必有；目録中標“删”字者，正文中必無之；目録中篇名與正文中篇名不完全一致。文章末尾及書眉有大量批語，書間亦有浮簽若干。又按，《番禺縣續志》卷三十一《藝文志》著録爲：香草齋文甲集二卷甲續集一卷乙集一卷三集一卷詩二卷，書名及卷數與此編實際情形相差較大，蓋因采訪所得不够確切。

371 黎陽雜記不分卷　（清）南海黄璟撰

黄璟（1841—1919），字小宋，自號二樵樵者，順天大興人，祖籍南海。歷任河南浚縣知縣、陝州知州等職。足迹所至，每以詩畫記事。

黎陽爲浚縣之舊稱，是書録記十四篇、示一篇、啓三篇、跋三篇、議三篇、序二篇，爲光緒七年至十一年間作者知浚縣時所作。其到任觀風，勸辦保甲，重修黌宫、溝洫、河堤、廟宇、文昌閣，募修城垣，創建書院，創設義塾，重修縣志等諸多舉措在文中都有記述。文字樸茂簡潔、沉鬱質實。熊奉章題詞中贊其《上中丞三省會緝議》《請以臨漳易直隸長垣改歸豫省以便緝捕議》二議尤爲當時之要務，有資於治道。

見存版本：清光緒十一年刻本　復旦大學圖書館

全一册。半葉十行，行二十字。白口，左右雙邊，單魚尾。書前有黎承忠序，卓景濂、方胙勳等題詞。後有光緒十三年湯聘珍跋。

372 鐵畫樓詩續鈔二卷　（清）南海張蔭桓撰

張蔭桓（1837—1900），字樵野，號紅棉老人，室名鐵畫樓。清同治三年捐納知縣，歷官户部右侍郎、總理各國事務衙門大臣。出使美、日、秘、英等國。戊戌變法期間，受命管理京師礦務、鐵路總局。政變後被革職。另著有《鐵畫樓詩文稿》等。

是編亦名《荷戈集》，爲光緒二十四年八月至二十五年間作者流戍新疆時所作詩。所録詩篇大體以時間爲序，詩名上也多標識有干支紀年、月日時間或節日名稱。許玨跋云："海天持節，傳蠻峒之弓衣；絶塞荷戈，述天山之勝稿。備嘗艱阻，彌見性情。""其詩也，跌宕自喜，玲瓏其聲，絳霞萬里，澄波一碧。良金美玉，均嗣三唐之音；素練輕縑，間沿兩宋之格。"

見存版本：①清光緒二十八年觀復齋刻鐵畫樓全集本　廣東省立中山圖書館　中山大學圖書館　華南農業大學圖書館　佛山市圖書館　中國國家圖書館　中國科學院文獻情報中心　南開大學圖書館　復旦大學圖書館　華東師範大學圖書館　南京圖書館　南京市金陵圖書館　貴州省圖書館

全一册。半葉十四行，行二十五字，小字雙行同。黑口，四周雙邊。書前有目録。後有光緒二十八年許玨跋。

②清光緒二十八年高州福文堂刻本　湖南圖書館

373 滋園粤游尺牘四卷　（清）劉家柱撰

劉家柱，字石臣，號滋園主人，新化人。布衣。同治元年携眷來粤，嘗供職於廣東巡撫衙門。游粤十載。同治九年分宰都甯。《滋園粤游尺牘》一書可概見其生平經歷。

同治初，作者赴粤，廣東巡撫郭嵩燾、廣東布政使王凱泰嘗相繼徵聘入幕，命掌書記，由此開啓其粤東游幕生涯。全書分四卷，收録作者游幕廣東期間寫與上司、同僚、友人、家人、鄉親之書札凡一百一十六篇。遠離故土、浪游嶺表、宦海沉浮之個中艱辛時有流露。文中偶刻小字批語。按，中山大學圖書館著録爲二卷。

見存版本：清同治九年刻本（琉璃廠藏板）　廣東省立中山圖書館　中山大學圖書館　厦門大學圖書館

全四册。小開本。尺牘半葉八行，行二十字，小字雙行同；評跋半葉六行，行十六字。黑口，四周雙邊，單魚尾。書前有同治九年自叙、目録。卷一後有王凱泰等二十人評跋。

374 紫璲山房遺集不分卷　（清）番禺陳淦撰

陳淦，字子瑞。陳曇之侄孫。副貢生，授徒奉母。平日喜搜輯耆舊遺聞軼事。著有《耆舊彙聞》四卷、《紫璲山房詩文集》二卷。

是集録光緒四年至十四年間作者於菊坡精舍、學海堂、應元書院所撰課藝四十一題九十四篇。其中文類有論五篇，述表二篇，贊、序、擬文各一篇。詩類有賦二十二篇、四言二十首、七古一首、五古七首、七絶三十首、七律四首。詹憲慈題辭略云，此册爲科舉應試之作，不能發展一己之特性，此不若其《紫璲山房文集》能心營意造，自攄蘊蓄。

見存版本：稿本　廣東省立中山圖書館

全一册。半葉九行，行二十五字。白口，四周雙邊，單魚尾。書前有民國二十年番禺詹憲慈、汪兆鏞等題辭。

375 羅浮偫鶴山人詩草二卷外集一卷　（清）香山鄭觀應撰

鄭觀應，參見《南游日記》。

《羅浮偫鶴山人詩草》即《寓意吟》，録詩二百八十一首。該書早期版本爲光緒二十四年鉛印本，亦爲二卷，録詩一百三十首。宣統本較光緒本在數量上多出一百五十一首，多爲光緒二十四年之後産生的詩篇，比如《甲辰客滬江作》作於光緒三十年，《乙巳臘月羊城官紳集議粤路鐵路風潮陡起紀事》作於光緒三十一年，《戊申夏秋大病屢瀕於危感懷寄匡廬居士》《戊申冬久病未痊感懷》作於光緒三十四年。且宣統本書前序跋、題識豐富，具有較大的文獻價值和史料價值。《外集》即《談玄咏》，録詩五十三首。鄭觀應别有《羅浮偫鶴山房談玄詩草》一卷，光緒二十四年刻，兩種版本相較，各有所長。

見存版本：清宣統元年上海著易堂鉛印本　廣東省立中山圖書館　中山大學圖書館　中國科學院文獻情報中心　上海圖書館　復旦大學圖書館

全二册。半葉十行，行二十四字，小字雙行同。白口，四周雙邊，單魚尾。書前有照片一幀、吴廣霈題像詩一首、宣統元年鄭孝胥撰像贊、夏同龢撰像贊、光緒二十三年孟春鄧華熙序、宣統元年盛宣懷序、光緒二十一年鄭沅序、光緒二十二年文廷式序、光緒三十一年翁同龢序、光緒二十二年胡昌俞序、宣統元年吴廣霈序、自序、陶鏞等十餘名士題詞、目録、卷上正誤表。

376 馮雨田佛山竹枝詞一卷　（清）佛山馮雨田撰

馮雨田，當爲清末佛山人。與同邑副貢生林相棠時相唱和。

是集收録作者所創作竹枝詞一百九十五首，詩中以記録大奎堂、祖祠、古塔、大王祠、倉沮廟、文沙武廟、五鳳樓、蠕岡、蜆岡、鶯岡、王借岡、黄蔗岡、大塘涌、荔枝園、柏香園、鶴園、鯉魚涌、魚塘、龜塘、汾江水、豆豉巷、竹環沙、菜市、魚欄等爲背景，描繪佛山地區風土人情、山水光影、日常生活、節慶習俗、勞作娱樂、交通運輸、商業繁榮。林相棠稱此書所録之詩“半寓箴諷”。

見存版本：清光緒三十年刻本　佛山市圖書館　東莞圖書館

全一册。半葉七行，行十八字，偶見小字單行同。白口，左右雙邊，單魚尾。字體前後大小不同。書前有光緒三十年林相棠叙。

377 仲漁詩草二卷　（清）任錫純撰

任錫純，號粹如，浙江會稽人。嘉慶至咸豐間寓居廣東，以游幕爲業。

是書分上下二卷，由龍裕光校刻。上卷録五絶二首、五律六十四首、五言多句二首、七絶十三首、七律四十二首、七言多句二首，凡一百二十五首；下卷録五絶二首、五律三十三首、五言多句九首、七絶二十九首、七律四十一首、七言多句五首，凡一百一十九首。錫純自乾隆末年來粤游幕，直至晚年，寓居廣東長達數十年。以詩文爲媒，廣交嶺南諸名士，遍游嶺南勝迹。嶺南名勝、交游歌觴、日常休閑，以及所見花卉、草木、昆蟲、畜禽、事物等入詩頗多。龍裕光稱其詩“陶寫性靈，清曠邁俗，深得詩以言一之旨”。

見存版本：清光緒二十四年刻螺樹山房叢書本（朱印）　華東師範大學圖書館　美國哈佛大學哈佛燕京圖書館

合一册。半葉十行，行二十一字，小字雙行同。上下朱口，左右雙邊，雙對朱魚尾。書前有光緒二十四年龍裕光序。後有光緒二十四年任世杰跋。

按，所知《螺樹山房叢書》有兩種版本，收録子目内容和數量有别。廣東省立中山圖書館藏本包含子目五種：《錢仲文集》十卷、《宫教集》十二卷、《元朝典故編年考》十卷、《静學文集》三卷、《嘉靖以來首輔傳》八卷，子目與《中國叢書綜録》所載一致，《仲漁詩草》不在其中。華東師範大學圖書館藏本、美國哈佛大學哈佛燕京圖書館藏本均存三種，《仲漁詩草》爲其中之一。《廣州大典》所采爲廣東省立中山圖書館底本，故此零種可補其所缺。

378 補山山人詩草四卷首一卷　（清）新寧陳燮疇撰

陳燮疇（1844—?），字蕙農，號畊月居士。諸生。光緒十一年秋試，遭弃録。後以講學爲生。以“逢源書屋”名其住所。嗜山水勝地，喜吟咏。有《衛生秘旨》《勸孝選録》等。

是書分四卷，收録五古、七古、五律、七律、五絶、七絶諸體混排詩二百九十六首。其中多懷古咏史詩，尤以卷一爲最，“懷古感時諸作，論奇而正，味淡而腴，其大意則以勸懲爲歸宿，誠有合於聖人無邪之旨”。次則爲即事咏物詩，“流連托興，類能抒忠孝而見性真，有不必求類於陶而自得陶之美者”。此外，亦有若干唱和、送别等詩。陳伯陶贊其詩“無論長篇短什，落筆動見性情，發言即關倫理”。

是集由黄景棠出資付梓。黄景棠，字詔平，新寧人，出生於南洋。與陳燮疇師出同門。

見存版本：清光緒二十二年廣州瑞元堂刊本　廣東省立中山圖書館

全一册。半葉九行，行二十一字。白口，四周雙邊，無魚尾。書前有光緒二十一年黄榮熙序、光緒十二年吴炳南序、光緒二十年董起庾序、光緒二十年胡慶袠序、趙宗壇序、光緒十九年陳伯陶跋、光緒十九年李庚明跋、光緒二十一年劉子修跋、光緒二十二年黄景棠題跋、香山陳子清等題辭。觀另一複本，題辭則多出開平張伯瑛手書一首。

379 補山山人續吟草一卷　（清）新寧陳燮疇撰

陳燮疇，參見《補山山人詩草》。

是編含遠游、燕居二草。光緒二十四年秋月，作者應同鄉之邀，自粵啓程，經香港、福建、浙江，抵日本，游歷東瀛諸島。復涉太平洋，赴美主寧陽會館之席。光緒二十六年七月返里。足迹所經，探奇選勝，發諸吟咏，得七律等體詩四十五首，都爲《遠游草》。《燕居草》收録五古、七古、五律、七絶、七律諸體詩約一百四十首，作於光緒二十六年至宣統三年間，偶見若干舊作，多爲酬唱、紀事、遣懷、咏史、題畫之類。

見存版本：清宣統末民國初清風橋文茂印局、羊城桂香街粵華興排印本　廣東省立中山圖書館

全一册。半葉十行，行二十一字，小字雙行同。白口，四周雙邊，單魚尾。書前有光緒二十六年陳恩梓序、光緒二十一年黄榮熙舊序、光緒三十四年陳序琳跋。

按，廣東省立中山圖書館官網著録此書版本爲清光緒二十六年清風橋文茂印局排印本。觀集中内容，有《辛亥元旦未曙天大雷雨近午忽復晴明》《辛亥元月望日晤劍秋孝廉於羊城喜贈》兩首，可知二詩作於宣統三年初，則是集刊印時間當不早於宣統三年。又，據版心可知承印者有清風橋文茂印局、羊城桂香街粵華興二家，則不應僅著録前者。

380 劉徵君演説彙編一卷佚稿輯存一卷 （清）龍門劉士驥撰

劉士驥（1857—1909），字鳴博，一字銘伯。光緒十九年舉人，官懷集知縣。調充兩廣學務處查學員。光緒三十年前往南洋視學。曾興辦銀行、銀礦、鐵路、輪船等實業。著有《查學案要》《嘉應學商彙案》《鎮平學案》《南洋視學案要》《美洲勸業編》《淳州鴻雪》等。

《演説彙編》收録説、告、論體文六篇。劉德恒序云：其演説不外乎學界、政界，“時時持其開民智、通民情之宗旨，遇事發明之，故其爲説醇而正，婉而諷，不惡而嚴”。《佚稿輯存》收録書、記、序、叙、祭等類文十二篇，爲《查學案要》《演説彙編》未收之雜文。

見存版本：清光緒三十一年廣州惠愛四約文茂印務局鉛印本　中山大學圖書館　廣西壯族自治區桂林圖書館

全一册。半葉十二行，行三十字，小字雙行同。白口，四周雙邊，單魚尾。《演説彙編》前有光緒三十一年劉德恒序、鍾榮光序。《佚稿輯存》前有光緒三十一年劉德恒序。

381 碧蘿仙館吟草 （清）順德何祖濂撰

何祖濂（1858—?），字仲洛。光緒五年舉人。後屢試不第，遂設帳授徒。晚歲僑居羊城西郭。

是集包括溯塵、九北、澆胸三集。《溯塵集》以年繫詩，收録光緒八年至二十三年諸體詩一百九十一首。作者輾轉奔波，是集多爲其“生平游踪所至，流連風土，知交贈答之作”，亦有吟咏廣府詩篇多首，頗具史料價值。

《九北集》録光緒二十四年所撰古近體詩一百六十七首。因時紀事，備載作者北上之行踪軌迹。其九上公車不第，客途寥落，心境鬱塞，俱托諸吟咏，攄發胸臆。

《澆胸集》録光緒二十五年至宣統三年各體詩一百七十一首。除了賓筵、贈答、言情之作，别增憂國傷時之作。澆胸者，“借他人之酒杯，澆胸中之魂磊”，自叙云：“自遭庚子之變，外交失敗，時事日非。余復以截取赴部，兩至都門，鴻爪雪泥，慨焉增感，既念河山骯髒，乃益以新亭涕泪盡付之長吟短諷之中。洎乎武昌事起，羽檄紛馳，風鶴數驚，遂從輟筆，已得詩二百四十首。”

見存版本：清末民初鈔本　廣東省立中山圖書館

全六册。半葉七行，行二十四字。朱絲欄。四周單邊。書前有宣統二年李思敬叙，宣統三年盛鴻燾、闞毓泯評話，宣統三年邱日華題語，宣統三年何祖濂自叙，南海周錫爵、鐵城鄭孝恂、肄江周兆蓉等題詞。

按，廣東省立中山圖書館官網著録是編版本爲清鈔本，而《澆胸集》自叙時間爲民國四年，故此書版本宜定爲清末民初鈔本。

382 南海先生詩集四卷　（清）南海康有爲撰，（清）新會梁啓超寫

康有爲，參見《救時芻言》。梁啓超，參見《美國華工禁約記》。

是集凡四卷，每卷一集，卷一《延香老屋詩集》，延香老屋爲作者祖宅，位於西樵山之北銀塘鄉，作者三十歲前讀書、吟咏於此。是集輯録成於其間殘逸之詩一百六十五首。卷二《汗漫舫詩集》，作者五游京師，旅居於宣武門外米市胡同南海會

館，内有小室如舟，故取名爲汗漫舫，作者於此讀碑、洗石、著書。是集録光緒十四年至二十一年間京師舊作及出入京師沿途之游作，凡一百四十首。卷三《萬木草堂詩集》，輯作者光緒十六年至二十三年隱居廣東省城及避游羅浮、桂林之詩作，凡七十八首。卷四《明夷閣詩集》，明夷閣爲作者戊戌政變後出奔日本避難之居所。是集收録光緒二十四年至二十五年幽憂之作，凡九十九首。部分詩作篇末有梁啓超按語，或於相應書眉處有簡短批語。

自序曰："門人梁啓超請收拾叢殘，發願手寫。搜篋與之，尚存千餘篇。"據此書目録，尚有《大庇閣詩集》《須彌雪亭詩集》《逍遥游齋詩集》《寥天室詩集》《避島詩集》《漪漣詩集》《南蘭堂詩集》《憩園詩集》《納東海亭詩集》諸集，列爲卷五至卷十三，因事變日繁，無暇畢寫，暫且闕如。所刻四卷，録詩僅四百八十二首，尚有數百首未成。

見存版本：①清光緒三十四年新會梁啓超寫刻本　華東師範大學圖書館

②清宣統三年據梁啓超手寫本影印本　廣東省立中山圖書館　中山大學圖書館　北京大學圖書館　北京師範大學圖書館　中國人民大學圖書館　南開大學圖書館　吉林大學圖書館　華東師範大學圖書館　南京大學圖書館　鄭州大學圖書館

③清宣統三年上海廣智書局據梁啓超手寫本石印本　中山大學圖書館　華南師範大學圖書館　中國國家圖書館　北京大學圖書館　湖南圖書館等

全一册。半葉十行，行二十字或二十一字，小字雙行同。

白口，四周單邊。書前有光緒三十四年康有爲自序，宣統三年康有爲寫記、題識。後有版權葉。

383 紅藕花館詩集□卷 （清）番禺徐維森撰

徐維森，字立夫，生活於咸豐至民國初期。

原書卷數不詳，從殘存卷七之卷首所題“七言古風”推知，是集以詩體分類編排。卷七所録之詩，内容多涉廣東之人、事、物，記録其與黄榮康、勞重勳、居廉諸友之過從，游覽香港、南海神廟等地之聞見及其他紀事詩、感懷詩、題畫詩。

見存版本：鈔本　廣東省立中山圖書館

殘存一册（存卷七）。半葉八行，行二十字。書後有三水黄榮康跋。

384 微尚齋詩二卷 （清）番禺汪兆鏞撰

汪兆鏞（1861—1939），字伯序，又字憬吾，號慵叟，晚號清溪漁隱、微尚老人。光緒十五年恩科舉人。受聘入兩廣總督岑春煊幕，專司章奏。武昌起義後避居澳門，專事吟咏著述。編著《嶺南畫徵略》十二卷、《微尚老人自訂年譜》、《孔門弟子學行考》四卷、《續舉貢表》一卷、《棕窗雜記》四卷，以及詩、詞、雜文集等二十餘種。

是册録作者遷居澳門前所作詩。上卷爲光緒十一年至二十八年撰，有詩七十首；下卷爲光緒二十九年至宣統三年撰，有詩五十首。

見存版本：清宣統三年刊微尚齋叢刻本　廣東省立中山圖書館　中山大學圖書館　華南師範大學圖書館　華南農業大學

圖書館　廣州圖書館　中國國家圖書館　首都圖書館　北京師範大學圖書館　内蒙古自治區圖書館　吉林大學圖書館　復旦大學圖書館　南京大學圖書館　南京師範大學圖書館　香港中文大學圖書館

全一册。半葉十一行，行二十一字，小字雙行同。黑口，左右雙邊。有自序。

385 飲冰室文集（壬寅）　（清）新會梁啓超撰

題“中國之新民”即梁啓超，參見《美國華工禁約記》。

是集分論説、叙説、學術、宗教、宗教哲學、政治、兵事、法律、地理、生計、時局、歷史、傳記十三類，選録《新民叢報》中梁啓超所撰文章三十四篇，以叙説、傳記類爲多。叙稱梁啓超“著作之精華在智同胞、存祖國”，“東渡後，首出《清議報》百册”，“影響於學界者至今不衰，甚至政界之舉動亦無能超出範圍。凡朝野上下留心新學新政者，莫不景仰而稱道之曰‘梁任公’”。

見存版本：清宣統元年上海普新瑞記書局石印本　北京大學圖書館　蘇州大學圖書館

全二十册。半葉十七行，行三十五字。四周單邊。書前有光緒三十一年丙鶉子叙、目録。

386 三十六荷花院詩草　（清）番禺陳道華撰

陳道華，字堇堂，號三十六荷花院道人。生活於清末民國時期。嘗任法政學校庶務員。

是書又名《東京竹枝詞》。作者四十五歲時負篋東游日本，將所見所聞繫之以竹枝詞，總有百首，内容關涉日本政治法律、社會生活、風景名勝、飲食服飾等諸多方面。

見存版本：清末鉛印本　中國國家圖書館

全一册。半葉十二行，行二十一字，小字單行三十七字。白口，四周雙邊，單魚尾。書前有自叙。厦門市圖書館藏本作光緒三十四年刻本。

387 夢句樓弱冠草一卷　（清）南海何鑄撰

何鑄，字子陶，生平待考。

夢句樓，作者齋名，“名以‘弱冠’，識始也”。是書收録光緒二十四年至三十三間作者所撰賦、五古、七古、五絶、七絶、五律、七律諸體詩一百五十八首。綜觀其詩，多即事感懷之類，時露消極遁世之意，雜以寄贈家人、友朋之詩，間有若干寫景咏物詩。

見存版本：清宣統元年羊城西湖街超華齋刻本　廣東省立中山圖書館　中山大學圖書館

全一册。半葉十行，行二十字，小字雙行同。白口，四周雙邊，單魚尾。書前有光緒三十三年何鑄自序、黄節序，光緒三十四年蔡有守序。

388 梁文忠公小札真迹　（清）番禺梁鼎芬撰

梁鼎芬（1859—1919），字星海，號節庵，世居廣州榨粉街。光緒六年進士，官至湖北按察使。嘗任豐湖、端溪、廣雅書院院長。編輯《端溪叢書》《豐湖書藏書目》等。另有詩詞集數種。

是書收梁鼎芬致襄文十三丈論書畫札五通。襄文十三丈即李啓隆，字襄文，又字留盦，番禺人。官刑部主事。信札均書於“能秀精廬”朱欄箋紙上。

見存版本：清末稿本　北京大學圖書館

389 梁鼎芬書札　（清）番禺梁鼎芬書

梁鼎芬，參見《梁文忠公小札真迹》。

是書收録梁鼎芬手札約三百六十通，内容涉及政務處置、詩文品評、身體狀況、生活細節、親友往還等。札中亦能看出作者對時人之態度，如敬重張之洞，盛贊康有爲“文章高古”，與王秉恩關係特别親厚等。王秉恩，字伯勤，號雪澄，又號息存，别號奄叟，四川華陽人。同治十二年舉人，曾任廣東按察使。鼎革後隱居滬上。梁鼎芬信札多寫予他，或問策，或商討，或傾訴，信中呼之以雪城兄、雪城大哥、雪城老哥、雪城兄長、雪兄、雪哥、息存大兄、息存大哥、息存老友、息存大師、茶盦，親切隨意。信札均以行草書寫就，篇幅簡短，長者百餘字，短則寥寥數言。信箋往往印有齋堂號，所見如謝印齋、千鈞堂、栖鳳廔、玉山草堂、屋漏言事、鳳水亭、能秀精廬、飛玉澗、寒亭、雙溪精舍、老違堂、葵霜閣、禮盦等，賞心悦目，别具趣味。

見存版本：稿本　北京大學圖書館

全十一册。半葉字數不等，行數不等。

科卷

390 光緒二年丙子恩科戴鴻慈會試硃卷　（清）南海戴鴻慈撰

戴鴻慈（1853—1910），字光孺，號少懷，晚號毅菴，謚文誠，原籍南海九江，後遷佛山。光緒二年進士，官至禮部尚書、協辦大學士。

是科戴鴻慈中式第一百三十二名貢士。首爲履歷，載其姓名、字號、排行、生辰、籍貫、世系、師承所自。次爲科份情況，録試卷總批，鄉試、會試、殿試、朝考中式名次，以及擬任官職。後爲文章，選刻文《康誥曰克明德太甲曰顧諟天之明命》《施於有政是亦爲政》《惟義所在》三篇和試帖詩《賦得南山曉翠著浮來（得來字）》一首。

見存版本：清光緒間粤東省城學院前翰元樓刻本　廣東省立中山圖書館

全一册。半葉九行，行二十五字。白口，四周雙邊，單魚尾。

391 光緒十五年己丑科周朝槐會試硃卷　（清）順德周朝槐撰

周朝槐（1860—?），字理儀，號宸臣。光緒十五年進士，官吏部文選司主事。嘗任學海堂學長。

是科周朝槐中式第十名貢士。首爲履歷，載其姓名、字號、生辰、籍貫、世居地、世系、師承所自。次爲科份情況，録試卷總批，鄉試、會試、保和殿覆試、殿試、朝考中式名次，以及擬任官職。後爲文章，選刻文八篇、策問五則、試帖詩一首。文一《子曰行夏之時乘殷之輅服周之冕樂則韶舞》，本房加批“自鑄偉詞，内含經義”；文二《取人以身修身以道》，本房加批“格律謹嚴，包羅富有，筆意從名家得來”；文三《曰子不通功易事以羡補不足則農有餘粟女有餘布子如通之則梓匠輪輿皆得食於子》，本房加批“亦清真亦典核，隨意揮灑，極此題之能事”；試帖詩《賦得馬飲春泉踏淺沙（得泉字）》，本房加批“頡頏六代，睥睨三唐”。另外五篇文章爲《爻也者效此者也象也者像此者也》《帝曰咨汝二十有二人》《眉壽保魯居常與許》《春齊高偃帥師納北燕伯于陽》《是月也命野虞毋伐桑枳鳴鳩拂其羽戴勝降于桑具曲植蘧筐》，無單獨批語，或出自第二、三場。

見存版本：清光緒間刻本　中國國家圖書館　上海圖書館

全一册。半葉九行，行二十五字。白口，四周雙邊，單魚尾。

392 光緒十五年己丑科任文燦會試硃卷　（清）花縣任文燦撰

任文燦（1863—?），字遠煇，别字璧東。光緒十四年由縣學廪生中鄉試舉人，次年中進士，欽點翰林院庶吉士，後官度支部主事。

是科任文燦中式第二百十名貢士。首爲履歷，載其姓名、字號、排行、生辰、籍貫、世居地、世系、師承所自。次爲科份情況，録試卷總批，鄉試、會試、覆試、殿試、朝考中式名次，以及擬任官職。後爲文章，選刻文三篇及試帖詩一首，篇名均與周朝槐闈墨同。本房薦批：“議論風生，不爲題縛，次、三機神翔洽，熟極而流。詩安。”聚奎堂原批：“筆意開展，詞旨清腴。詩適。”

見存版本：清光緒間省城學院前翰元樓刻本　廣州圖書館

共一册（缺第十五葉）。半葉九行，行二十五字。白口，四周雙邊，單魚尾。

393 光緒十六年庚寅恩科張學華會試硃卷 （清）番禺張學華撰

張學華（1864—1951），字漢三，晚號闇齋。光緒十六年恩科進士，官登州知府、濟南知府、江西提法使等職。辛亥革命後避居香港。著有《闇齋稿》三卷、《闇齋文集》、《粤海潮音集》、《采薇百咏》等。

是科張學華中式第一百五十六名貢士。首爲履歷，載其姓名、字號、排行、生辰、籍貫、世系、師承所自。次爲科份情况，録試卷總批，鄉試、會試、殿試、朝考中式名次，以及擬任官職。後爲文章，選刻文《子貢曰夫子之文章可得而聞也夫子之言性與天道不可得而聞也子路有聞未之能行唯恐有聞》《知所以治人則知所以治天下國家矣凡爲天下國家有九經》《霸者之民驩虞如也王者之民皥皥如也》三篇和試帖詩《賦得城闕參差曉樹中（得門字）》一首。本房薦批：第一場“綿邈滂沛，熟極而流，次按部就班，三聲情激越。詩工煉”；第二場“飽滿”，“比響聯辭，波屬雲委”；第三場“殫洽詳明，語有證佐”，“旁稽博證，貫徹源流，熟識腠理，節文自會”。

見存版本：清光緒間省城西湖街藏珍閣刻本　中國國家圖書館　上海圖書館

全一册。半葉九行，行二十五字。白口，四周雙邊，單魚尾。

394 光緒十八年壬辰科陳伯陶會試硃卷 （清）東莞陳伯陶撰

陳伯陶（1855—1930），字象華，一字子礪，晚年更名永燾，號九龍真逸。光緒十八年進士，官至江寧布政史。鼎革後，隱居香港九龍。工書，擅畫。著有《羅浮指南》、《明季東莞五忠傳》、《宋臺秋唱》、《瓜廬詩剩》二卷、《瓜廬文剩》、《葵誠草》等。

是科陳伯陶中式第七十八名貢士。首爲履歷，載其姓名、字號、排行、生辰、籍貫、世系、師承所自。次爲科份情況，録試卷總批，鄉試、覆試、會試、殿試中式名次，以及擬任官職。後爲文章，選刻文《子曰君子矜而不争群而不黨子曰君子不以言舉人不以人廢言》《斯禮也達乎諸侯大夫及士庶人》《井九百畝其中爲公田八家皆私百畝同養公田》三篇和試帖詩《賦得柳拂旌旗露未乾（得春字）》一首。本房薦批略云：第一場“胸有全史，筆無纖塵，沈酣透闢”，“次、三藝既有卷軸，尤妙翦裁，虚實兼到，古調今情，絡繹奔赴，洵覘學養功深。詩壯麗”；第二場“易藝氣勢磅礴，推衍亦粲然分明。書義古茂，逼近西京。句法箋詩，言麗以則”；第三場“説經鏗鏘，能貫穿注疏”。

見存版本：清光緒間墨印暨朱印刻本　中國國家圖書館

全一册。半葉九行，行二十五字。白口，四周雙邊，單魚尾。

395 光緒十八年壬辰科伍銓萃會試硃卷　（清）新會伍銓萃撰

伍銓萃，參見《國史儒林黄仲弢先生傳》。

是科伍銓萃中式第一百四十三名貢士。首爲履歷，載其姓名、字號、排行、生辰、籍貫、世系、師承所自。次爲科份情況，録試卷總批，院試、鄉試、會試、保和殿覆試、殿試、朝考中式名次，以及擬任官職。後爲文章，選刻文三篇、試帖詩一首，篇名均與陳伯陶闈墨同。袁房師薦批略云：第一場“齊論之緒餘，流而爲公羊家，今還以《公羊》申《論語》，正爲水深則迴，葉落糞本”，“次藝宛似張純、匡鼎議禮文字，兼有碑版氣息。三法備疇人式，仍大義具見，用筆謹嚴。詩工”；第二場“説易宗鄭君爻，辰會姚氏誼，清辯瀾翻，氣直而筆妙於曲。書義胎氣深厚，詩義有碑版氣，説春秋得比事屬詞之法，筆意於黄楚望、趙東山爲近，洵乎獨抱遺經以參爲諗而稽决之者。《王制》殷制，故制義從質，前繁稱而後簡嚴典重，一似蔡雍之説漢制”；第三場“凡兹十事對九，條例尤詳，足覘一連貫三，雅故斯在”。

見存版本：清光緒間墨印暨朱印刻本　中國國家圖書館

全一册。半葉九行，行二十五字。白口，四周雙邊，單魚尾。

396 光緒十八年壬辰科周頌聲會試硃卷　（清）順德周頌聲撰

周頌聲（1868—?），字理謙，號蓮舫。光緒十八年進士，選翰林院庶吉士，後任廣西思恩知府。

是科周頌聲中式第十四名貢士。首爲履歷，載其姓名、字號、排行、生辰、籍貫、世系、師承所自。次爲科份情況，録試卷總批，鄉試、會試、覆試、殿試、朝考中式名次，以及擬任官職。後爲文章，選刻文三篇、試帖詩一首，篇名均與陳伯陶闈墨同。本房加批：文一“匠心獨運，生面别開。至其崇論閎議，包孕富有，尤徵魄力過人”；文二“逐層披剥，妙義紛羅”；文三“考核精詳，吐屬淵雅”；詩“珠輝玉映，朗潤清華”。本房薦批對其三場考試亦給予頗高評價。

見存版本：清光緒間墨印暨朱印刻本　中國國家圖書館

全一册。半葉九行，行二十五字。白口，四周雙邊，單魚尾。

397 光緒二十九年癸卯補行辛丑壬寅恩正并科關文彬會試闈卷

（清）南海關文彬撰

關文彬（1872—？），字國楨，號均笙，南海人，祖籍新會，世居省城大新街。工詩文、篆法。著有《醉榴軒詩草》。

是科關文彬中式第二百二十八名貢士。首爲履歷，載其姓名、字號、排行、生辰、籍貫、世系、師承所自。次爲科份情況，録試卷總批，鄉試、覆試、會試、保和殿覆試、殿試、朝考中式名次，以及擬任官職。後爲文章。因缺葉，僅見三篇。

光緒二十七年革新科舉制度，廢除八股文，改以論策取士。鄉試、會試仍考三場，第一場試中國政治史論五篇，第二場試各國政治藝學策五道，第三場試四書義二篇、五經義一篇。故此册硃卷選刻《管子内政寄軍令論》《泰西最重游學斯密氏爲英大儒所論游學之損亦最摯切應如何固其質性限以年例以期有益無損策》《敬事而信節用而愛人義》，即論一篇、策一道、義一篇。本房薦批其三場考試表現云：第一場“議論純正，詞氣和平，讀之醰醰有味，統觀五藝，無一膚淺之詞”；第二場“於各國政治利弊看得透切，故立論不涉影響，筆亦簡潔瀏亮”；第三場“文氣浩瀚”。

見存版本：清光緒末石印本　廣州圖書館

共一册（有缺葉）。半葉十一行，行二十七字。白口，四周雙邊，單魚尾。

398 光緒三十年甲辰恩科關賡麟會試闈卷　（清）南海關賡麟撰

關賡麟（1880—1962），字揚善，號穎人。光緒三十年进士。著有《東游考察學校記》六卷、《兩漢史權》二卷、《續古今人表》一卷、《西史通論》一卷、《讀史札記》四卷、《癸卯詩界》一卷等。

是科關賡麟中式第四十九名貢士。首爲簡歷，載其姓名、字號、排行、生辰、籍貫；鄉試、覆試、會試、保和殿覆試、殿試、朝考中式名次，以及擬任官職；世系及親屬、妻族情況，受業、師承所自。後爲文章，選刻論五篇、策一道、義一篇。對於五篇論：《周唐外重内輕秦魏外輕内重各有得失論》《賈誼五餌三表之説班固譏其疏然秦穆嘗用之以霸西戎中行説亦以戒單于其説未嘗不效論》《諸葛亮無申商之心而用其術王安石用申商之實而諱其名論》《裴度奏宰相宜招延四方賢才與參謀議請於私第見客論》《北宋結金以圖燕南宋助元以攻蔡論》，夏潤枝評曰："首洞微觀通，持論允當；次前半意亦猶人，後半更深文於廉悍，中具有遠致，尤爲難得；三言下瞭澈，心鏡筆刀；四深婉；五沈痛之語，發人深省。"策論一篇問學堂之設，在於陶鑄國民、造就人才、振興實業，三者孰爲最急，作者所答認爲最急莫如智民，莫如智民而使之愛國。本房薦批："羅列中外，若數家珍，三對五對，尤爲精審。"所作《大學之道在明明德在親民在止於至善義》獲本房薦批："落落大方，醰醰有味。"文明堂中批："理懿詞雅，斐然有文。"末附廷對策，就考課、練兵、理財、正俗答皇帝之臨軒清問。

見存版本：清光緒間石印本　廣州圖書館

全一册。半葉十四行，行三十三字。白口，四周雙邊，單魚尾。

399 光緒五年己卯科陳獻廷廣東鄉試硃卷 （清）順德陳獻廷撰

陳獻廷（1845—?），字子修，别字貢宸。光緒五年舉人。

是科陳獻廷中式第十五名舉人。首爲履歷，載其姓名、字號、排行、生辰、籍貫、世系、師承所自。次爲科份情況，録試卷總批、鄉試中式名次，以及擬任官職。後爲文章，選刻文《子適衛冉有僕子曰庶矣哉冉有曰既庶矣又何加焉曰富之曰既富矣又何加焉曰教之子曰苟有用我者期月而已可也三年有成》《詩曰衣錦尚絅》《而況於親炙之者乎》三篇和試帖詩《賦得海客談瀛洲（得洲字）》一首。本房薦批："兩比博大昌明，次可，三、後二頗有靈思。詩雅。經藝淋漓盡致，五策淹通。"

見存版本：清光緒五年省城學院前合成齋刻本　北京大學圖書館

全一册。半葉九行，行二十五字。白口，四周雙邊，單魚尾。

400 光緒五年己卯科劉同書廣東鄉試硃卷 （清）廣州劉同書撰

劉同書（1852—?），字遂賢，别字雲函。光緒五年舉人。

是科劉同書中式第七名舉人。首爲履歷，載其姓名、字號、排行、生辰、籍貫、世系、師承所自。次爲科份情況，録試卷總批、鄉試中式名次，以及擬任官職。後爲文章，選刻文三篇，試帖詩一首，篇名均與陳獻廷闈墨同。别有策問一道。本房薦批："頭場格局嚴整，詞旨端莊，次、三妥適詩切"；"二場局度安詳，詞氣軒爽"；"三場洋洋灑灑，得意疾書"。

見存版本：清光緒五年省城西湖街翰藻齋盧文祥刻本　北京大學圖書館

全一册。半葉九行，行二十五字。白口，四周雙邊，單魚尾。

401 光緒五年己卯科吕文富廣東鄉試硃卷　（清）順德吕文富撰

吕文富（1859—?），字業平，别字季饒，一字饒川。光緒五年舉人。

是科吕文富中式第二十二名舉人。首爲履歷，載其姓名、字號、排行、生辰、籍貫、世系、師承所自。次爲科份情況，録試卷總批、鄉試中式名次，以及擬任官職。後爲文章，選刻文三篇和試帖詩一首，篇名均與陳獻廷闈墨同。大主考及同考官有"志和音雅""機暢神流""局度雍容"等批語。

見存版本：清光緒五年刻本　北京大學圖書館

全一册。半葉九行，行二十五字。白口，四周雙邊，單魚尾。

402 光緒八年壬午科潘履端廣東鄉試硃卷　（清）番禺潘履端撰

潘履端（1854—1914），字肇業，號樾根。光緒八年舉人，次年中進士，歷官韶州府、高州府教授。

是科潘履端中式第四十四名舉人。首爲履歷，載其姓名、字號、排行、生辰、籍貫、世系、師承所自。次爲科份情況，録試卷總批、鄉試中式名次，以及擬任官職。後爲文章，選刻文《無爲而治者其舜也與夫何爲哉》《言前定則不跲》《國家閑暇及是時明其政刑》三篇和試帖詩《賦得俯瞰澄江萬頃寒（得亭字）》一首。本房原批："首藝拈德盛作主而又不肯説破，書理深細，題界分明；次去膚存液，遺貌取神；三圓滿。詩叶。"

見存版本：清光緒八年省城學院前心簡齋刻本　北京大學圖書館

全一册。半葉九行，行二十五字。白口，四周雙邊，單魚尾。

403 光緒十七年辛卯科張壽波廣東鄉試硃卷　（清）香山張壽波撰

張壽波（1868—1945），字揚聲，號玉濤。熱心教育，關心時政。後落髮爲僧，法名觀本。編有《鼓山涌泉寺經版目録》。

是科張壽波中式第七名舉人。首爲履歷，載其姓名、字號、排行、生辰、籍貫、世系、師承所自。次爲科份情況，録試卷總批、鄉試中式名次，以及擬任官職。後爲文章，選刻文《子曰學而不思則罔思而不學則殆子曰攻乎異端斯害也已》《燕毛》《德之流行速於置郵而傳命》《雷電合而章》《杜乃擭斂乃阱》《吉蠲爲饎是用孝享禴祠烝嘗于公先王》《春正月寔來》《東方曰寄南方曰象西方曰狄鞮北方曰譯》八篇，試帖詩《賦得落日濃邊橘柚山（得山字）》一首，策問五道。本房薦批："第一場：首藝理境瑩徹，筆情靈雋；次、三詞旨新穎，不落恒蹊，詩雅煉"；"第二場：横錦騁藻，嚼英咀華，禮藝尤胎息近古，不徒以典贍見長"；"第三場：考證詳明，妙能自伸，偉論是學，古有獲者"。

見存版本：清光緒十七年刻本　北京大學圖書館

全一册。半葉九行，行二十五字。白口，四周雙邊，單魚尾。

404 光緒二十八年壬寅補行庚子辛丑恩正并科何炳鍾順天鄉試闈墨　番禺何炳鍾撰

何炳鍾（1876—?），字厚恒，别字卓吾。光緒二十九年副貢生。著有《萱簃年記》一卷、《萱簃集》、《庚辰日記》等。

是書首爲何炳鍾簡歷、世系、師承。次爲科份情况，録試卷總批、鄉試中式名次等。後爲文章，選刻《百工居肆以成其事君子學以致其道義》《因民之所利而利之義》《通其變使民不倦神而化之使民宜之義》三篇。文末均有温肅、衛家椝二人評語，爲墨筆補抄。

見存版本：清光緒二十八年刻本　廣東省立中山圖書館

全一册。半葉九行，行二十五字。白口，四周雙邊，單魚尾。書前有民國三十年何炳鍾墨筆題詩《閲墨卷有感》。世系欄有多處墨筆補題人名、姓氏等内容。

405 光緒二十九年癸卯恩科唐恩溥廣東鄉試闈墨　（清）新會唐恩溥撰

唐恩溥（1881—1961），字啓湛，别字天如。光緒二十九年恩科舉人。負文名，擅岐黄，工書法。民國間在廣州任教職。晚年寄居香港。著有《古文辭》《文章學》等。

是科唐恩溥中式第十名舉人。首爲履歷，載其姓名、字號、排行、生辰、籍貫、世系、師承所自。次爲科份情况，録試卷總批、鄉試中式名次等。後爲文章，選刻論五篇，即《管仲相桓公通輕重之權論》《俠以武犯禁論》《張說奏罷邊兵二十餘萬使還農論》《蘇軾吕希哲等乞校正陸摯奏議進御論》《許衡爲國子祭酒諸生尊師敬業下至童子亦知三綱五常爲生人之道論》；策五道，關涉經濟、農業、善舉、律例、軍事之處置策略；義三篇，即《欲速則不達見小利則大事不成義》《經正則庶民興義》《推而行之謂之通義》。

見存版本：清光緒二十九年羊城西湖街鎸文堂刻本　廣東省立中山圖書館

全一册。半葉九行，行二十五字。白口，四周雙邊，單魚尾。

406 光緒二十三年丁酉科何維鑛廣東選拔貢卷　（清）增城何維鑛撰

何維鑛（1865—?），字鍵文，號子甄。

是科何維鑛考取第一名。前爲履歷、世系等。後爲文章，選刻文《凡爲天下國家有九經曰修身也尊賢也親親也敬大臣也體群臣也子庶民也來百工也柔遠人也懷諸侯也》《前日願見而不可得得侍同朝甚喜今又弃寡人而歸不識可以繼此而得見乎》二篇，試帖詩《賦得君才有如切玉刀》一首。

見存版本：清光緒間省城學院前翰元樓刻本　廣東省立中山圖書館

全一册。半葉九行，行二十五字。白口，四周雙邊，單魚尾。

課藝時文

407 菊坡精舍劉己千課卷　（清）番禺劉己千撰

此卷經陳澧批閱，被拔爲超等第一名。課卷題目名爲《尚書讀應爾雅考》，以“《尚書》真古文，今不可得而見，然書中之奧義，大抵《爾雅》皆有訓詁”起筆，以“誠如劉勰《宗經》篇云：《書》實紀言，而訓詁茫昧，通乎《爾雅》，則文義曉然。此足與班志之語互相發明矣”收尾。文中有朱墨筆句讀，有文字修改，書眉有批改。陳澧於文末批云：“引證皆確，篇末引《文心雕龍》語尤切當。”

見存版本：清同治光緒間刻本　加拿大不列顛哥倫比亞大學圖書館

合一册。半葉六行，行二十字。白口，無魚尾。

408 菊坡精舍金佑基課卷　（清）番禺金佑基撰

金佑基，金錫齡之子。同治十二年舉人。《菊坡精舍集》收録其《釋孝教二字》。

此卷經陳澧批閱，被拔爲超等第一名。首篇爲《庶民惟星解》，釋《尚書·洪範》中“庶民惟星”之語，認爲“以民喻星，最焉切近”。陳澧於書眉批云：“以上二證不甚確切，以下三證則確切矣。”次篇爲《漢學宋學互有得失論》，以“聖賢之學，由博返約，觀會通以行典禮，原無所謂漢學宋學也”起論，以“漢宋之學當并存而不可偏廢，庶足爲持平之論哉”結論。陳澧眉批“見識精卓”等語。末爲《擬東坡石鼓歌》。三篇之末，陳澧總評云：“解經所列三證皆確切。論平允而精到。詩平常。”

見存版本：稿本　加拿大不列顛哥倫比亞大學圖書館

合一册。半葉六行，行二十字。白口，無魚尾。

409 廣雅書院監生易開駿官課卷　（清）番禺易開駿撰

易開駿（1869—？），字展穆，廣雅書院監生。

是書録易開駿所作五月、八月兩份官課課卷。其五月份官課課卷爲文一篇《裴晋公不能去宦官論》，詩二首《擬東坡中山松醪賦》《園林長夏見新蟬解蜕老鹿生麑欣然有作》。末總評曰："論於史事，未能詳會。賦妥。詩少言外之旨意。"其八月份課卷爲詩二首《浮雲》《明月》，均爲七律。末總評曰："第一首頗肖浮雲情狀，後半不稱。第二首未莊雅。"

見存版本：廣州寫本　廣東省立中山圖書館

全二册。半葉六行，行二十字。

410 周官六聯説附表　（清）南海廖廷相撰

廖廷相（1846—1897），字子亮，又字澤群。光緒二年進士，歷官翰林院編修、國史館協修。假歸後不復出。曾任金山、羊城、應元、廣雅書院山長及學海堂、菊坡精舍學長凡十餘年。著述頗多。

此卷獲評第一名。《周官》，《尚書·周書》篇名。其説略云："周官三百六十，官之所司不一事，事之所繫不一官。其間經緯貫穿，條理具在，此大宰職所謂官聯也。""六聯者，一曰祭祀，二曰賓客，三曰喪荒，四曰軍旅，五曰田役，六曰斂弛也。"所製官表，縱爲六聯，横爲官職。凡某官任某事，某事需某官，厘然可見。全書經朱墨筆句讀。有不少眉批，多爲校補，或增補官職，或增補職務。總評云："博贍精詳"，"融貫全經，乃能編纂得法，非汲古功深者不辦"。

見存版本：鈔本　廣東省立中山圖書館

全一册。半葉九行，行二十五字。按，書名據内容題，廣東省立中山圖書館官網著録書名據扉頁題爲"南海縣舉人經卷"。

411 馮玉山稿二卷　（清）番禺馮戴恩撰

馮戴恩，號玉山，於光緒四年參加院試，考取案元。

是書收録作者當年和往年參加文會、聯會，以及番禺學試、番禺縣試、廣州府試等各級考試所撰文章一百二十二篇。篇末多有評語。

見存版本：清末鈔本　廣州圖書館

全二册。半葉十三行，行三十字。書前有目録。

總集類

通代

412 連珠匯抄　（清）南海李宗顥輯

李宗顥，參見《儀禮萃精》。

連珠是我國古代一種獨特文體。是書輯録漢魏六朝以降，唐宋以至明清時期庾子山、揚子雲、班孟堅、潘勖、謝惠連、顔延年、王仲寶、沈休文、魏文帝、王粲、梁武帝、後梁宣帝、梁簡文帝、沈約、何仲言、吴均、劉孝儀、蘇頵、徐鉉、晏殊、宋庠、劉攽、劉基、俞樾諸家代表性連珠文百餘篇，貫穿了連珠文體之發展歷程，對於研究連珠體具有重要參考價值。連珠體之肇始，一般推爲西漢揚雄，是書首列庾子山《擬連珠》四十四首，次列揚子雲《連珠》，或有青出於藍而勝於藍之鑒識。

見存版本：清稿本　廣州圖書館

合一册。前部分用緑絲欄稿紙。半葉十二行，行二十二至二十四字不等。白口，四周單邊，單緑魚尾。版心下鎸“十二紫芷山館”。後部分用朱絲欄稿紙。半葉九行，行二十五字。白口，四周雙邊，單紅魚尾。版心下鎸紅字“浣雪”。題名爲藏者所擬。字體多爲楷書，部分爲行草。

斷代

413 兩廣去思録二卷　（明）佚名編

廣人所去思者爲劉璟，璟字世明，别號湛菴，保定清苑人。正德十年出任兩廣鎮守太監，次年調回京城。兩廣士人感其德而述之以言，輯成是編以送之。卷一爲序、記、啓、旗帳、古詩、騷體等文類，卷二爲律、絶句、填詞等詩類。撰詩文者有南海何文縉、梁方、蔣隆、霍楨，番禺陳稶、金山、區玉、徐志學、徐秉欽、甘淡，新會劉文瑞，嶺南李昕等士人。

見存版本：明正德間刻本　中國國家圖書館

全一册。半葉十行，行十九字。黑口，四周雙邊，三魚尾。書前有正德十一年費宏序、凡例九則、目録。後有邵寶書。

414 鸞嘯集二卷　（清）程巖輯評，（清）香山黄培芳批校

程巖（1714—1768），字巨山，號海蒼，江西鉛山人。乾隆四年進士，嘗任廣東學政。後官至禮部右侍郎。黄培芳，參見《書經揭要纂》。

是集由黄培芳精選程巖所輯《文韗》并增添批評等内容而成。《文韗》分上下二集，選評文章合二百篇。黄培芳少時購得《文韗》全帙，時常習讀。道光元年復選其英華，訂爲精本，亦分作上下二集。内容不外乎《論語》《大學》《中庸》《孟子》四類。以所選文境頗類蘇門之長嘯逸響，故題此編曰《鸞嘯集》。

《鸞嘯集》上集録文三十，下集録文二十，共五十篇，“大題、小題、典制、理致，與凡枯窘、搭截、過脉等類皆略備矣”。書中墨筆補抄别評及句讀、加丹皆前人手迹，凡末注有“香石”二字之加評，均出自黄培芳手筆。或長評或短批，多爲尾批，偶有眉批。末附增選文目録。黄佛頤跋云：“先生得程海蒼學使《文韗》，嘆爲《廣陵散》，故約成是編。今時移世嬗，經義久廢不復道，此集不尤爲《廣陵散》耶！”

見存版本：清存真堂刻本兼手稿本　廣東省立中山圖書館

全二册。半葉九行，行二十五字。白口，左右雙邊，無魚尾。封面手書“鸞嘯集”“辛巳香石訂”。有咸豐五年、咸豐四年黄培芳題識。書後有番禺劉廣智題識、民國十九年黄佛頤跋。

按，廣東省立中山圖書館官網及其所編書目、影印本均將書名著録爲《文韗》。而是書實以《文韗》刻本爲基礎，添補評語、增删文章而形成半刻本半稿本形態，是對《文韗》之改

創。此書外封右下方有墨書“此集可刻”字樣，表明其是刊刻前之定本。是書雖版心保有“文轍”字樣，但根據封面題字、前後題識等内容，書名擬爲《鸞嘯集》較妥。

415 安所遇軒同人尺牘一卷　（清）順德梁兆鳳輯

梁兆鳳，字耀廷。生平不詳。

安所遇軒爲何世文齋名。世文，字章仁，號省蘭，南海人。布衣。嘗游歷粤西，飽覽山川，題咏殆遍。著有《歷朝年祚匯考》、《何省蘭草》二卷、《省蘭續草》、《安所遇軒西游草》三卷等。是書由梁兆鳳編輯、作序并刊刻之，輯録何世文游歷梧州、平樂、潯州、貴縣、富川、賀縣、柳州、慶遠、思恩、田州等各郡縣時，南海李元江、何文綺，順德温承悌，番禺張維屏，香山黄培芳，廬陵彭作檀等二十九位舊友新知所寄尺牘五十五篇。

見存版本：清同治三年刻本（萃古精舍藏板）　中山大學圖書館

半葉八行，行二十字，小字雙行同。白口，四周雙邊，雙魚尾。書前有同治四年梁兆鳳序、同治三年南海何世文原序、目録。

416［番禺］陳氏家乘舊譜序跋一卷　（清）番禺陳澧輯

陳澧，參見《學思稿》。

是書内録康熙四十四年宗彝《序言》、雍正四年丁翺《陳氏家乘序》、雍正四年蔣錫震序、雍正四年周畿跋、嘉慶十一年馮斯衡《陳氏家譜序》、吕堅《陳虹橋先生家譜序》六篇，《陳氏家乘目録》行草體、楷體各一，嘉慶二十五年《國恩録》三篇、嘉慶八年《國恩録》二篇，朱子蕃《自湖公墓志銘》、李維楨《廣文公家傳》、崇禎四年魏浣初《家貽跋言》。陳澧題識稱："新修家譜既成，其舊譜序跋如冠於新譜之前，則覽者不明。而此諸文又不敢失墜，今謹彙而録之爲一卷。吕氏堅所爲序，爲舊譜所未載，今自吕氏《遲删集》録入。澧所鈔金陵舊藏家乘目録亦附於後焉。"

見存版本：稿本　廣東省立中山圖書館

全二册。半葉九行，行二十五字。

417 陳澧陳璞等手札　（清）番禺陳澧等撰

陳澧，參見《學思稿》。

是書收録陳澧、陳璞寫與馨顔、警盤二兄弟之手札若干通，探討算學算法、地圖天文、幾何圖形、開平方、《乘方捷術》等諸多問題。函中還提及陳澧著作《三統術解》和《弧三角平視圖》。馨顔即花縣湯金鑄，馨顔爲其字。同治十一年選學海堂專課肄業生，精算學。警盤即湯金銘，金鑄之兄。此外，内有一札爲鄒伯奇寫給某人探討輿圖問題之書信。

見存版本：稿本　廣東省立中山圖書館

全一册。半葉行數不等，字數不等。

418 陔餘叢録十六卷　（清）順德胡斯錞撰

胡斯錞，字鈞奏，號和軒，一作荷軒。貢生，弱冠援例選授江蘇常州通判。

是書仿尤袤、洪亮吉之詩意，以圖畫與詩文互證形式志其生平宦轍奔馳、南北往來之經歷。書中繪有《冬夜課讀》《春江泛棹》《籃輿度嶺》等圖三十二幅，每圖各繫以詩，師友投贈篇章、游覽佳什，與圖互證者，亦略附焉。湯金釗贊此書“選撰既富，足徵仕優，則學讀之，令人興孝，不愧名家作者”。因奉親餘暇所作，故名《陔餘叢録》。

按，書中繪圖，富有藝術特色，故《四部總録藝術編補遺》將其列入《中國版畫研究重要書目》；《清史稿藝文志拾遺》子部據前書將其分入藝術類；《中國美術通史》（第六卷）和《宋元明清的版畫藝術》提及此書，稱其爲傳記類版畫。

見存版本：清咸豐二年粤東省城西湖街富文齋刻本　廣東省立中山圖書館（缺卷十四，卷十五、十六缺葉）　首都圖書館　北京大學圖書館　吉林省圖書館　吉林大學圖書館

全四册。半葉九行，行十九字，小字雙行同。白口，左右雙邊，單魚尾。書前有道光二十九年湯金釗序、張維屏附識、道光十一年胡斯錞序、目録。

419 周黎合稿詩二卷　（清）增城周俊彦、（清）增城黎雲巒合撰，（清）增城周熾昌、（清）增城黎從澤輯

周俊彦，號逸樵。周熾昌之父。黎雲巒（1812—?），嘗於光緒二年卜築螺寄山房。平素多行善舉。黎從澤之父。

是編合刻二家詩稿，以姓氏名集。卷一爲周俊彦《逸樵遺詩》，録其五言、七言等體詩一百八十餘首，多爲寫景抒情、懷古咏史、寄贈唱和之詩。卷二爲黎雲巒《莊蝶園詩草》，以體分類，録五古八首、七古八首、五律五十七首、七律一百一十三首、五絶五十四首、七絶九十二首，通計三百三十餘首。其詩多寫景咏物、即事感懷、咏史懷古之類。組詩七律《羊城雜感》

四篇、五絶《閨詞》四篇及七絶《香閨話别》四篇、《羊城竹枝詞》八篇、《相江竹枝詞》四篇、《增城竹枝詞》五篇、《庚辰秋初新築半耕小園落成》八篇，頗有特色。

見存版本：清光緒十三年刻本　廣東省立中山圖書館

全二册。半葉十行，行二十一字，小字雙行同。下黑口，左右雙邊，單魚尾。書前有光緒十三年李文田序。

420 搜珠初集一卷　（清）新寧余廷舜輯

余廷舜，號羽階。清末於美國創辦《華洋日報》。

是書采輯上海和香港各報中可懲、可勸、可喜、可愕者，分文與詩兩類編排。文類收録疏、書、文、啓、記、序、歌、贊、告示等體文章二十四篇，多爲中法戰争期間張之洞、彭玉麟、劉永福、岑毓英用兵、戰争、練兵、邦交等事。詩類收録約三百八十首，多爲感懷詩，抒發時人對於時局時事關切、憂慮或憤慨之情。

按，詩文中有若干篇與廣東軍務有關，如《張香帥照覆駐粤法領事文》《張香帥移督粤疆》《潘鼎立軍門需次羊城而逝》《寄贈吴山樵子赴粤軍》《赴粤從軍留别同人》《粤防軍次述懷》。又，從卷端題名“搜珠初集”及末葉末行鎸“搜珠集卷壹終”，可知此書原計劃連續推出，因故未遂。

見存版本：清光緒十一年粤東廣報局鉛印本　中山大學圖書館

全一册。半葉十四行，行三十七字。白口，四周雙邊，單魚尾。書前有光緒十一年黄錫銓序、目録。

421 龍山鄉竹枝詞一卷 （清）順德賴振寰撰

賴振寰，參見《女學四五言合編》。

是集收録龍山鄉士子、女史約一百零五人所撰竹枝詞共約二百八十首，其内容“或寄懐山川，或快譚風土，或指陳時事，或憑吊名流，或細描景物之宜，或代寫男女之思”，“寔切鄉土人物、有關世教民彝之辭，良足潤金石、被管弦”。

見存版本：清光緒二十五年古經閣刻本（古榕書屋板）
廣東省立中山圖書館

全一册。半葉七行，行二十字，小字雙行同。白口，左右雙邊，單魚尾。書前有光緒二十五年譚勝任序、賴振寰自序。後有光緒二十五年鄧淮昭跋。

422 寄榆盦詩鈔不分卷 （清）順德黄建筦撰

黄建筦，字花農。監生，以捐納出仕。光緒間歷官津海關道、湖南按察使、江寧布政使。以足疾乞休。著有《電學新編》《寄榆盦畫稿》《寄榆盦唱和詩》等。

是書彙輯黄建筦與諸親朋所作唱和詩，前録建筦所作詩七律三首、七絶五十七首，以感懷、贈别、咏物爲多。後附友人、兄弟、叔侄和詩，和詩各人數量不等，凌福彭四首、許近光十一首、張敬效五十一首、丁尚庸五十六首、叔祖文之一首、兄建藩五十八首、兄建簃五十一首、弟建籍二首、侄祖恩二十九首、王修植三首、張敬熙一首、侄蘭芬一首。其《寄榆盦詩畫記》叠前韵一詩有“寄榆盦内寄榆人，應作中流砥柱身”句，或從中可窺知是書之大旨。丁尚庸稱“其詩第取達情意而止，不屑屑於鏤刻爲工。其有合於韋應物、柳子厚簡古澹泊之旨者”。

見存版本：①清光緒二十三年津沽石印本　中國社會科學院文學研究所　天津圖書館　内蒙古自治區圖書館　美國哈佛大學哈佛燕京圖書館

全一册。半葉九行，行二十一字，小字雙行同。白口，四周雙邊，單魚尾。書前有光緒二十三年凌福彭序、丁尚庸序。

②清光緒二十九年湘南石印本（重刻）　廣東省立中山圖書館　平湖市圖書館

423 琴音三叠集二卷　（清）徐琪、（清）金保權、（清）俞樾撰

徐琪（1858—1918），字玉可，號花農，浙江仁和人。師從俞樾。光緒六年進士，官至内閣學士，署兵部左侍郎。著有《粤學日記》四卷、《嶺南實事記》二十卷、《粤東葺勝記》八卷、《粤軺集》四卷等。金保權（1872—?），字子才，廣州駐防漢軍。光緒二十三年舉人。署寧都直隸州知州。著有《東游詩記》《辛未六十周甲詩》《辛巳七十自述》等。俞樾（1821—1907），字蔭甫，號曲園，浙江德清人。道光三十年進士，官至河南學政。罷官後，遂僑居蘇州。潛心學術，著述宏富。

是書爲徐琪、金保權、俞樾師門唱和集，由金保權編纂而成。上卷録徐琪與金保權間唱和詩七十首，多爲徐琪原唱，金保權和之。中有徐琪卸任廣東學政後所撰元韵詩及金保權四叠韵詩。徐琪於光緒十七年八月提督廣東全省學政，在任三年，爲官清廉，提携後進，捐修名勝，深得人心。光緒二十年冬報滿離任。途中賦詩十首，以寄懷人留别之意。十首所及人、事、物、情皆與廣東息息相關，對離别送行的盛况亦有記述。金保權籍隸漢軍，世駐廣州，早年就讀於六榕寺煉石堂，繼讀於光

孝寺雙桂堂，後應學使徐琪所主歲考，取入府庠，遂與徐琪結師生之緣。見贈十詩後，金保權初步元韵成十章和之，不久再叠前韵成十章，光緒二十一年三叠前韵成十章，以志鴻雪，而後四叠前韵成藥洲八景詩八章，專記徐琪捐貲疏浚藥洲之事。卷下録徐琪與金保權、俞樾間唱和詩七十首，其中徐琪、金保權間唱和尤多，主要記金保權於京兆試中脱穎而出後師徒二人之互動。徐琪賀詩、金保權和詩，均感念、追憶師徒二人間之相遇、相識及相知。張雋之序贊金保權詩，登第前清麗芊綿，登第後雍容華貴。其詩風遠追隨園，近承俞徐衣鉢，未來大有可期。

見存版本：清光緒二十六年刻本　中國國家圖書館　首都圖書館　北京大學圖書館　美國哈佛大學哈佛燕京圖書館

全二册。半葉八行，行二十字，小字雙行同。下黑口，四周雙邊，單魚尾。書前有光緒二十六年博羅張雋序。書名由宗室壽蔭題。壽蔭，字午卿，滿洲正紅旗人。光緒二十四年八月任廣州將軍。

424 郢中酬唱集四卷　（清）南海謝朝徵、（清）南海陳次壬等撰

謝朝徵，字偶樵，號韋菴。陳次壬，字蔭田。喜吟咏，工書法。同治十年與邑紳鍾覲平創辦愛育善堂。援例贈兵部員外郎。著有《樵西草堂詩鈔》等。

是集録謝朝徵、陳次壬與施山、樊增祥友人間往來唱和之作，凡詩一百七十五首、詩餘二十六首。倪叙云：謝朝徵“少負英俊之才，不得志於有司，隱身簿尉，遨游江漢間，與會稽施君望雲以詩相倡和”。

見存版本：①清光緒元年雲海樓刻本　上海圖書館　紹興圖書館　武漢大學圖書館

全二册。半葉九行，行十九字。白口，四周雙邊，單魚尾。書前有望江倪文蔚叙、杜貴墀序、光緒元年秋謝朝徵序。

②清光緒元年雲海樓刻二十八年補刻本　紹興圖書館

425 燕都投贈録　（清）新會譚國恩輯

譚國恩（1850—?），號彤士。光緒十二年進士，官工部主事。出使日本後，於光緒二十八年署廣西平樂知府。著有《驗方新編》十八卷、《寫趣軒舊稿》三卷、《寫趣軒近稿》二卷、《集陸別編》一卷。

譚國恩出使日本回京後，於光緒二十二年六月分發廣西桂林，任知府。是書輯録京都官員、友朋爲其餞行所投贈之四言、五言、七言詩及詩餘凡六十六首。附録羊城諸名士所贈七律、七絶、七古詩及詩餘共四十九首。

見存版本：清光緒二十二年鉛印本　廣東省立中山圖書館　中國國家圖書館

全一册。半葉九行，行二十四字，小字雙行同。上下黑口，四周雙邊，單魚尾。書前有潘衍桐序、光緒二十二年梁起序、戴鴻慈序、王榮商序、于齊慶序、徐受廉序、李晋熙序、饒宗羲序。

426 連居閣親朋唱和詩録一卷　（清）番禺黄維杰編

黄維杰，字吉蕃。黄禧之子。任光禄寺署正。

連居閣爲黄禧居所名。黄禧號緝甫，著有《連居閣吟草》四卷。《連居閣親朋唱和詩録》收録黄禧與友朋、故舊、兄弟子侄往還贈答唱和之詩約二百首。初刻於光緒八年至十年間，因版毁於火，故於光緒三十四年重刻之。

見存版本：清光緒三十四年刻本　中山大學圖書館

全一册。半葉九行，行二十一字，小字雙行同。下黑口，四周雙邊，雙魚尾。書前有光緒三十四年洪景楠序、光緒三十四年鄔寶璿序、孫煦春序。後有光緒三十三年陳文鋭跋、光緒三十四年鄔慶時跋、光緒九年黄維杰跋。

427 著涒吟社詩詞鈔五卷　（清）番禺沈宗畸輯

沈宗畸（1865—1926），原名宗疇，字太侔，又字孝耕，號瘦腰生、晚聞翁、長安泠宧、繁霜閣主等。光緒十五年恩科舉人，官光禄寺署正。著有《南雅樓詩》《南雅樓詞》《窮塞微吟》《便佳簃雜鈔》等。

光緒三十四年沈宗畸在京師成立著涒吟社，月餘間名流墨客入社者百餘人，約定按題完作。是編分五十課，另加五課，每課題目有定，或限詩詞，或詩詞均可；詩或限體韵或不限，詞或限詞牌或不限，收録七律、五律、七絶、五絶、五古諸體詩及若干種詞曲凡千餘首。内容或咏史抒懷，或寫景狀物，或關注時事及新興事物，等等。

見存版本：清光緒三十四年北京廣益印字局鉛印本　蘇州大學圖書館

全二册。半葉十二行，行二十九字。下黑口，四周雙邊，單魚尾。書前有光緒三十四年劉檮序、小引、著涒吟社同人録。中國國家圖書館藏有《著涒吟社詩詞鈔》《著涒吟社詩鐘集》各一卷。

428 南山佳話二卷 番禺鄔慶時輯

鄔慶時（1882—1968），字伯健，又字白堅，號半帆。兩廣方言學堂畢業生。供職於廣州國民政府財政部、國立中山大學。著有《屈翁山年譜》、《窮忙小記》、《聽雨樓隨筆》四卷、《鼎樓詩草》二卷、《南村草堂筆記》四卷、《孝經通論》等二十餘種。

爲慶賀鄔啓祚與其夫人結婚六十周年，鄔慶時特地編刻此書，以表紀念。是書共二卷，登載戚友昆弟所撰祝頌詩文凡三百篇。卷一爲友朋所撰散文、駢文、啓、頌及四言、五古、七古、五律、七律、五排、七排、五絶、七絶、樂府、詩餘諸詩文，卷二爲鄔啓祚及其兄弟、侄、侄孫、曾孫等所作詩篇。鄔啓祚生於道光十年，卒於宣統三年，字繼蕃，號吉人。鄔慶時之祖父。著有《耕雲別墅詩集》一卷、《耕雲別墅詩話》一卷、《學詩要言》二卷。

見存版本：清光緒三十四年羊城西湖街超華齋刻本（耕雲別墅藏板） 廣東省立中山圖書館 中山大學圖書館 中國國家圖書館 首都圖書館 中國人民大學圖書館 天津圖書館 温州市圖書館

全一册。半葉九行，行二十一字，小字雙行同。白口，四周雙邊，雙魚尾。書前有光緒三十四五月馬叙倫序。後有光緒三十四年十月鄔慶時記。

429 邱樊倡和集三卷 番禺汪兆銘、蕭天任撰

汪兆銘（1883—1944），字季新，號精衛。汪兆鏞之弟。早年加入同盟會，宣統二年因刺殺醇親王載灃未遂而入獄。民國間任中央宣傳部長等職。後投降日本，成立南京僞國民政府。

蕭天任，廣東嘉應州人。

是集録汪兆銘與獄友小隱唱和之詩，附獄中家書。汪序云“邇者小隱以與余倡和諸詩都爲一集”，并命其撰序。其跋曰：“入獄以來，與小隱遇。小隱工詩，時時以所作示余，余因是亦效爲之。”序跋中提到之小隱，或爲蕭天任。

見存版本：清宣統三年石印本　中國國家圖書館　首都圖書館　北京大學圖書館　蘇州圖書館

全一册。半葉十行，行二十字。白口，四周雙邊，單魚尾。書前有序，後有跋，均爲宣統三年汪兆銘作。

430 尺牘新樣一卷　（清）南海勞守倫評選

勞守倫，字少喬。生平待考。

是書專爲教人撰寫信札而作，收録佳作範本三十篇。寫寄對象有朋友間、兄弟間、父子間、夫妻間、叔侄間，事由有賀喜、請托、答謝、邀約、寬慰、勸戒、送行、追債等，涉及生活中多種關係、多種場景，實用性强、應用性廣。每篇書眉與文末均鎸點評之語，品評寫作技法。

見存版本：清光緒二十年粤東學院前文經堂刻本（遷喬書塾藏板）　廣東省立中山圖書館

全一册。巾箱本。半葉十行，行二十一字。白口，四周雙邊，雙魚尾。書前有勞守倫啓、光緒二十年勞守倫序、目録。

431 新經世文編不分卷　（清）《羊城日報》編輯

《羊城日報》，光緒二十八年一月創刊於廣州。由莫任衡主辦，莫天一、譚汝儉任主編。

是編收録論説、法令、章程、禀文、奏摺、照會、函電、條約諸體文章九十二篇，多來自全國各大知名報刊，以及政府法令、公文；部分譯自或摘自外國報刊；部分爲京友抄寄或個人供稿。内容與時政、外交、商務、幣制、邊防、鹽務、農務、礦産等有關，有資於當時地方政府决策借鑒。

見存版本：清光緒三十一年廣州羊城日報鉛印本　廣東省立中山圖書館

全三册。半葉十五行，行三十字。白口，四周雙邊，雙順魚尾。

432 新經世文編不分卷　（清）《羊城日報》編輯

是編收録論説、議案、上書、奏摺、函電等類文章二十篇，來自中外報刊及學部國子監丞、東京留學界或個人供稿。内容多涉及學務、教育、外交、政治、經濟、司法諸問題。

見存版本：清末廣州羊城日報鉛印本　廣東省立中山圖書館

全一册。半葉十三行，行二十七字。白口，四周雙邊，雙順魚尾。

433 政藝叢書（光緒壬寅）　順德鄧實編著

鄧實（1877—1951），字秋枚，號君實，别署風雨樓主，筆名枚子、野殘、雞鳴。清末廩生。光緒二十七年與黄節在上海創辦神州國光社，出版《神州國光集》《國光畫刊》《美術叢書》等。光緒三十一年主編《國粹學報》，提倡保存國粹。

是書爲光緒二十八年《政藝叢書》，分上中下三篇，收書二十種附録二種。上篇收録鄧實撰《政治通論内篇》一卷、《政治通論外篇》一卷、《政學文編》五卷、《政書通輯》八卷、《内政通紀》八卷、《外政通紀》八卷、《外政要電（西曆一月至六月）》、《西政叢鈔》一卷、《歷代政治文鈔》一卷、《皇朝政治文鈔》一卷、《政治圖表》一卷。中篇收録《史學文編》二卷、《皇朝外交政史》五卷、《萬國外交政史》二卷、《萬國現世新史（西曆七月至十二月）》。下篇收録《藝學文編》四卷、《藝書通輯》五卷、《藝事通紀》五卷、《西藝叢鈔》一卷、《藝學圖表》二卷。附録《小雅樓湖海感事詩》及雜録。

按，從前叙、勘誤記等處看，當時書名似乎還未確定，尚在"政藝叢書""政藝通報"間徘徊。

見存版本：清光緒二十八年政藝通報館鉛印本　廣東省立中山圖書館　中山大學圖書館　北京大學圖書館　清華大學圖書館　中國人民大學圖書館　吉林大學圖書館　上海圖書館　湖北省圖書館

全十一册。半葉十八行，行四十字，小字雙行，字數不等。白口，四周雙邊，單魚尾。書前有總目、《政藝叢書叙》、《政藝通報凡例》、上諭。後有勘誤記。

434 政藝叢書（光緒癸卯）　順德鄧實編著

鄧實，參見《政藝叢書（光緒壬寅）》。

是書爲光緒二十九年《政藝叢書》，分上中下三篇，收書十四種附録一種。上篇收録鄧實等撰《政學文編》七卷、《政書通輯》七卷、《内政通紀》七卷、《外政通紀》七卷、《政治圖表萬國財政》一卷。中篇收録順德黄純熙等撰《政史文編》五卷、《皇朝外交政史》七卷、《萬國外交政史》六卷、《中國文明新史》二卷、《萬國現世新史》二卷。下篇收録康特璋等撰《藝學文編》四卷、《藝書通輯》五卷、《藝事通紀》四卷、《藝學圖表》一卷。附録《風雨鷄聲集》二卷。

見存版本：清光緒二十九年政藝通報館鉛印本　北京大學圖書館　吉林大學圖書館　上海圖書館　浙江圖書館　南京大學圖書館　湖北省圖書館

全十四册。半葉十八行，行四十字，小字雙行，字數不等。白口，四周雙邊，單魚尾。書前有總目、《輯政藝叢書緣起》、編輯例目、目録、上諭。

435 政藝叢書（光緒甲辰）　順德鄧實編著

鄧實，參見《政藝叢書（光緒壬寅）》。

是書爲光緒三十年《政藝叢書》，分上下兩篇，收書十二種附録三種。上篇收録《政學文編》六卷、《政書通輯》七卷、《内政通紀》七卷、《外政通紀》七卷、《皇朝外交政史》七卷、《萬國外交政史》五卷、《萬國現世新史》二卷、《政治圖表》二卷。下篇收録《藝學文編》四卷、《藝書通輯》五卷、《藝事通紀》三卷、《藝學圖表》二卷。附録《東亞風雲録》二卷、《湖海青鐙集》二卷、《風雨鷄聲集》二卷。

見存版本：清光緒三十年政藝通報館鉛印本　中山大學圖書館　北京大學圖書館　吉林大學圖書館　上海圖書館　浙江圖書館

全七册。半葉十二行，行三十五字，小字雙行同。下黑口，四周雙邊，單魚尾。書前有總目、目録、上諭。

436 政藝叢書（光緒乙巳） 順德鄧實編著

鄧實，參見《政藝叢書（光緒壬寅）》。

是書爲光緒三十一年《政藝叢書》，分上下兩篇，收書十二種附録三種。上篇收録《政學文編》七卷、《政書通輯》七卷、《内政通紀》六卷、《外政通紀》五卷、《皇朝外交政史》七卷、《萬國外交政史》四卷、《萬國現世新史》二卷、《政治圖表》五卷。下篇收録《藝學文編》五卷、《藝書通輯》五卷、《藝事通紀》二卷、《藝學圖表》三卷。附録《東亞風雲録》一卷、《湖海青鐙集》二卷、《風雨鷄聲集》二卷。

見存版本：清光緒三十一年政藝通報館鉛印本　中山大學圖書館　北京大學圖書館　吉林大學圖書館　上海圖書館　浙江圖書館

全七册。半葉十二行，行三十五字，小字雙行同。下黑口，四周雙邊，單魚尾。書前有總目、目録、上諭。

437 政藝叢書（光緒丙午） 順德鄧實編著

鄧實，參見《政藝叢書（光緒壬寅）》。

是書爲光緒三十二年《政藝叢書》，分上下兩篇，收書十二種附録二種。上篇收録《政學文編》八卷、《政書通輯》八卷、《内政通紀》四卷、《外政通紀》四卷、《皇朝外交政史》六卷、《萬國外交政史》五卷、《萬國現世新史》二卷、《政治圖表》五卷。下篇收録《藝學文編》五卷、《藝書通輯》七卷、《藝事通紀》二卷、《藝學圖表》三卷。附録《湖海青鐙集》二卷、

《風雨鷄聲集》二卷。

見存版本：清光緒三十二年政藝通報館鉛印本　中山大學圖書館　北京大學圖書館　吉林大學圖書館　上海圖書館

全八册。半葉十二行，行三十五字，小字雙行同。下黑口，四周雙邊，單魚尾。書前有總目、目録、上諭。

438 政藝叢書（光緒丁未）　順德鄧實編著

鄧實，參見《政藝叢書（光緒壬寅）》。

是書爲光緒三十三年《政藝叢書》，分上下兩篇，收書十三種附録二種。上篇收録《政學文編》六卷、《政書通輯》六卷、《内政通紀》五卷、《外政通紀》四卷、《皇朝外交政史》五卷、《萬國外交政史》四卷、《中國大事月史二卷》、《萬國現世新史》二卷、《政治圖表》四卷。下篇收録《藝學文編》四卷、《藝書通輯》四卷、《藝事通紀》二卷、《藝學圖表》三卷。附録《湖海青鐙集》二卷、《風雨鷄聲集》二卷。

見存版本：清光緒三十三年政藝通報館鉛印本　中山大學圖書館　吉林大學圖書館　上海圖書館

全七册。半葉十二行，行三十五字，小字雙行同。下黑口，四周雙邊，單魚尾。書前有總目、目録、上諭。

科卷

439［光緒十四年戊子科］廣東闈墨不分卷　（清）佚名編

是科考試官爲翰林院侍講學士惲彦彬、翰林院編修褚成博，中式舉人八十八名。是書以中式名次先後爲序，選刻楊裕芬、黎丞鋆、潘應釗、楊潤芳、張學華、梁紹熙、張榮芝、何國澧、楊鎮洪、馬理中、胡玉芳、林國賡、郭慶釣、馮寶琳、陳景華、吴廷獻、何鼎元、何作猷、史悠履諸人文章二十五篇，其中以《夫子循循然善誘人博我以文約我以禮欲罷不能既竭吾才如有所立卓爾雖欲從之末由也已》爲題者十五篇，以《郊社之禮所以事上帝也宗廟之禮所以祀乎其先也》《天之高也星辰之遠也苟求其故千歲之日至可坐而致也》爲題者各五篇。

見存版本：清光緒刻本　廣州圖書館

全二册。半葉九行，行二十五字。白口，四周單邊，單魚尾。

課藝時文

440 正續廣東校士録四卷　（清）朱祖謀鑒定

朱祖謀（1857—1931），原名孝臧，字古微，號彊村，浙江歸安人。光緒九年進士，由編修官至禮部侍郎。光緒三十年任廣東學政。著有《彊村叢書》《彊村語業》等。

據目録，是書選録光緒二十九年廣東全省、各州縣級考試中成績優等者所撰四書五經義、史論、策問文章七十八篇。因殘缺，僅見卷一，録文二十二篇，每篇後鎸手寫體批語。朱祖謀序云："天子降明詔，易時文以論策經義，薄海人士争自濯磨。余適膺簡命，視學粤東。既抵任事，重承叠寵。今秋闈事竣，偶檢所録佳卷，裒然盈帙。擇其氣盛詞醇可爲後進嚆矢者，先付刻，以示多士。"

見存版本：清光緒二十九年上海書局石印本　廣東省立中山圖書館

殘存一册。半葉十三行，行二十八字。白口，左右雙邊，單魚尾。書前有光緒二十九年朱祖謀序、目録。字體健朗，印製精良。

441 最新校士録五卷　（清）張謇鑒定

張謇（1853—1926），字季直，號嗇庵，江蘇通州人。光緒二十年狀元，授翰林院編修。投身實業，重視教育。著有《張謇函稿》《張謇日記》《癸卯東游日記》《張季子詩録》等。

是書收録廣東全省科考、廣府歲考、縣級歲考中獲取優異名次者所撰文章九十篇。篇末多鎸短評。張謇序曰：至光緒二十八年壬寅科起"即以策論、經義取士，薄海人士，争相濯磨。癸卯，朱文宗督學粤東，所取佳卷，裒然成帙。擇其氣盛詞醇可爲後進嚆矢者，詳加審擇，毅然付刊而示楷模。然諸生造詣雖有可觀，要仍勉爲有體有用之學，以副國家維新選拔真才之用意"。可知，張謇之選卷標準，既注重文辭，又兼及實效性。

見存版本：清末石印本　廣州圖書館

全一册。半葉十六行，行三十六字，小字雙行同。白口，四周雙邊，單魚尾。書前有光緒三十年張謇序、《校士録統編目録》。

442 廣東校士録統編八卷　（清）佚名編

是編收録廣東全省科考、廣府歲考、縣級歲考中獲取優異名次者所撰四書五經義、史論等文一百二十七篇。每篇末尾綴以簡要批語，據不完全比對，批語内容與《最新校士録》五卷批語相同。又，此編書名葉鎸"增廣一至五集廣東校士録統編"，疑此編即由《最新校士録》五卷增擴而成。

見存版本：清末石印本　廣東省立中山圖書館

全八册。半葉十四行，行三十字。白口，四周單邊，單魚尾。書前有目録。書名葉乙面鎸題識，未署名，據内容可知出自朱祖謀。

443 粵秀書院課藝二卷 （清）南海何文綺評編

何文綺，參見《制義約鈔》。

道光二十四年，何文綺受兩廣總督延聘，主粵秀書院講席多年。是書選録歷年來粵秀書院中四十八名成績佼佼者所撰三十五題凡八十四篇課藝文章。各篇文章由何文綺爲之撰寫評語。羅序云："書院之文，即全粵之文也。世之知言者觀之，可以得人林盛衰之概。"

見存版本：清道光二十八年刻本　廣東省立中山圖書館

共二册（有缺葉）。半葉九行，行二十五字。白口，左右雙邊，單魚尾。書前有道光二十八年羅家政序、梁廷枏序、目録。

444 擷英堂課藝一卷 （清）順德梁有成編

梁有成，參見《學庸理鏡》。

擷英堂爲梁有成開館授徒之地，館約概有敦倫行、變氣質、積陰德、收放心、重本務、求實得、堅志向、篤交情八則，以此約束、培養生徒。全書分性理、議論、典制、手法四門，收録來自省内外生徒所撰文章八十八篇。書眉刻梁有成批語。

見存版本：清光緒元年刻本　廣東省立中山圖書館

全一册。半葉九行，行二十五字。白口，四周雙邊。書前有光緒元年梁夔譜序、館約八則、分類目録。

445 越華書院課藝不分卷 （清）番禺梁肇煌鑒定

梁肇煌（1827—1886），字振侯，一字檀浦。咸豐三年進士，終官江寧布政史。著有《讀史擇録》四卷、《讀書撮要》二卷、《思誠齋文集》二卷。

同治十二年，梁肇煌請假家居，受聘主講越華書院，與諸生講學論文。若干年後，鞅掌偶暇，追念同人，遂將篋中舊藏課卷付之棗梨。依照甲戌、乙亥、丙子、丁丑、戊寅五個年份，録六十一名生徒以《我亦欲正人心》《城非不高也》《子曰默而識之》《其操心也危》《孟武伯問子路仁乎》《我非堯舜之道》《周公弟也》爲題之課藝文章一百一十一篇。

見存版本：清光緒十年廣東省城學院前合璧齋刻本（江寧藩署藏板） 廣東省立中山圖書館

全五册。半葉九行，行二十五字。白口，四周雙邊，單魚尾。書前有光緒十年梁肇煌序、目録。

446 戊戌廣府試草一卷 （清）佚名編

是書收録光緒二十四年番禺縣蔣禹廷、范公讜、詹憲慈、許之衡、彭鴻祥，廣州府葉恭綽，南海縣關賡麟、梁福文、潘紹禕九名學子所撰文章十六篇，文章題名以《六極貧弱論》《石勒將攻建業孔萇等請分道夜攻壽春據其城食其粟張賓乃議經營河北孰得孰失試闡論之》《道有升降政由俗革論》《武侯由斜谷伐魏陣於渭水之南司馬宣王謂蜀兵出武功依山而東爲可憂》《以不教民戰是謂弃之論》《張巡許遠拒守睢陽力保江淮或曰賊若竄取全淮自當繞出其外睢陽豈能障之然則當時謂巡遠能扼江淮之衝者何耶》爲範，每人文章篇末綴有總批。

見存版本：清刻本　廣東省立中山圖書館

全一册。半葉九行，行二十五字。下黑口，四周單邊，偶有左右雙邊，單魚尾。

447［壬寅］粤東書院各館課藝日新六卷　（清）佚名編

是書選刻粤東書院各館如淩仲儒館、楊梁館、粤秀書院、羊城書院、禺山書院、粤華書院、菊坡書院、江南學堂、應元書院、黄健芝館、廣雅書院、廣雄書院學生優秀課藝文章，其中卷一、二爲四書義，卷三爲四書義、五經義，卷四因缺册未知其詳，卷五爲議、論，卷六爲論、説、書後、時務策。書眉、文末均刻有評語。

見存版本：清光緒二十八年刻本　廣東省立中山圖書館

殘存四册。半葉十二行，行二十五字。白口，四周雙邊，單魚尾。書前有目録。

448［癸卯］正續課藝日新六卷　（清）南海區大原編

區大原（1869—1945），字桂海，號裕輝，晚號狷廬。光緒二十九年進士，受聘爲旅京南海公學學監。宣統間公派前往日本早稻田大學學習法律。曾任廣東公立法政專門學校校長。後移居香港，任教於香港大學中文學院。

是書精選教忠學堂黎瑶光、冼繼樸，越華書院潘桂鑣，高容館區維嶽，容高合館何建猷，胡黄合館湯顯符、林汝麟，梁緝嘏館馮芙昌、杜鈺基，梁冠林館黄衮華、李文燊所撰文章一百六十餘篇。每篇之後鐫評語。其中不乏縱論古今中外之新學佳作。

見存版本：清光緒二十九年廣州十八甫時雅書局石印本　廣東省立中山圖書館

全五册。半葉十四行，行三十一字。白口，四周單邊，單魚尾。書前有光緒二十九年區大原叙、目録。

449 癸卯課藝全集六卷　（清）南海梁寶常編

梁寶常（1860—?），光緒十四年舉人，任國史館謄録。嘗分纂宣統《南海縣志》。

是書凡六卷，卷一、二爲經義文，收録學庸類文章五十四篇；卷三、四爲史論，録文三十三篇；卷五、六爲合論，録文二十四篇。書眉鎸批語。梁序尤其强調政學、律學之重要性。

見存版本：清光緒末粤東雙門底從新書局石印本　廣東省立中山圖書館

殘存五册。半葉十六行，行三十六字。白口，四周單邊，單魚尾。書前有光緒三十一年梁寶常序、目録。

450 甲辰粤東各館學堂課藝日新六卷附算學圖一卷　（清）佚名編

是書卷一、二爲論，卷三爲論策，卷四爲義，卷五爲雜體，卷六爲算學。選録教忠學堂、凌孟徵館、蘇梁合館、梁緝椵館、楊惇甫館、高容合館、蒙養學塾等學堂學塾成績卓越者所撰四書五經文、史論、策問、雜體文及算學論述一百五十五篇。番禺凌鶴書、南海梁寶常、番禺張學華爲各文撰評。書眉刻批語。

見存版本：清光緒三十年石印本　廣東省立中山圖書館

全二册。半葉十四行，行三十字。白口，四周單邊，單魚尾。書前有光緒三十年本閣主人序、目録。

451 乙巳課藝日新六卷 （清）佚名編

是書收録楊惇甫館、凌孟徵館、梁冠林館、羅鋈生館生徒，以及鰲峰月課、教忠小課中獲取頭名者所撰佳作，計四書五經義四十三篇、史論五十五篇、策問九道，附義一篇。

見存版本：清光緒三十一年廣州雙門底從新書局石印本 廣東省立中山圖書館

全三册。半葉十四行，行三十一字，小字雙行同。白口，四周單邊，單魚尾。書前有光緒三十一年梁寶常序、目録。

452 甲辰增補新藝精華八卷 （清）南海胡又安編

胡又安，光緒十五年舉人。

據目録，是書大體以類分卷，收録四書五經義類文章四十四篇、歷代史論七十九篇、合論二十三篇、時務類三十二篇。因殘缺，僅見卷一，録文四十四篇。書眉刻批語。文章采自大梁、應元、信陵、粤秀、廣雅等書院，梁冠林館、凌孟徵館等學館或院課。叙云：此書“羅古人之箸而采其精，陳時人之文而擷其萃。或汪洋鉅篇，或簡煉名作”，“玉以磨而光愈昭，射以習而鵠斯中。是書之選殆得體要，博而不濫，約而不陋。顧名思義，‘精華’二字其亦有當”。

見存版本：清光緒三十年上海學文社石印本 廣東省立中山圖書館

殘存一册（存卷一）。半葉十四行，行三十一字。白口，四周單邊，單魚尾。書前有光緒二十九年胡又安叙、目録。

453 成衆齋時藝不分卷　（清）南海廖廷相、（清）南海譚宗浚、（清）番禺陳宗侃撰

廖廷相，參見《周官六聯説附表》。譚宗浚（1846—1888），字叔裕。譚瑩次子。同治十三年進士，終官雲南糧儲道。著有《遼史紀事本末》《希古堂筆記》《止庵筆語》《于滇集》《散館集》《希古堂詩外集》等十餘種。陳宗侃（1846—?），字孝直。陳澧次子。光緒五年優貢生。

是書集録四書類制藝文章，分《大學》《中庸》《論語》《孟子》四部分，分别收録陳宗侃三十四篇、廖廷相四十八篇、譚宗浚二十五篇，另有未標姓氏者二十七篇，當不出三人之外。

見存版本：清光緒間鈔本　中山大學圖書館

全一册。半葉十六行，行二十五字。褐色邊欄，内有方格。白口，四周雙邊，單魚尾。書前有目録。

454 廣東高等學堂豫科中國文學成績品　（清）廣東高等學堂編

清末，書院廢，學校興。光緒二十八年，兩廣總督陶模據《欽定學堂章程》，擇地廣雅書院，開辦兩廣大學堂。次年兩廣總督岑春煊復依《奏定學堂章程》之新規，改兩廣大學堂爲廣東高等學堂，聘吴道鎔爲總理。民國初，更名爲廣東省立第一中學，聘黄節爲校長。

兩廣大學堂改名爲廣東高等學堂後，原有各生需補習普通各學作爲豫科。是書收録該學堂豫科學生中國文學課卷，甲乙

丙丁四班各爲一卷，録論、記等體文章一百五十六篇，内容涉及政治、經濟、軍事、文化、科技、社會、交通、地理等諸多方面，談古論今，縱横中外。

見存版本：清末廣東高等學堂鉛印本　廣東省立中山圖書館

全二册。半葉十七行，行三十七字。白口，四周雙邊，雙對魚尾。書前有目録。

地方藝文

455 江皋小築集二卷附稿一卷　（明）東莞李元弼編

李元弼，字相所，一字靖吾。萬曆四年舉人，曾任江西分宜知縣。未幾，辭官歸。著有《尊生要覽》《宜陽集》等。

萬曆中，李元弼卜築江皋，以爲讀書、游樂之所，内闢虚閣迎薰、如亭聽籟、層臺遠眺、庭院飛花、課耕涉趣、八柏環青、梅塢涵春、荔磯釣月、玄關鏡水、星槎晚泛十景。雅士題咏、唱和、投贈之詩，李元弼均珍藏於篋中。二十年後，由李元弼發起，委趙譽、梁天植編爲是集，凡三卷。卷上輯作者親朋故舊吟咏"江皋十景"之詩，依分題、總題、選題、陪題四類，收録約七十人所撰五古、七古、五絶、五律、七絶、七律諸體詩數百首。卷下首爲《宴集》，輯唱和、聯句之詩；次爲《寄贈》。末附一卷，收録李元弼本人所作寄贈、唱和類各體詩約二百首。

見存版本：明萬曆四十年刻本　天津圖書館

全六册。半葉八行，行十七字。白口，四周雙邊，單魚尾。書前有江皋主人題識、萬曆四十年方遂千序。後有萬曆四十年姚應陽後序。

456 廣東古今名媛詩選二卷　（清）順德胡廷梁選

胡廷梁，字紹元，清乾隆間人。生平待考。

是編輯録上起西晋下訖乾隆間八十餘位廣東名媛所作詩四百二十五首，各名媛詩前均繫以小傳，述其里籍、出身、生平及才學等。所録名媛數量以生活於明清時期者爲多，約十分之七爲廣州人。

作者序云，嶺南"諸名媛之多才多藝者，指不勝屈"，"惜其紅顔薄命，緑粉飄蓬，或寫情於詩意，或寄意於幽懷"，"余猶好名寔，憐才耳。故不辭勞頓，徵引二十餘年，搜衆鄉郡遺篇，或詩或詞，隨到隨録，編成一帙，付之棗梨"。

見存版本：清乾隆五十一年青雲書屋刻本　佛山市圖書館　南京圖書館

全四册。半葉十一行，行二十字，小字雙行同。白口，四周雙邊，無魚尾。書前有梅莊居士序、目録。

457 嶺南群雅初補二卷　（清）番禺劉彬華輯

劉彬華（1770—1828），字藻林，號樸石。嘉慶六年進士，授翰林院編修。假歸，以母老多病不復出。先後主講端溪、越華兩書院。編有《嶺南群雅初集》三卷、《嶺南群雅二集》三卷、《陽春縣志》十四卷、《陽山縣志》。著有《玉壺山房詩文集》《玉壺山房詩話》等。

是編爲《嶺南群雅初集》之補編，補録洪瑞元、鄭士超、徐本義、金菁莪、邵子京、劉天鵬、宋湘、王利亨、何太青、吴蘭修、謝光輔、張子京、漆璘、何秉禮、吴恩綸、梅璇樞、陳元瑞、馬良宇、易友蘭、李鳴盛、李元珪之詩。劉彬華序云："《群雅》剞劂既竣，見者不余鄙，輒復以詩示，合之瑶圃先生，共得廿一家，爰補録焉。"

見存版本：清嘉慶十八年刻本　中山大學圖書館　北京大學圖書館　中國人民大學圖書館　上海圖書館　華東師範大學圖書館　南京圖書館

合一册半。半葉十二行，行二十四字，小字雙行同。上下細黑口，四周單邊，雙魚尾。書前有嘉慶十八年十月番禺劉彬華序、目録。

458 潮州耆舊集二十種三十七卷　（清）順德馮奉初輯

馮奉初（1779—?），字恕行，號默齋。嘉慶十九年進士，道光間兩任潮州府教授，前後歷二十餘年。著有《陳恭尹傳》《静成堂詩稿》。《廣州大典總目》收録其所纂咸豐《順德縣志》三十二卷。

道光二十四年，輯者再任潮州府教授，奉觀察使李璋煜之命，廣求先達前哲之格言，以作後進之楷模。輯者就平日所見及者，推廣旁搜，博覽慎選，參互考訂而成斯集。是書凡三十七卷，收書二十種，卷一爲潮陽李齡《李宫詹文集》，卷二爲潮陽蕭龍《蕭給諫湖山集》，卷三爲潮陽蕭與成《蕭太史鐵峯集》，卷四至六爲揭陽薛侃《薛御史中離集》，卷七、八爲海陽林大欽《林殿撰東莆集》，卷九至十三爲澄海翁萬達《翁襄敏東涯集》，卷十四、十五爲潮陽蕭端蒙《蕭御史同野集》，卷十六爲澄海王天性《王別駕半憨集》，卷十七爲大埔饒相《饒副使三溪集》，卷十八爲饒平薛雍《薛孝廉拯菴集》，卷十九爲海陽陳一松《陳侍郎玉簡山堂集》，卷二十至二十三爲潮陽林大春《林提學井丹集》，卷二十四、二十五爲澄海唐伯元《唐選部醉經樓集》，卷二十六至二十八爲潮陽周光鎬《周大理明農堂集》，卷二十九至三十一爲海陽林熙春《林尚書城南書莊集》，卷三十二爲惠來謝正蒙《謝御史文集》，卷三十三、三十四爲揭陽郭之奇《郭忠節宛在堂集》，卷三十五爲豐順羅萬傑《羅吏部瞻六堂集》，卷三十六爲澄海謝元汴《謝給諫霜崖集》，卷三十七爲大埔黄一淵《黄處士遥峯閣集》。每集卷首先冠以國史、志乘中作者之本傳，以考其始末，若志乘未備或舛錯者，則另爲擬傳。次載原叙一篇。除了《半憨集》《三溪集》《拯菴集》，輯者爲每集撰約二百言題辭一篇，附於叙後。

見存版本：①清道光二十九年李氏愛吾鼎齋刻本　中國國家圖書館　北京大學圖書館　山東大學圖書館　福建省圖書館

全十六册。半葉九行，行二十四字。白口，左右雙邊，單魚尾。書前有道光二十七年馮奉初叙、例言八則、總目（每集前有分卷目録）。後有道光二十八年劉溎序。

②清光緒三十四年潮州有文樓重刻本　中國國家圖書館　華南農業大學圖書館　北京大學圖書館　中國人民大學圖書館　復旦大學圖書館

册數、行款字數均與道光二十九年本同。書前有光緒三十四年王師愈重刻序。

459 清遠文木圖不分卷　（清）葉志詵輯

葉志詵（1779—1863），字仲寅，號東卿，晚號遂翁，湖北漢陽人。工書，精金石學。晚年赴廣州，就養於其子葉名琛官署。

道光二十七年某日，清遠縣濱江司屬之浸潭斗村壩鄉人伐木時，無意中劈開一株冬青樹，樹心木理顯現“天開文運”四字，一面一背，書勢端嚴，色類火筆，洵爲奇迹。巡檢傅夔目擊，摹文繪圖傳觀，文人雅士紛紛歌之咏之。是書輯録《文木對》一篇、四言詩四首、五言詩十四首、七言詩四十七首。此書另有鈔本，内容與道光刻本略異。

見存版本：①清道光末刻本　廣東省立中山圖書館　復旦大學圖書館

全二册。半葉十一行，行二十字，小字雙行同。黑口，左右雙邊，對魚尾。書前有道光二十九年葉志詵序。

②清咸豐同治間漢陽葉氏刻葉氏叢刻本　北京大學圖書館

460 羅浮山羅漢洞唱和詩三卷附刻一卷　（清）新會唐金釗輯

唐金釗，即唐金鑑，參見《西藏詩稿》。

是編收録唐金釗、邱滋畬、凌暘谷、劉彬華、謝嘉猷、馮詢、李汝梅、徐良琛、謝光輔、趙古農、李有祺、黄景星等東省詩人，長寧潘定瀾、白門秦致中、錢塘繆艮、武林楊如溶等外省詩人，以及可中、品安等方外共近一百三十人所撰摹寫羅浮山羅漢洞各景之聯、贊、賦、詩、仿連珠諸體約二百一十篇。卷一以唐金釗自撰詩文爲主，卷二、三爲友人諸公投贈詩篇。篇末刻邱先德、崔鼎來、繆蓮仙、冼雩門評語。

見存版本：①清道光九年刻本　上海圖書館　中山大學圖書館（存一册）

全三册。半葉八行，行十八字，小字雙行同。白口，左右雙邊，單魚尾。

②清道光十年省城西湖街汗青齋刻本　廣東省立中山圖書館

全三册。半葉九行，行十八字，小字雙行同。白口，左右雙邊，單魚尾。書前有道光八年邱先德序，道光八年李可瓊叙，道光九年繆艮序，例言八則，《羅漢洞圖》，邱先德、凌旭升、劉華東、鮑俊題聯，目録。

461 寶安贈言集　（清）佚名輯

是書爲贈别東莞知縣郭汝誠而作。郭汝誠，號葵圃，山東濟寧州人。道光二十一年進士。二十八年二月任東莞知縣，次年二月離任。爲表達離别之意，東莞士民贈詩送行。此集録七律八十八首、五律一首、五古六首、七古一首。附録澄海紳士留送詩七律十六首。

見存版本：清道光二十九年順邑桂洲胡澧川刻本　中國國家圖書館

全一册。半葉八行，行二十字。白口，四周雙邊。書前有東莞鄧淳序、郭汝誠所賦七律四首。

462 文明里詩會詩一卷　（清）順德盧福普輯，（清）番禺張維屏評閲

盧福普，字簡侯。道光二十三年副貢生。張維屏，參見《讀經求義》。

道光二十八年春，順德大晚鄉舉辦文明里詩會，由盧福普

擬《農桑（限七古）》《五風十雨》《游絲（限七絶）》三題，廣泛徵詩。來詩經張維屏審閱，評出七十人所撰佳作篇什若干首。有全録者，有節録者。書眉、篇末綴有張維屏評語。評語嚴謹客觀，一視同仁。

見存版本：清道光二十八年省城學院前合成齋刻本（順德盧氏麗春堂藏板）　中山大學圖書館

全一册。半葉十行，行二十一字，小字雙行同。上下黑口，四周雙邊，雙魚尾。書前有道光二十八年盧福普序。

463 四淫齊四卷　（清）新會嘯天氏輯

是書選輯各報中警戒過度沉湎嫖、賭、飲、吹四種行爲之篇章，分文界、詩界、小説、班本、南音、粵謳六門，彙爲四卷。每卷前配圖二幅。序云："四淫齊者，吾粵俗諺嬉笑嘲罵人之常辭，而是書于嫖界、賭界、飲界、吹界齊筆之，故名。"是書編纂之目的在於"冀上中下流社會一手是編，即觸目警心，勉爲完全人格"。以粵語行文，内多俗字。

見存版本：清光緒三十三年石印本　廣州圖書館　復旦大學圖書館

全四册。半葉十四行，行三十二字。白口，四周單邊，單魚尾。書前有例言四則、光緒三十三年龍度四郎序、目録。

464 國朝詩林岡州詩選　（清）静一齋主人輯

岡州，新會之古稱。是書選録清代新會林皋、許綬、許節、蘇楫汝、黄居石、何九疇、梁迪、任榛、梁素、譚惠臣、何槫、何霦、何作楫、蘇標、蘇枚、歐陽祥十六名家所作詩篇，凡八百七十九首。

見存版本：清鈔本　中國國家圖書館

全二册。半葉九行，行二十字。書後有静一齋主人題識。

家集

465 番禺梁氏桔園遺集五卷　（清）佚名編

全書五卷，前三卷爲内集，所收皆爲梁氏族人詩文，卷一、二收録序、書、記、傳、疏、論、考、辨、策對、説、議、行述、壽序、銘、像贊諸體文五十篇，卷三收録五古、七古、五絶、七絶、五律、七律諸體詩近一百四十首；後二卷爲外集，收録番禺、南海、香山、花縣和省外宗室、官員、進士、舉人、廩貢生等，以及琉球國人所撰詩文，卷四收録壽序、祭文、圖贊十五篇，以壽序爲主，卷五收録各體詩約一百一十首。

見存版本：清末刊本　廣東省立中山圖書館

全二册。半葉十一行，行二十四字，小字雙行同。白口，四周單邊，單魚尾。

466 竹林詩略不分卷　（清）張修府選，（清）南海梁元超輯校

張修府（1822—1880），字允六，號東墅，江蘇嘉定人。道光二十七年進士，官湖南長沙、永順、永州知府。著有《小瑯環園詩録》七卷、《夢龕詞》一卷。梁元超，字竹虚。咸豐八年應京兆試，官至岳州知府。著有《嗣噫集》《吟初集》等。

是書乃梁元超裒輯梁九圖（號福草）、梁詩抜（號士陞）、梁藹如（號青厓）、梁翰（號戢蒼）四人詩集而成。四人均有别集行世，因“簡帙浩繁，舟車難載”，故梁元超在湖南爲官

時，請嘉定張修府甄選，删萃精腴，成二百二十首，故書名題作詩略。其中梁九圖《十二石山齋詩集》選詩一百一十七首，梁藹如《無怠懈齋詩稿》録詩五十六首，梁翰《寸知堂遺草》録詩二十九首，梁詩拔《愧齋遺詩》選詩十八首。張修府於序中評曰："比部（梁九圖）才氣横溢，交游最盛，篇什亦最富。中翰（梁藹如）恬淡蕭閑，陶、韋嗣響，并足自名一家。司馬（梁翰）與茂才（梁詩拔）之詩，則比部從其身後摭拾成帙，僅吉光之片羽耳。然是四君者，雖出處顯晦不同，而操履性情，粹然一出於正。其爲詩也，莫不直抒天真，善狀時物。"

見存版本：清同治十一年重刻本　臺北故宫博物院

全二册。半葉八行，行十七字，小字雙行同。下黑口，左右雙邊，單魚尾。有同治十年嘉定張修府序、同治十年梁元超跋。

詩文評類

467 飲冰室詩話五卷　（清）新會梁啓超撰

梁啓超，參見《美國華工禁約記》。

是書爲詩歌評論專著。戊戌政變失敗後，梁啓超逃亡日本，爲闡述"詩界革命"之理論而撰此書。初連載於光緒二十八年至三十三年《新民叢報》，共九十一期，約二百條。後選録其中一百七十四條，編爲五卷，於宣統二年由上海中華圖書館刊印。評述譚嗣同、嚴復、黄遵憲、康有爲、康同璧、夏曾佑、蔣觀雲等人詩作，於黄遵憲詩尤爲褒揚。

見存版本：清宣統二年上海中華圖書館石印本　中國國家

圖書館　首都圖書館　天津師範大學圖書館　吉林省圖書館　黑龍江省圖書館　南京大學圖書館　徐州市圖書館　温州市圖書館　福建省圖書館　山東大學圖書館　河南大學圖書館　美國哈佛大學哈佛燕京圖書館

全五册。半葉十二行，行二十六字，小字雙行同。白口，四周雙邊，單魚尾。

按，此書書名葉鎸“中華圖書館印行”，内封牌記又載“宣統二年仲冬上海書局石印”。所知藏館有些著録爲“上海書局石印本”，有些著録爲“上海中華圖書館石印本”，當均爲同一版本。

詞類

别集

468 拓花詞稿二卷附月夜咏懷一卷　（清）東莞李繼燕撰

李繼燕，字駿詒，號參里。康熙二十五年拔貢，任遂溪教諭。

《詞稿》卷一録詞三十四首，由林貽熊批點；卷二録詞三十三首，别有《柳枝詞》二首，由陳阿平批點。内容以咏物、叙事、抒懷爲多。末附《月夜咏懷》散曲九首，爲寄陳獻孟之作。陳獻孟即陳阿平，是李繼燕同里兼好友。此編詞牌名豐富，有近六十種。陳阿平稱其詞“盡妍極態，能于格律逼側中掉臂游行”。詞中憂民懷君之志，尤令人感懷，“今讀其詞《雷陽雜咏》，志土風也，猶《邠風・七月》之遺也。曰‘休嘆地無皮’，目擊瘡痍，不忘民社也；曰‘玉帛趨王’，會心乎君也；

曰‘繫白日長繩，擬留春住’，能事其親也。夫平居隴畝，君親民物，猶無日而不繫諸懷。況當出山攬轡，以其所言見之於行，吾知念切恫瘝，對揚君父，朝野之間，自多建白”。

見存版本：清康熙間刻朱墨套印本　中國國家圖書館

全一册。半葉八行，行十八字，小字雙行同。白口，左右雙邊。書前有康熙四十五年沈用濟序、陳阿平序、林貽熊序、目次。

469 寫韵樓詞一卷　（清）南海吴尚憙撰

吴尚憙，字禄卿，號小荷，道光間人。吴榮光之女，適羊城葉應祺。幼年隨父游歷各地，出嫁後從夫隨宦。工詩詞，善書畫，尤擅設色花卉。

《小檀欒室彙刻閨秀詞》本大體以時間爲序，收録道光十八年至二十七年間吴尚憙所撰詞凡九十一首。其詞情感細膩，時見對親友之思念及對四季情景之描寫。作者“從父隨夫宦游十万里”，詞中亦多抒舟車輾轉，聞見感懷。

見存版本：①清末南陵徐氏閨秀詞鈔清稿本　臺灣圖書館

合一册。半葉十一行，行二十一字。緑格。黑口，左右雙邊，雙對黑魚尾。

②清光緒二十一年至二十二年南陵徐氏小檀欒室彙刻閨秀詞本　河南大學圖書館　武漢大學圖書館　美國哈佛大學哈佛燕京圖書館　加拿大不列顛哥倫比亞大學圖書館

合一册。半葉十一行，行二十一字。黑口，左右雙邊，雙對魚尾。

470 景石齋詞略一卷　（清）番禺姚詩雅撰

姚詩雅（1822—?），字仲魚，又字致堂。歷官河南西平、滑縣、孟縣等地知縣。另著有《詩詞韵輯》八卷、《醒花軒詞稿》一卷。

是書收録道光光緒間作者所填詞八十首，使用詞牌三十六種。詞中載録其與友朋、官長間來往事宜，多年風雨行程中若干片段，也有對廣州四季風光的描繪。陳澧序云："余再三讀之，知其於兩宋及國朝諸家寢饋深矣，而尤愛其小令，似朱竹垞。"

見存版本：①清光緒七年羊城西湖街富文齋刻本　廣東省立中山圖書館　中山大學圖書館　中國國家圖書館　北京大學圖書館　北京師範大學圖書館　吉林大學圖書館　鄭州大學圖書館　開封市圖書館　湖南圖書館　西南大學圖書館

全一册。半葉十行，行二十一字。白口，四周雙邊，單魚尾。書前有光緒六年十一月陳澧序。

②清光緒十二年學海堂叢刻本　上海圖書館

471 雨屋深鐙詞一卷　（清）番禺汪兆鏞撰

汪兆鏞，參見《微尚齋詩》。

《雨屋深鐙詞》有三編，此爲初編，録光緒早期至宣統三年間作者所作詞四十一首，附録陽湖莊寶澍、番禺沈澤棠和作三首，番禺陳慶森原作一首，使用詞牌二十七種。沈澤棠見其詞稿，贊曰："音協詞雅，導源姜、張，追踪朱、厲。雖未窺全豹，而綏山一桃色香味已非人間所有。"其續稿一卷，刊於民國十七年夏四月，録詞二十四首。三編一卷，刊於民國二十九年二月，録詞十九首。

見存版本：清宣統三年鉛印本　廣東省立中山圖書館　暨南大學圖書館　中山大學圖書館　北京師範大學圖書館　河南大學圖書館　陝西省圖書館

全一册。半葉十二行，行二十一字，小字雙行同。上下黑口，左右雙邊。書前有番禺沈澤棠序。

472 耕烟詞一卷　（清）番禺張德瀛撰

張德瀛，參見《中國文學史》。

是書録詞一百一十二首，分隸於《阮俞笛譜》《畫禪外篇》《擊劍餘音》《紉蘭剩稿》等專題，末附北曲十一首，統名爲《耕烟詞》。是編詞牌衆多，一百餘首詞用約七十種詞牌名；詞末附曲十一首，曲牌各異。内有兩組關於人物的組詞，饒有意趣：《讀國朝諸家詞各賦小令識之》品評十四位名家詞集；又以《沁園春》詞牌名分别命題，作詞十首，分題十幀仕女圖。徐紹植稱其詞“婉膩沈郁”；汪兆銓則贊曰“沈浸於宋元諸家者極深，而又能出以深婉”；林象鑾認爲其於詞“源流正變，音律諧姚，無不洞見癥結，殆阮仲容所偁神解者”。

見存版本：清末緑格精鈔本　臺灣圖書館

全一册。半葉十行，行二十字，注文小字雙行同。白口，四周雙邊，單魚尾。書前有徐紹植序、光緒十九年汪兆銓序、光緒二十五年林象鑾序。後有汪兆銓跋。

總集

473 清淑齋唱和草不分卷　（清）番禺沈澤棠編

沈澤棠（1846—1931），原名澤衡，字芷鄰，號懺盦。清同治十二年舉人，候選知縣。嘗入廣州將軍長善幕，深得器重。著有《懺盦隨筆》二卷、《懺盦詩鈔》二卷、《懺盦詞鈔》一卷、《懺盦詞話》一卷。

是編收録沈澤棠、汪兆銓、汪兆鏞、桃潭詞客、清淑齋主詩餘酬唱之作凡三十二首，另有紀事小詩二首。詩詞之作緣起於沈澤棠的一位紅袖佳人，汪兆鏞叙云："懺盦詞主近告余，以珠江畫舫中有與唐宫人羅黑黑同名者，招出相視，明眸善睞，娟娟可人。懺盦賦詞贈之，僕亦繼聲。清淑齋主人時復招邀，燭底酒邊，倡和相屬。"

見存版本：清光緒三十二年番禺沈氏刊本　臺北故宫博物院

全一册。半葉八行，行二十一字，小字雙行同。花口，四周雙欄，單魚尾。書前有光緒三十二年慵叟叙。後有光緒三十二年懺盦自跋。

474 藝蘅館詞選四卷補遺一卷附詞論　新會梁令嫻選

梁令嫻（1893—1966），又名梁思順。梁啓超長女。

是書分甲乙丙丁戊五卷，甲卷爲唐、五代詞，乙卷爲北宋詞，丙卷爲南宋詞，丁卷爲清詞，選收作家一百七十九人，戊卷爲補遺，補選宋及清朝作家二十二人，共收各家所撰詞約六百八十首。附録詞論。其凡例稱元明兩代名家之詞少，故缺之。

前賢批評摘抄附於書眉。自序云：“家中頗有藏書，比年以來，盡讀所有詞家專集若選本，手鈔資諷誦，殆二千首，乞丈更爲甄别去取，得如干首。”

見存版本：清光緒三十四年上海中華書局鉛印本　中國國家圖書館　南京大學圖書館　香港中文大學圖書館　美國哈佛大學哈佛燕京圖書館

半葉十二行，行二十五字，小字雙行同。四周單邊。書前有南海潘博、順德麥孟華各賦《聲聲慢》一首、光緒三十四年八月自序、例言十則、目録。後有正誤表、牌記。

詞話

475 詞徵六卷　（清）番禺張德瀛撰

張德瀛，參見《中國文學史》。

是書凡六卷，卷一論述詞之起源、含義釋義、演變、詞法、詞體、詞牌特徵等。卷二述詞之律調及其源流，十二律、樂之七調等，唐宋詞調之差異等。卷三論詞之音聲、音律、聲韵等。卷四論五代至明存世諸家詞集及詞選，考核版本。卷五品評唐宋詞人詞作，考述詞家故實。卷六論金代至清代詞人及其他相關論述。

見存版本：①清刻闇樓叢書本　首都圖書館　重慶師範大學圖書館　澳門大學圖書館　重慶圖書館（殘存一册三卷，即卷四至六）

②清末民初刻闇樓叢書本　中山大學圖書館

全二册，合訂一册。半葉十行，行二十一字，小字雙行同。上下黑口，左右雙邊，單魚尾。

曲類

476 曾芳四傳奇不分卷 （清）南海吴沃堯填詞，（清）蔣子才評點

題“我佛山人”即吴沃堯，參見《痛史》。題“儀隴山農”即蔣子才。子才，一名紫儕，字庚繇，號儀隴山農，四川儀隴人。

廣東人曾芳四是一個居住在上海的流氓無賴，垂涎鄰家鄧氏三女，托奸媒求婚遭拒，竟於光緒三十一年十一月初三夜，夥同無賴多人，毁門入室，打砸搶親。鄧母憤而赴衙，具禀控告。《時報》當年曾連續跟踪報道。《曾芳四傳奇》即根據上述真實案件改編而成，初載於光緒三十三年《月月小説》。第一齣標目，第二齣涎美，第三齣勸嬌。作者用四句七言詩概述三齣之故事情節：曾芳四陡起奸淫心，梁劉氏詭串陰陽配。鄧七妹險遭强暴污，瑞觀察科定棍徒罪。書中運用多種曲牌設計人物唱詞。齣末有儀隴山農評點，對吴沃堯文字駕馭能力和精確傳神的表達多有贊譽。

見存版本：清宣統間上海小説月報社鉛印名家傳奇本　中國國家圖書館

全一册。半葉十二行，行二十九字，小字單行同。

叢　部

477 韓門三唐人集三十七卷　（清）南海馮焌光輯

馮焌光，參見《稟啓彙存》。

韓門三唐人即韓愈門生皇甫湜、李翺、孫樵。是集彙録三人文集：《皇甫持正文集》六卷，刻於光緒二年。前有《四庫全書總目提要》該集提要、目録。《李文公集》十八卷，刻於光緒元年。前有《四庫全書總目提要》該集提要，何宜、黄景夔序，目録。《孫可之文集》十卷，刻於光緒二年。前有《四庫全書總目提要》該集提要、正德十二年王鏊序、孫樵序、目録。

見存版本：清光緒元年至二年南海馮氏讀有用書齋刻本

中山大學圖書館　華南師範大學圖書館　中國國家圖書館　北京大學圖書館　北京師範大學圖書館　遼寧省圖書館　吉林大學圖書館　上海圖書館　南京大學圖書館

全六册。半葉九行，行十九字，小字雙行同。白口，左右雙邊，單魚尾。

478 古香齋袖珍十種　（清）乾隆敕輯，（清）南海孔廣陶重校刻

孔廣陶（1832—1890），字鴻昌，號少唐。國學生，曾

任刑部郎中。以鹽業起家，收藏甚富，精鑒藏書、畫，喜刻名籍。

《古香齋袖珍十種》本爲乾隆年間武英殿奉敕輯刻，至同治光緒間孔廣陶據内府本重校刊刻。叢書内有十種：《資治通鑑綱目》三編二十卷、《淵鑑類函》四百五十卷、《御選古文淵鑑》六十四卷、《四書》十九卷、《五經》八卷、《史記》一百三十卷、《御纂朱子全書》六十六卷、《初學記》三十卷、《施注蘇詩》四十二卷《王注正譌》一卷續補遺二卷附《東坡先生年譜》一卷、《春明夢餘録》七十卷。

見存版本：清同治光緒間南海孔氏三十三萬卷堂刻本　廣東省立中山圖書館　中國國家圖書館　首都圖書館　北京大學圖書館　天津圖書館　南開大學圖書館　武漢大學圖書館　復旦大學圖書館　徐州市圖書館　紹興圖書館　嘉興市圖書館　寧波市天一閣博物院　重慶圖書館　四川大學圖書館

半葉十行，行二十一字。白口，四周雙邊，單魚尾。行款版式仍襲乾隆内府本。

479 風雨樓叢書二十三種　順德鄧實輯

鄧實，參見《政藝叢書（光緒壬寅）》。

是書彙録清金人瑞撰《貫華堂才子書彙稿》十種，清顧炎武撰《日知録之餘》四卷，清汪中撰《容甫先生遺詩》五卷補遺一卷附録一卷，清章學誠撰《信摭》一卷，又《乙卯札記》一卷《丙辰札記》一卷，清周亮工撰《讀書録》四卷，又《印人傳》三卷，清高士奇撰《江邨銷夏録》三卷，清龔自珍撰《龔定盦别集》一卷，又《定盦詩集定本》二卷《詞定本》一卷《集外未刻詩》一卷《集外未刻詞》一卷，清陸時化撰《吴越所見書畫録》六卷《書畫説鈴》一卷，明程嘉燧撰《松圓浪淘集》十八卷《偈庵集》二卷，清吴偉業撰《梅村文集》二十卷，清顧太清撰《天游閣集》五卷詩補一卷附録一卷，清戴望撰《謫麐堂遺集》文二卷詩二卷補遺一卷，清孫承澤撰《庚子銷夏記》八卷《閑者軒帖考》一卷，清黄宗羲撰《南雷餘集》一卷，清吴兆騫撰《秋笳集》八卷補遺一卷，清吕留良撰《東莊吟稿》七卷，清陳樹杓撰《帶經堂書目》四卷，清徐永宣輯《清暉贈言》十卷，清王翬撰《清暉閣贈貽尺牘》二卷，明郁逢慶撰《書畫題跋記》十二卷。共收録明清時期二十位學者史部、子部、集部著作二十三種。

見存版本：清宣統中順德鄧氏鉛印本　華南農業大學圖書館　中國國家圖書館　中國科學院文獻情報中心　北京大學圖書館　遼寧省圖書館　浙江圖書館　福建省圖書館　湖北省圖書館　四川省圖書館　雲南省圖書館

全十八册。行格版式不盡相同。

480 晨風閣叢書二十二種　（清）番禺沈宗畸輯

沈宗畸，參見《著涒吟社詩詞鈔》。

是書收録唐、宋、元、明、清、民國諸學者所撰經部、史部、集部著作二十二種：清江瀚撰《詩經四家異文考補》一卷，清王念孫撰《王懷祖先生説文解字校勘記殘稿》一卷，明人撰《仁廟聖政記》二卷，清楊桑撰《出圍城記》一卷，清徐松撰《西域水道記校補》一卷，明趙均撰《寒山金石林部目》一卷，羅振玉校録《昭陵碑録》三卷附録一卷，清朱彝尊撰《潛采堂書目》，清江士鐘撰《藝芸書舍宋元本書目》一卷，清朱學勤撰《結一廬書目》四卷，清人輯《滂憙齋宋元本書目》一卷，王國維撰《曲録》六卷，又《戲曲考原》一卷，唐唐彦謙撰《鹿門集》三卷附補遺二卷，宋陶弼撰《邕州小集》一卷，元方瀾撰《方叔淵遺稿》一卷，唐高正臣輯《高氏三宴詩集》三卷附白居易輯《香山九老會詩》一卷，宋文同撰《古洋遺響集》一卷，《南唐二主詞》一卷附王國維輯撰補遺一卷校勘記一卷，宋周必大撰《平園近體樂府》一卷，宋劉克莊撰《後村別調》一卷附補遺一卷，明楊基撰《眉庵詞》一卷。除了一二刻本，其他均爲稿鈔本。

見存版本：清宣統元年番禺沈宗畸校刻晨風閣本　廣東省立中山圖書館　中山大學圖書館　華南師範大學圖書館　中國國家圖書館　中國科學院文獻情報中心　天津圖書館　上海圖書館等

半葉十一行，行二十一字，小字雙行同。黑口，四周單邊，無魚尾。書前有宣統元年潘飛聲序、目録。每種書有獨立的書名、卷端，部分有序。

參考文獻

1. 廣州圖書館編《廣東歷代著者要録·廣州府部》，廣州：廣州出版社，2012 年。

2. 黄蔭普編《廣東文獻書目知見録（附補編）》（修訂本），香港：大東圖書公司，1978 年。

3. 李默編著《廣東方志要録》，廣東省地方志編纂委員會辦公室，1987 年。

4. 駱偉編著《嶺南文獻綜録》，廣州：廣東人民出版社，2016 年。

5. 李仲偉等編著《廣州文獻書目提要》，廣州：廣東人民出版社，2000 年。

6. 《廣東省中山圖書館館藏廣東文獻目録：廣東史料、方志、善本》，油印本，1984 年。

7. 《廣東省中山圖書館館藏廣東文獻目録：粤人著述》，油印本，1984 年。

8. 《中山大學圖書館館藏廣東文獻目録》，油印本，年份不詳。

9. 《華南師範大學圖書館館藏廣東文獻目録》，油印本，1984 年。

10. 《華南師範大學圖書館館藏地方志目録》，油印本，1989 年。

11.《華南農大館藏廣東文獻書目》，油印本，1984 年。

12.《廣東歷代方志集成》，廣州：嶺南美術出版社，2006—2009 年。

13. 羅志歡《嶺南歷史文獻》，廣州：廣東人民出版社，2006 年。

14. 郭靄春編著《清史稿藝文志拾遺》，北京：華夏出版社，1999 年。

15.（清）紀昀等《欽定四庫全書總目》（整理本），北京：中華書局，1997 年。

16.《續修四庫全書》，上海：上海古籍出版社，2002 年。

17.《四庫全書存目叢書》，濟南：齊魯書社，1996—1997 年。

18.《四庫未收書輯刊》，北京：北京出版社，2000 年。

19.《四庫禁毀書叢刊》，北京：北京出版社，2000 年。

20.《四庫提要著録叢書》，北京：北京出版社，2010 年。

21.《續修四庫全書總目提要·經部》，北京：中華書局，1993 年。

22.《續修四庫全書總目提要》，上海：上海古籍出版社，2014—2015 年。

23. 廣東省立中山圖書館、中山大學圖書館編《清代稿鈔本》、《續編清代稿鈔本》、三編至七編《清代稿鈔本》，廣州：廣東人民出版社，2007—2015 年。

24.《中山文獻》、《中山文獻》（第二輯），廣州：廣東人民出版社，2017、2020 年。

25.《中國古籍珍本叢刊》，北京：國家圖書館出版社，

2013—2021 年。

26. 吴相湘主編《中國史學叢書》《中國史學叢書續編》，臺北：臺灣學生書局，1964—1987 年。

27. 《叢書集成初編》，北京：中華書局，1985 年。

28. 《叢書集成新編》《叢書集成續編》《叢書集成三編》，臺北：新文豐出版公司，1985—1999 年。

29. 《海外廣東珍本文獻叢刊》第一輯，廣州：廣東人民出版社，2016 年。

30. ［美］周欣平、［美］魯德修主編《柏克萊加州大學東亞圖書館藏稿鈔校本叢刊》《柏克萊加州大學東亞圖書館藏稿鈔校本叢刊續編》，上海：上海古籍出版社，桂林：廣西師範大學出版社，2013、2015 年。

31. 林慶彰等主編《晚清四部叢刊》，臺中：文聽閣圖書有限公司，2010—2013 年。

32. 上海圖書館編《中國叢書綜録》，北京：中華書局，1959 年。

33. 《明清史料彙編》，臺北：文海出版社，1971—1973 年。

34. 《清代詩文集彙編》，上海：上海古籍出版社，2010 年。

35. 《漢譯世界學術名著叢書》（珍藏本），北京：商務印書館，2009 年。

36. 《近代中國史料叢刊正編》《近代中國史料叢刊續編》《近代中國史料叢刊三編》，臺北：文海出版社，1966—1983 年。

37. 《中國古籍善本書目》，上海：上海古籍出版社，1985—1995 年。

38. 《中國古籍總目》，北京：中華書局，上海：上海古籍出版社，2009—2013 年。

39. 饒宗頤《廣東之易學》，廣東文物編印委員會輯《廣東文物特輯》，香港：中國文藝推進社，1949 年。

40. 張曉編著《近代漢譯西學書目提要：明末至 1919》，北京：北京大學出版社，2012 年。

41. 佛山市圖書館編印《佛山市圖書館地方文獻聯合目録》，2004 年。

42. 李育中編著《廣東小説家雜話》，《隨筆》第一集，廣州：廣東人民出版社，1979 年。

43. 柳存仁《倫敦所見中國小説書目提要》，北京：書目文獻出版社，1982 年。

44. 周鈞韜等主編《中國通俗小説鑒賞辭典》，南京：南京大學出版社，1993 年。

45. 董文成、李勤學主編《中國近代珍稀本小説》，沈陽：春風文藝出版社，1997 年。

46. 石昌渝主編《中國古代小説總目》，太原：山西教育出版社，2004 年。

47. 朱一玄等編著《中國古代小説總目提要》，北京：人民文學出版社，2005 年。

48. 習斌《晚清稀見小説經眼録》，上海：上海遠東出版社，2012 年。

49. 習斌《晚清稀見小説鑒藏録》，上海：上海遠東出版社，2013 年。

50. 武潤婷《中國古代長篇白話小説發展研究》，濟南：山東教育出版社，2016 年。

51. 陽海清主編《中南、西南地區省、市圖書館館藏古籍稿本提要》，武漢：華中理工大學出版社，1998 年。

52. 管林主編《廣東歷史人物辭典》，廣州：廣東高等教育出版社，2001 年。

53. 江慶柏編著《清代人物生卒年表》，北京：人民文學出版社，2005 年。

54. 學苑汲古：高校古文獻資源庫：http：//rbsc. calis. edu. cn：8086/aopac/jsp/indexXyjg. jsp。

55. 全國古籍普查平臺：http：//183. 63. 187. 11：8080/nlcab/user！ login. action。

56. 中國國家圖書館中華古籍資源庫：http：//read. nlc. cn/thematDataSearch/toGujiIndex。

57. 日本所藏中文古籍數據庫：http：//kanji. zinbun. kyoto－u. ac. jp/kanseki？ detail。

58. 古籍與特藏文獻資源（中文古籍聯合目録）：https：//rbook. ncl. edu. tw/NCLSearch/Search/Index/2。

59. 中國國家圖書館館藏目録檢索：http：//read. nlc. cn/user/index#。

60. 全球漢籍影像開放集成系統：https：//guji. wenxianxue. cn/index。

61. 民國圖書數據庫：http：//10. 194. 200. 59/library/publish/default/IndexBook. jsp。

62. 全國報刊索引：https：//www. cnbksy. com/select。

63. 讀秀：http：//www. duxiu. com/。

索 引

書名索引

著者索引

後　記

在本書編寫過程中，我有幸得到衆多師友、領導、同事的熱忱關心、指導、支持和幫助，在此謹向他們表達最深切誠摯的感謝。

暨南大學特藏部的羅志歡老師，以治學嚴謹、儒雅謙和著稱，在文化史、文獻學、目録學及版本學領域造詣深厚，時常悉心解答我的各種疑難困惑，給予我極大的鼓舞和支持；毫無保留地傳授文獻資源獲取路徑、文獻學研究方法與檢索技巧；指導我由文獻整理基礎工作逐步提升至研究性開發層面。

廣州大典研究中心的王富鵬教授，以其博學多識，總能在我求教時給予精心的指導和中肯的建議，幫助我理清思路，找到解決問題的關鍵。

廣州圖書館信息咨詢部的同事吕果，畢業於北京大學信息管理系，在信息檢索和資源獲取方面爲我提供了巨大幫助；又聯繫北京大學校友會張瑩老師辦理智慧校園通行手續，爲我進入北京大學查閲文獻做了充分準備。

廣州大典研究中心的趙曉濤博士，多次爲我提供文獻綫索和數字資源，黎俊忻博士對文獻搜集途徑提出過寶貴建議，趙新良博士也爲我提供過曲類文獻綫索。

廣州圖書館原館長方家忠、廣州大典研究中心主任劉平清、廣東省立中山圖書館原館長倪俊明和廣東省古籍保護中心秘書長林鋭，對本書編寫給予過不少關心、支持和肯定。

廣東省立中山圖書館、暨南大學圖書館、佛山市圖書館、中國國家圖書館、北京大學圖書館等館藏單位爲我查閱文獻提供了强有力支持，特别是在中山大學圖書館查閲古籍文獻的那段時光，給我留下了深刻而美好的記憶。陳莉老師不辭辛勞爲我辦理了臨時閲覽證，使我得以順利進入圖書館；張虹老師總是提前準備好待查古籍，極大地提高了我的查閲效率；在識别草書和行草文字時，我經常向學養兼備的李福標老師和蔣文仙老師請教，得到他們耐心而準確的反饋；中山大學信息管理學院的碩士研究生黄妙賢，爲我出入校園提供了便利。

齊魯書社二編室主任劉强和編輯王亞茹，爲本書的編校出版工作付出了辛勤的勞動，高效、嚴謹的工作態度也讓我深受感染。